财务共享向中小企业推广应用研究

刘东辉　刘龙峰　张国君　著

中国纺织出版社有限公司

图书在版编目（CIP）数据

财务共享向中小企业推广应用研究 / 刘东辉，刘龙峰，张国君著. --北京：中国纺织出版社有限公司，2021.12（2024.2重印）
ISBN 978-7-5180-9249-9

Ⅰ.①财… Ⅱ.①刘… ②刘… ③张… Ⅲ.①企业管理—财务管理—研究 Ⅳ.①F275

中国版本图书馆CIP数据核字（2022）第000838号

责任编辑：赵　天　　责任校对：高　涵　　责任印制：储志伟

中国纺织出版社有限公司出版发行
地址：北京市朝阳区百子湾东里A407号楼　邮政编码：100124
销售电话：010—67004422　传真：010—87155801
http://www.c-textilep.com
中国纺织出版社天猫旗舰店
官方微博 http://weibo.com/2119887771
北京兰星球彩色印刷有限公司印刷　各地新华书店经销
2021年12月第1版　2024年2月第2次印刷
开本：787×1092　1/16　印张：16.75
字数：300千字　定价：98.00元

凡购本书，如有缺页、倒页、脱页，由本社图书营销中心调换

前言

现代信息技术发展催生出财务共享服务这种新型管理模式，带来了企业管理领域的深刻变革，为会计服务业的发展带来新的契机。财务共享是在共享经济大发展的时代背景下发展起来的，与共享经济同样以实现社会最优配置作为核心价值目标，是“我国经济已由高速增长阶段转向高质量发展阶段”的重要体现。发展共享经济是“十三五”规划确定的目标，党的十九大报告也提出要在共享经济等领域培育新增长点、形成新动能。

在这个互联网技术如此发达的大数据时代，共享服务是未来发展趋势。目前的财务共享服务发展仅限于企业集团个性化管理的范畴，未能将其在经济管理上的优势辐射到在国民经济中占有十分重要地位的众多的中小企业。

众所周知，中小企业不仅能够提供大量就业机会，缓解就业压力，保持社会稳定，并且在创造产值、增加税收、科技创新等方面成为拉动中国经济的新增长点。同时，中小企业是市场经济体制的微观基础，是深化改革的主要推动力量。因此，研究如何将财务共享服务的应用范围扩大到为数众多的中小企业就具有了较强的时代意义。

本书结合新时代新背景，在阐明财务共享服务理论的基础上论证了中小企业实施财务共享服务的必要性和可行性。通过对财务共享服务理论的创新和发展，提出解决我国目前中小企业改革与发展面临的财务管理方面的困难和问题的思路。我国现有的财务共享服务的理论和实践大多是借鉴西方国家，对于中国的经济发展而言，简单套用西方模式是行不通的。本书探索将财务共享服务的应用范围扩大到中小企业，研究构建一种新型的财务共享服务模式，探索其实施路径，旨在将财务共享服务的优势推广应用到中小企业，更有利于整个社会资源优化配置，从而更好地服务于新时代中国特色社会主义经济建设。这与新时代中国经济的新发展相适应，能够充分发挥共享服务的优势，让财务共享服务在整个经济社会全部经济活动的范围内最大限度地发挥作用，既是对现阶段财务共享服务理论的创新和发展，也是对共享经济理论的一种新的诠释。

本书是重庆开放大学/重庆工商职业学院会计与金融学院承担的重庆市教育委员会人文社会科学研究规划项目的研究成果（项目名称为《财务共享向中小企业推广应用研究》，项目编号20SKGH343，项目负责人刘东辉，主研人员有李丞北、刘龙峰、张国君、吴脊、张露）。

本书在写作过程中学习借鉴了很多专业学者的理论观点，在此向他们的研究成就表示敬佩和衷心感谢。由于作者学术水平有限，本书的观点不一定完全准确，但仍希望所做的理论分析和提出的对策建议能够对财务共享服务行业的发展有所启示，有助于中小企业在经济社会中发挥更大的作用。

著者

2021年9月

目录

第一章 财务共享基本理论

一、财务共享概述

随着经济全球化的不断发展，企业规模不断扩大，出现了越来越多的跨国企业，企业间的整合和重组也越来越频繁。这提高了企业的核心竞争力、抗风险能力和长期发展能力。面对复杂的经营环境和不断变化的市场，如何以最低的成本获得更好的技术和利润，同时保持有效的管理机制和运作流程，已成为企业发展的重要挑战。其中，财务管理处于核心地位，发挥着重要作用。

（一）财务共享的相关概念

1. 共享服务

共享服务即是将分散的、重复性高且易于标准化的业务集中并重新进行流程再造和标准化，有利于企业统一的战略协调、信息分享，加强流程可视度及风险管理。作为一种创新型的管理模式理念——共享服务（Shared Services）首先诞生在美国。

美国 IBM 及 EDS 公司自 20 世纪 60 年代开始便提供信息技术外包服务。随着经济全球化的快速发展，企业间的相互联系日益加强，大型企业集团出现大量的跨行业、跨国家的并购，企业规模空前壮大。集团企业的子公司遍布各地，业务范围涵盖广泛。跨国企业的发展一方面有利于企业实现规模化经营，提供综合竞争能力，另一方面也给企业带来了诸多的管理问题，比如集团分支机构多，每个子公司都有自己相对独立的一套经营管理模式，各分支机构的财务部、采购、生产、销售等部门的设置与总公司的对应职能部门有大量的重叠，导致机构臃肿，企业经营成本扩大；另一方面，不同分支机构位于不同地区，甚至跨行业经营，面临着不同的地区行情，国家法律法规，集团难以统一协调管理；再有，各分支机构、各部门之间的信息不能及时互通，不利于集团合理地制定发展战略。

美国制造业大型集团公司、汽车制造巨头福特公司最先提出建设一种能够改变工作效率低下、营运成本降低这一现状的全新的管理模式，将企业的资源进行整合，将分散化的同类业务调整合并，建立一个独立于公司其他部门的业务平台，对公司大部分业务单元提供共享服务，加强总部对分支机构的管控，服务范围包括但不限于财务工作服务、研发、员工管理、销售、IT 等。福特公司在面临现有的财务系统难以完美消化日益增多的业务的问题后，出于公司发展的需要，以提高工作效率为目的，率先组织建立了财务共享服务中心。随着经济全球化进程的不断推广，跨国公司贸易范围不断扩大，社会经济结构也在发生变革，消费者购买力显著上涨。不同行业的企业市场竞争日益激烈，同行业内的公司间并购交易也愈加频繁。大型公司在经营规模迅速扩张的同时也面临着管控失力、风险指数上涨的问题。分散式的管理模式导致各个分支机构由于缺乏有效的制度管理以及信息技术水平的支持不到位，容易避开总部机构的监控，留下财务造假、徇私舞弊的经营隐患。总部对分支机构的业务指标完成情况难以获得真实及时的数据信息，进行有效的指导。这些问题都严重地影响了企业的健康发展，亟需通过一种创新性的管理模式来对公司现有管理模式进行修正，将公司现有业务流程进行改造，制定业务标准以及公司内部风险控制管理制度，严格执行，以提高工作效率。随后的十年间，掀起了西方国家建立 FSSC 的浪潮，HP、GE、BP、IBM、SONY、MARZ 等知名大型集团企业纷纷着手建立自己的财务共享服务中心，共享服务在国内外集团企业中的应用越来越广泛。

共享服务的理论研究开始的相对晚些。共享服务的概念最早出现于 1993 年，古恩合伙公司（Gunn Partners）创始人罗伯特·古恩（Robert Guun）、美国通用电气公司（GE）的罗伯特（Robert）以及美国数字设备公司（DEC）的史蒂芬·贝伦斯（Stephen Behrens）等将其认定为一种企业管理结构上的变革，他们对共享服务给出了高度概括的概念总结，其认为共享服务就是：将一家功能复杂多样化的企业中简单概括且机械重复的工作选出后，对其进行重塑，而后通过人员的共享、管理理念的共享、技术模式的共享而达到打破原有分散各格局，形成新的管理模式，从而达到对人力资源、物力资源的节约，以形成竞争力。他们指出，共享服务的核心是在于提供服务，且分享其所拥有的资源。他们相信通过这种共享的管理模式能够将分散的管理模式转变为一种创新型的集中管理的模式，最终达到企业效益最大化，最终获得优势。

莫勒（Moller，1997）认为企业应该建立一个共享服务中心，该中心是一个独立的组织实体，其任务是为企业集团和其他业务单元提供高效的活动支持。

巴巴拉·奎因（Barbaarar Quinn，2000）认为，共享服务的本质是一种商业活动，提供定制化的收费服务，以满足客户的实际需求。

安德森（Anderson，2001）认为，企业的管理者应该聚焦如何稳定业务增长，并且满足客户服务需求上。而不应该在琐碎的日常事务中，包括财务、人事、供应链管理等问题上分散精力，共享服务的出现能有效解决上述问题，还能有效降低管理成本。

布莱恩·伯格伦（Bryan Bergeron，2004）在其著作《共享服务精要》中指出，共享服务中心应拥有独立的组织架构和功能，是企业将现有的部分经营管理职能集中到一个业务单元的战略，这个单元能为企业内部提供高效率的服务。通过实施集中，可以实现创造价值和节约成本的目的，能提高集团的管理水平，为企业带来新的上升空间。他认为，共享服务中心是对公司的原有功能打破重塑后形成的新型部门，其结构和运行方式是一种类公司体制的机构。可以将其独立运行，从而达到利润的节省、成本的降低和运行效率的显著提升。并且将其作为独立的公司机构进行运营后，可以通过面向市场为其他公司提供服务、创造价值，为本公司带来收益，提升市场竞争实力。他经过研究提出，可以将共享服务认为是一种新型企业发展战略，能够高效管理各项业务，并且可以在公开市场中竞价提供构建服务。通过分析大量案例，可以发现一个共同点，都是将各个流程、各个部门的资源整合到一个新建的业务中心中去，通过高效专业的财务集中服务提高集团公司的经营管理水平，从而为集团的利润增长提供空间。

刘汉进（2004）认为，共享服务是一种组织的再造，将部分需要专业技能的活动剥离出来组件为专门的机构中。通过对组织和市场的双重利用，企业的各业务单元之间进行资源的优化配置，强化企业的核心能力。

2. 财务共享服务

财务共享服务也称为财务共享，是集中于财务领域的专业化的共享服务。

财务共享服务（Financial Shared Service，简称 FSS）就是把简单的、基础的、易重复的、可以标准化的财务业务集中处理的一种服务模式，对相关人员和流程进行整合。服务对象涉及集团内部各个部门和分支，是从财务部门抽离出来的一个部门，可以单独运行，对附加值较低会计业务进行统一处理，流程化管理，可以为财务部门提供最原始的、最基础的财务信息和数据记录。目前财务共享主要应用在采购、收付款、订单管理、预算、资金管理等领域，帮助企业集团实时对业绩分析、结算进行监管，减少财务管理费用。与传统财务管理模式相比，财务共享模式更加专业化；在不同地区企业集团统一了操作规范和执行标准，有助于汇总和集合各分支的财务信息，在产品上分摊了不变的固定成本，大幅降低营业成本；财务共享服务中心有更强大的信息系统支持，如影像管理系统、网络报销系统；企业集团还可以根据自身需要购买有偿商业服务，以业务外包的形式实现财务服务共享。

财务共享服务最初源于一个很简单的想法：将集团内各分公司的某些事务性的功能（如会计账务处理、员工工资福利处理等）集中处理，以达到规模效应，降低运作成本。财务共享就是将企业中大量重复性、基础性、标准化的财务流程进行整合，归集到一个新的单元进行处理。跨国、跨地区或分支机构较多的大型企业集团，面临着低附加值的财务工作占用大量人员、财务与企业发展战略协同度较低、会计处理缺乏统一标准及口径、信息质量低等问题，为了解决这些问题，提高企业的风险和财务管控能力，财务共享服务模式应运而生。

塞西尔（Cecil，2000）认为，财务共享服务就是利用新的技术，将人员、结构、流程等进行全面的整合，通过财务共享服务中心来处理可以规模经济化的业务，从而实现最大程度的降低成本，达到提高工作效率的目的。

威廉·席勒（Will Seal，2013）针对财务共享服务这一概念，进行了大量的案例分析，就财务共享服务中心对集团内部组织结构变革的影响以及财务共享服务中心的财务功能如何转变展开了深刻的讨论分析。

秦荣生（2015）认为财务共享服务的内涵就是，利用高效的信息系统技术，在一个或多个地点将财务人员、财务资源、财务流程进行有机的整合，把可以规模经济化和范围经济化的集团业务传递到财务共享服务中心进行统一处理，这种集中管理模式能够更好地节省成本、提高工作效率。

在各大跨国集团企业面临营运成本增大，而管理效率却降低的窘境时，财务共享服务模式应运而生，大型公司围绕以流程再造与标准化管理为核心的管理模式进行了多次试验，总结出了较为初步的经验。随后信息技术水平的飞速发展为财务共享服务中心的建设提供了更为高效及时的信息系统平台，能够实现更快速的机构互联。根据调查统计，超过一半的国外大型公司已经实施了财务共享服务管理模式，《财富》世界500强的企业中有近九成的公司建立了独立的财务共享服务中心。

财务共享模式是把整个财务职能做一个切分，把会计基础核算等低附加值的事务性作业剥离出来，运用计算机、网络通信等现代信息技术，在一个或多个地点对人员、流程和技术等核心要素进行整合，将具有规模经济属性和范围经济属性的财务业务集中在一块进行处理，实现优化流程、规范管理、降成增效等目标。其本质不是简单的财务人员和账套的集中，而是将经营活动数据转化为信息，变成财务服务产品，提高企业整体效率，实现信息的共享，让企业不受时间和空间的限制，根据自己的需求及时、准确地使用系统，获取信息。财务共享服务模式是一种全新的企业管理理念，它将企业内部重复性高、同质化严重、可以流程化操作的业务从不同的业务单元中剥离出来，进行再次整合，集中到服务共享中心进行统一的操作和处理，这样使得业务单元能更好地专注于本部门的核心工作。同时在企业层面，能够达到组织扁平化、降低管理成本、提高生产效率和服务质量的目的。

企业在实施财务共享服务后，将工作量大、重复度高的财务业务流程标准化，财务工作人员根据产品线经理的指令进行统一处理，操作简单化、专业化，保证了财务信息数据的质量。对员工的专业素质要求在很大程度上得到了降低，同时员工的数量也相应减少，降低了人工成本。并且能够将更多资源集中到公司的核心业务上，打造公司和核心竞争业务，为公司创造最大化的价值，提高财务报告制作效率，管理层也能够对公司的整体运营情况有一个更深的掌握，根据公司发展现状做出长期战略规划。并且对于分支机构众多的集团企业来说，通过财务共享服务中心进行统一的财务工作，可以有效降低财务造假、徇私舞弊等风险，增强集团总部的管控能力。

财务共享服务作为一种创新型的管理模式，受益于移动互联网、企业信息系统等信息技术的稳步发展，主要通过对公司组织结构变革、业务流程再造、标准化管理等措施将公司不同部门、不同业务板块的财务工作集中到财务共享服务中心进行统一处理，保证财务工作的高效与专业，提高管理工作效率，提高服务质量，增强企业核心竞争力，为企业的可持续发展创造价值。财务中心财务工作通常包括费用类的审核报销、往来款项、财务核算、远程税务服务、资金收支、年金核算等的处理，具有专业统一的特点，主要分为作业模式、共享模式、服务模式三种模式，经过不断地变革发展，财务中心已经逐渐从公司的内部职能部门发展成为独立的运营平台，为集团总部及各个分支机构服务。

企业建设财务共享服务中心的主要动力是，通过流程再造及标准化管理等一系列的操作变革，将财务工作简单化、专业化，同时还能减少人力成本支出，在一定程度上降低公司对财务费用及管理费用的支出，加速业务流转，但相应的建设成本也比较高，因此主要适用于大型集团公司，这些公司业务板块较多，实施多元化经营，分支机构众多，人员分布较为广泛，信息化水平较高。适合建立财务共享服务中心的企业目前主要还是集中在金融业、通信业、医疗服务业、连锁经营的零售业、多元化制造业等企业，而业务单一的制造业工厂、建筑业等信息化普及要求较低的企业则不适合建立财务共享服务中心，更不用说数量众多的中小企业了。

3. 财务共享服务中心

在各类共享服务中心中，国际上最流行的就是财务共享服务中心，通俗说就是财务文件管理外包服务。财务共享服务中心（Financial Shared Service Center，简称 FSSC），即将企业各种财务流程集中在一个特定的地点和平台来完成，通常包括财务应付、应收、总账、固定资产等的处理。这种模式在提高效率、控制成本、加强内控、信息共享、提升客户满意度以及资源管理等方面，都会带来明显的收效。

财务共享服务中心提供的是一种专业服务，它的服务范围可以是指定的部门、单独的法人主体、以特定标准（如产业、地域等）归集的若干主体以及集团整体等。作为一种新的财务管理模式正在许多跨国公司和国内大型集团公司中兴起与推广。财务共享服务中心是企业集中式管理模式在财务管理上的最新应用，其目的在于通过一种有效的运作模式来解决大型集团公司财务职能建设中的重复投入和效率低下的弊端。

财务共享服务中心的现实意义在于：一是降低企业经营成本，提高日常管理效率。财务共享服务中心建设和优化有利于将企业大量基础性、反复性的核算等内容集中进行，能有效降低成本；对财务共享服务中心的深层次探讨和流程优化，采用更科学高效的运作模式，进一步提高集团财务信息化水平，以信息化促进企业管理高效化。二是推进企业决策科学化，促进企业财务管理升级。充分利用财务共享服务中心的数据分析，能更全面地分析集团财务发展方向，统筹全局发展，财务共享服务中心发展能更快更全面地为企业经营决策提供数据支撑。提高企业决策的科学水平。

财务共享服务中心作为信息化时代的一种新型的企业管理模式，是企业财务管理和信息系统建设相结合的产物。财务共享服务中心的实施和优化，能使企业进一步向集中核算、业财融合发展，扩宽了财务管理学科的研究领域。同时，财务共享服务中心的发展是电算化会计在当今时代的最鲜明、最直接的体现，电算化的内容也不再局限于会计核算，加入了流程管理、税收筹划、绩效管理等内容，丰富了会计信息化的内容。众多《财富》500强公司都已引入、建立"共享服务"运作模式。根据埃森哲公司（Accenture）在欧洲的调查，30多家在欧洲建立"财务共享服务中心"的跨国公司平均降低了30%的财务运作成本。

(二) 财务共享的本质

1. 财务业务流程再造

财务共享服务模式的本质是对业务流程的改造，建立科学的管理机制，结合企业实际，对财务业务及审批流程进行再造。利用信息系统的支持，将原有财务流程细分为各个不同的业务板块，手工化与电子化相结合，将各个财务中心的人员、技术、业务进行有机的整合，实施统一的管理标准，以实现集团企业财务业务流程标准化与精细化。

在集团公司建设财务共享中心时，流程的规划包括业务公司的内部流程、业务公司与共享服务中心的对接，以及共享中心内部的流程这三个方面。在共享服务建设中，如果业务公司的资金收付被涵盖在共享服务中，那么就要对业务公司的内部资金进行审核，分析报销流程，重新梳理业务流程。在业务公司与共享中心的对接方面，流程规划主要体现在单据凭证、审批权限与审批节点等方面。在共享中心内部，要按照所提供的服务对流程进行拆解，将流程拆解为最小单元，并对其进行差错概率、完成时间、重复性等分析，将原来复杂的工作流程拆解为重复性高、工作量小的标准化工作，从而提升业务处理效率，降低经营成本。

2. 经营管理模式的变革与创新

财务共享服务的本质是借助信息技术推动下的一种企业经营管理的变革与创新，它以"顾客"需求为导向，服务于内部其他业务单元或者以外包服务的形式向企业提供专业化服务，服务价格通常为市场价格。财务共享服务中心通过将企业内部各业务单位中可重复性强、流程标准化高但相对分散的财务工作进行集中、统一、规范化的处理。企业将从中节省出大量的时间与人力，再度投入到企业更为关键与重要的业务当中去，推动了企业内部专业化分工，充分利用有限的资源提升业务能力，实现了资源整合、降低成本、提高效率、质量提升的初衷。

财务共享服务模式，不是财务部门发起的，而是随着企业、集团公司的管理变革而产生的。当企业规模扩大、业务类型和管理层级不断增加时，企业分子公司的多套财务机构会使企业财务人员与管理费用快速膨胀、财务流程效率降低、重复设备投资规模加大、内控风险上升，多个独立、粗放而臃肿的财务“小流程”使总部统一协调财务变得越来越困难，增加盈利的代价就是加大风险。当这些现实严重毁损着企业的核心价值时，传统的财务管理模式已经成为制约企业发展的瓶颈。这时，企业必须站在战略的高度上，进行自身的管理变革，在变革中寻求突破。

在共享服务模式里面，必须进行财务组织结构的深度变革。管理变革以后，要求财务部门高效多维度提供信息满足企业管理与发展的需求，而传统的分权式或集权式财务架构无法完全满足这些需求。分权管理的优势是客户导向、商业智能，弊端是分支机构在一线有比较大的管理部门，流程与制度繁杂，很多工作难以实现标准化；集权的优势是经济规模化、流程标准化，弊端是反应迟钝、不灵活、与业务分离。而财务共享服务是将共性的、重复的、标准化的业务放在共享服务中心，它同时汲取了分权和集权的优势，摒除各自的弊端，使财务共享中心成为企业的财务集成芯片，日常业务集中处理，总体职能向广阔和纵深发展，让财务在共享管理中直接体现出价值增值。通过财务共享方案的实施促使财务人员转型，使财务人员由记账转向财务建议、财务管理，为各个部门、各项业务提供财务支持，对市场变化作出反应，只有把工作重心转到高价值的决策支持上来，才能更好实现财务职能，满足企业战略、组织的需要。

3. 信息技术带来的变革与创新

作为一种新型的管理模式，共享服务的本质是由信息网络技术推动的运营管理模式的变革与创新。在财务领域，它是基于统一的系统平台、ERP 系统、统一的会计核算方法、操作流程等来实现的。建立共享服务既是机遇也是挑战，任何新生事物都面临巨大的挑战，财务共享服务也不例外。

（1）思维方式的改变。实施共享服务成功的最重要因素是有效的管理创新和思维方式的改变，这需要高层管理人员、基层经理和工作人员强有力的支持。由于整个流程的规模统一性要求所有员工对流程有一定基础的了解，所以在财务共享服务中心建立初期应大规模对各地员工进行培训。同时，财务共享服务中心模式下，远程交流使得其对员工的沟通技术及能力提出了较高的要求。

（2）统一的系统支持。共享服务在技术上要有统一的系统支持。企业的财务信息系统是实现财务共享服务的基础和保障，因此，系统平台的统一搭建和整合是实现共享服务的第一步。统一的ERP系统是保证共享服务平台顺利搭建的关键因素。建立一个好的平台很重要，需要有一个统一的IT标准和一个流程标准，这样整合可以更快。

财务共享要求财务制度与政策统一。如果没有一个统一的制度政策，即使进行组织架构改革，仍然会出现问题。所以必须要有统一规范的财务作业标准与流程，通过有效整合后，把制度政策配套起来切入到系统中去，保证前端业务部门按照制度和政策去运营，并根据外部环境和内部管理的需要不断完善与改进。

(3) 合理的内部结算体系。财务共享服务中心作为一个独立的运营实体，需要有一个非常好的商业模型，即使是内部的一个事业部门，也需要一个内部结算体系。因此，共享服务中心需要向服务对象提供一个能为他们所接受的低成本服务，同时又需要在低成本之上建立合理的价格体系。

任何先进的管理方法都要和自己公司的实际情况结合起来，变成适合自己的方法，才能发挥其最大效用。对财务共享服务中心这种模式，企业也应取其精华，去其糟粕，最大限度地利用这种模式获得增值。我们可以看到财务共享服务的本质是借助信息技术推动下的一种企业经营管理的变革与创新，它以“顾客”需求为导向，服务于内部其他业务单元或者以外包服务的形式向企业提供专业化服务，服务价格通常为市场价格。财务共享服务中心通过将企业内部各业务单位中可重复性强、流程标准化高但相对分散的财务工作进行集中、统一、规范化的处理，企业将从中节省出大量的时间与人力，再度投入到企业更为关键与重要的业务当中去，推动了企业内部专业化分工，充分利用有限的资源提升业务能力，实现了资源整合、降低成本、提高效率、质量提升的初衷。

(三) 财务共享的优势

在经济全球化的影响下，企业集团在经营发展中承受的市场竞争压力日益加剧，企业为了保证自身能够在激烈的市场竞争中稳定发展，则需要采取相应的手段提升自身市场竞争实力。财务共享模式是现代化企业管理模式中的重要组成部分，在财务共享模式下，建设财务共享中心对企业成本管控、内控、信息共享以及提高资金利用率等都有积极作用。与普通的企业财务管理模式不同，财务共享服务的优势在于其规模效应下的成本降低、财务管理水平及效率提高和企业核心竞争力上升。具体表现为:

1. 降低运营成本

财务共享模式是一种新兴的财务管理模式，是经济全球化、大数据信息和共享时代的产物，集团构建财务共享服务中心促成核算会计转型为管理会计、由信息提供者转型为决策支持者、由后勤管理者转型为价值创造者。通过有效结合财务共享平台，采用新的信息技术手段，实现会计核算自动化、财务管理智能化、业务财务一体化。提高财务工作效率、提高会计信息质量、提高财务管理水平。同时逐步减少会计核算人员和减少财务运营成本。

在实际运营中，企业集团扩大经营规模，建立子公司及下属单位时对于财务人员的需求较大，但这其中基础的核算会计人员较多，分散管理也使得各子公司及下属单位与集团总部对其财务情况的管控变得十分困难。当企业集团建设起了财务共享中心，重新定位财务人员的分工，将重复性的工作内容标准化、流程化，使得分散的核算工作人员集中起来，重复性得到控制，同时应用信息技术也能提升财务管理的效率。财务人员的需求量下降，从而控制了人力资源上的成本，同时也实现了会计核算处理的规模化，工作效率得到有效提升，处理费用相应降低，进而降低了企业集团的运营成本。

在共享式模式下，所有下属企业的业务能经过标准化的分类分配流程，进入以组为单位的流水工作线被解决处理。如此一来，对人员的专业要求不必过高，且减少了人力资源的消耗，使整体的工作效率跨越式提升。

2. 提高管理水平与效率

“财务共享服务中心”可以使集团公司的财务工作在一定程度上实现自动化处理，从而有效提升账务处理效率，降低日常管理成本，提高业务处理精准度，进一步加强企业集团的财务管控力度和财务监督力度，提升企业集团的运营管理效率。

财务共享有利于集团公司加强财务管理的管控能力，将零散的财务数据集合，更有助于管理层打通各数据链条，实现总部、子公司更深层次的对接。此外，财务共享中心有助于集团公司防范财务风险，通过整合尽可能多的数据，从中发现经营过程中的风险，并及时采取应对措施，为集团公司决策层、管理层提供精确的数据支持。

集团企业对于多级结构和下属单位的财务管控随着子公司的数量增加而难度增大，总部无法及时得到子公司的财务数据，并且各地子公司的会计数据处理不同，总部会在整合财务数据等会计核算问题上花费过多精力，使集团的财务部门无法集中在更有价值的管理制度制定的工作上，无法迅速有力地将措施反馈给管理层做及时调整。通过财务共享中心进行规范业务操作流程，可以对基层的会计信息进行把控，快速直观地了解集团的实际运作情况。

企业集团的发展规模逐渐壮大，其下属公司数量较多且所处地域分散，在传统财务管理模式下，集团下属公司的财务工作都是由自身的财务管理部门独立完成。财务独立导致各下属公司之间的财务信息传递和共享存在障碍，同时也无法保证信息在传递过程中不受影响，信息的时效性以及准确性难以保障。然而通过建设财务共享中心则可以有效解决这一问题，通过信息管理系统将各个下属公司的财务工作进行汇总，收集财务数据，有利于财务数据共享，减少信息传递过程中出现的失误。

采用财务共享模式后，业务数据将由专业机构团队集中处理，采用较为一致的会计数据处理系统和业务处理标准，在共享系统中查询财务报表数据，以及上下游凭证报表等信息的准确性和及时性，实现信息的可追溯性，同时还可以对相应数据进行统计，及时分析财务报表与预算目标的差异，提高财务管控水平。

对所有子公司采用相同的标准作业流程，废除冗余的步骤和流程；共享财务服务中心拥有相关子公司的所有财务数据，数据汇总、分析不再费时费力，更容易做到跨地域、跨部门整合数据；某一方面的专业人员相对集中，公司较易提供相关培训，培训费用也大为节省，招聘资深专业人员也变得可以承受；共享服务中心人员的总体专业技能较高，提供的服务更专业。此外，共享服务中心的模式也使得 IT 系统（硬件和软件）的标准化和更新变得更迅速、更易用、更省钱。

3. 促进业务流程的标准化

财务共享服务中心主要包括三种“统一”：统一的核算、统一的财务系统、统一的报销管理。标准而统一的核算规范，提升了内部管控能力，强化了资金管理，有效防范了因核算规范产生的风险以及造成的损失。专业的财务系统提高了公司整体的财务管理水平，保障了财务信息的准确度，有利于集团公司对多家子公司的统一管理。财务共享中心的“标准化”利用网络技术远程会计核算，实现了集团企业财务的集约化管理，更好地为企业管理人员提供具有及时性、完整性、准确性的财务数据，控制成本输出，提升企业内部服务水平。

对于企业集团来说，只有基础的会计核算是远远不够的，但是建立财务共享中心也不是要忽视核算工作，而是要以财务核算与财务管理的诉求为核心，进而去完善内部控制的体系。财务共享模式通过完备的 ERP 信息化系统，以集团的内控管理为中心，收集下级单位的财务数据，以此保障数据的实时性及全面性。同时，集团公司更应该在此基础上，加强对市场环境的检测及竞争市场的评估分析，制定明确的共享中心的财务目标，围绕成本管控，不断提高各业务流程的效率，完善各项业务的运作，有效地为企业降低成本，创造更高的利润。

业务流程的再造是共享服务建设中非常重要的一环。业务流程的标准化强调的是贯穿完整的业务流程，不再是传统财务中能体现的一些被分割的独立个体。财务共享服务中心直接管理子公司的财务部门，实现了实时共享内部财务信息。每一个流程中，在权限范围内直接向内部或者外部提供直接的信息服务，不需要等待一层一层的上级审批，大大提高了业务流程实现的效率，也加快了经营效率，提升了对市场的反应速度。通过简化流程的操作手续，减少了结算的拖期，也缓解了业务人员和财务人员工作对接中的矛盾。为集团公司内各个部门之间建立统一标准的业务流程，重整规章制度，对公司员工进行共享服务的相关培训，要确保各部门的人员重视并严格遵守公司制定的管理机制，来统一公司内部的各项财务流程，从而确保财务流程、业务对接，以及各环节的执行都能顺利开展，如此才能提升公司的运营效率。

4. 支持企业集团的发展战略

财务共享服务中心把相似的工作业务流程都集中到一起处理，配备专门的财务人员处理财务业务，整合了重复的财务往来，使企业核心业务部门人员可以把精力集中于核心业务，而不是专注于处理一些日常重复性的低效率工作，既降低了人工成本，又提高了处理效率，有助于企业竞争优势的产生和获得。另外，财务共享服务为不同客户提供满足其需求的个性化服务，使其获得超额价值，也能使企业在非核心业务上取得竞争优势。财务共享服务模式的成功应用，能够使制造型企业获得竞争优势并在市场中保持领先地位。

财务共享服务中心通过搭建与外部环境对接的有效平台，可以使集团公司从采购入库，到资金支付、销售回款等各个环节实现全程共享化运行，使财务数据更加实时准确，对推动集团企业高质量发展意义重大。有效运用财务管理共享模式，升级现有的传统财务管理模式，促进集团企业财务管理和运营走向创新和转型升级，进而为集团公司管理层的经营决策提供必要的数据支持，提高集团企业综合竞争力。

传统的财务部门大多数都将重心放在核算方面，而对于集团企业甚至中小型企业来讲，管理会计的引入是大势所趋，管理会计对于企业来讲，在控制成本费用以及对企业经营活动进行风险管控方面都能为管理层提供信息决策支持。构建财务共享中心后，企业加强对财务人员的专业培训与激励机制，提升财务人员的专业水平，加速财务人员的转型，逐渐实现业财融合的目标。相比传统的财务部门提供的基础核算数据，综合性的财务人员可以更加深入业务，提供更加有效的财务信息，从而提升企业集团的综合竞争力，增强各项决策的合理性。

公司在新的地区建立子公司或收购其他公司，财务共享服务中心能马上为这些新建的子公司提供服务。同时，公司管理人员更集中精力在公司的核心业务，而将其他的辅助功能通过财务共享服务中心提供的服务完成，从而使更多财务人员从会计核算中解脱出来，能够为公司业务部门的经营管理和高层领导的战略决策提供高质量的财务决策支持，促进核心业务发展。“共享服务中心”将企业管理人员从繁杂的非核心业务工作中解放出来。

从人力资源管理的角度出发，财务共享服务中心可以让财务人员从大量频繁又复杂的重复性工作中解放出来，将更多的精力投入能够推进企业战略目标的财务管理工作中，不但能提高财务工作人员的专业水平，更能提升企业价值。

(四) 财务共享相关理论

财务共享是基于提高工作效率及成本效益两方面考虑而实施的，要成功地实施共享服务，保证其有效运行，需要多方面因素作为支撑。同样，财务共享理论也需很多相关理论作为支撑。

1. 共享服务理论

共享服务（Shared Services）是在具有多个运营单元的公司中组织管理功能的一种方式，它指企业将原来分散在不同业务单元进行的财务、人力资源管理、IT技术等事务性或者需要充分发挥专业技能的活动，从原来的业务单元中分离出来，由专门成立的独立实体提供统一的服务。

20 世纪 80 年代，美国福特公司率先实施共享服务，1993 年，罗伯特·古恩（Robert Gunn）首次明确了共享服务的思想，随后共享服务相关理论得到了广泛的探讨。罗伯特等人指出共享服务是为了说明公司是如何从分散管理和少的层级结构中取得优势的一个新的管理理念。

共享服务的作用，在于通过企业内部不同部门或业务单元间的组织和资源整合，实现服务共享，从而强化企业核心竞争力，优化资源配置，降低企业成本，提高管理效率。

共享服务中心是通过对组织、流程等进行再次整合，将公共的、基础的流程进行标准和集中的管理手段。常见的实施共享的部门或者系统有财务、人力资源、研发等，通过这种方式有助于细化企业内部分工，释放更多人力资源，规范企业管理。通过对基础和非核心业务的整合，将有利于业务单元将集中精力于其核心能力，为企业创造更多的价值。

信息技术平台可以为企业提供有效的共享服务，企业通过简化各项经济业务中的非重点以及非营利性的业务抽离出来进行业务重整和流程再造，再进入共享服务中心进行集中处理运作。企业建立共享服务中心的关键是对企业原有的流程进行优化升级甚至是流程再造，实现共享服务的高效运行，达到企业内部的结构的优化，进而实现内部资源的优化，达到更加有效的资源配置效果，提升企业核心业务的竞争水平和企业附加值。

2. 委托代理理论

委托代理关系建立在“专业化”的基础上。当“专业化”存在时，就可能引起委托代理关系。生产力的发展细化了专业分工，受知识、能力和精力的限制，权利所有者无法高效地行使权利，同时也产生了另外一批具有较高专业素养的代理人，有能力行使被委托的权利。财务共享服务中心的建设就是一个委托代理关系，在企业和财务共享服务中心关系中，企业是委托方，共享服务中心是代理方，当企业各业务单元的财务处理工作变得低效时，企业需要将其转移给财务共享服务中心去完成，各业务单元从财务中解放了人力物力的同时，还享受到了专业的服务。财务共享中心则完成各项财务有关工作，不仅可以在企业内部运作，还可以对外提供服务。

3. 流程再造理论

流程再造理论是20世纪90年代提出并达到全盛的一种管理思想。1993年美国的迈克尔·哈默（Michael Hammer）和詹姆·尚培（Jame Champy）在《企业再造：企业革命的宣言书》中第一次提出并阐明了流程再造的观点。在书中两人指出，在过去的200年中，企业管理者一直把企业活动划分为最简单和最基本的步骤，按照劳动分工的理念在进行企业管理，他们认为这种观点已经不适应当代企业的发展要求。迈克尔·哈默认为：应该去除掉企业活动中没有给客户带来价值的工作，不仅仅是依托信息化来提高企业生产速度，而应该对流程加以改造，进一步减少不必要的资源损耗，只有这样才能让客户价值达到最大化，需要以业务作业流程为中心，对企业组织等配套机制进行再造。

流程是由一系列的活动组成，按照规律性方式接受一个或者多个输入，并产生一个或者多个为客户带来增值结果的连续过程的组合。流程再造旨在将企业中繁冗的、延缓企业发展规划的流程一一取消，辅以先进的线上手段，重新塑造一套能够最大提升效率、符合企业未来快速发展的业务流程，流程再造是一种企业活动，是打破企业原先按职能设置部门的管理方式和不适应企业发展战略的业务流程，利用科学的方式，融合前沿信息技术，从根本重新而彻底地去分析与设计一套符合企业发展战略的业务流程，从而达到企业管理方式、成本、品质、对外服务和时效上的全面变革。

流程再造理论的核心是面向客户满意度的业务流程，根据专业分工的原则，以流程再造的方式重新整合、细化传统的业务流程，形成专业化程度更高的新流程，从整体上优化企业的业务流程。流程再造是对传统业务流程的一种变革，相较于对局部进行最优化的传统方式，它追求的是全局最优，而不是个别或局部最优。

在财务共享模式中，业务流程再造就是将工作从以往繁杂的、重复的、单一的流程中摆脱出来，突出核心职责，使得财务共享的效率得到最大的提升，业务流程再造适用于企业财务中总账类、应收款、应付款、资金管理、预算管理、费用报销等单一性、重复性的工作。从财务人员长期培养角度看，流程再造可以使大量财务人员从繁杂的简单的核算工作中脱离出来，将更多的精力放在数据分析和公司决策层面，在提升企业价值的同时，优化人力管理，避免人员浪费。财务共享服务中心将企业中业务量多、同质化程度高的业务流程进行重设再造，形成财务共享服务中心的核心功能。打破落后的业务流程，重新设计更加优化的业务流程，达到以更少的资源获取更高收益的目的，实现企业规模经济效益。同时还能为客户提供更优质的服务，从多个角度提升企业的价值创造。

流程再造的主要程序包括：

（1）全面分析旧流程，发现其问题。当原有的作业程序已经不匹配现有的市场、技术要求时候，需要对其功能性障碍、重要性、可行性进行全面的、功能性的深入分析，找出其存在的问题。

（2）设计新流程，提出改进方案，并进行评估。根据企业现有的作业流程，绘制新流程或者提出改进方案，新流程的改进需要统筹不同业务单元发挥群策群力，从成本、效益、技术条件和风险程度等方面进行评估。

（3）调整组织结构、人力资源配置等配套措施，确保新制定的流程可以贯彻实施。

(4) 实施新流量，并进行持续优化。

4. 规模经济理论

规模经济理论是经济学的基本理论之一，揭示了大批量生产的经济性规模。规模经济理论是指在一特定时期内，随着生产规模的扩大，会使其单位成本下降，实现效益增加的现象。规模经济理论最先是由美国的阿尔弗雷德·马歇尔（Alfred Marshall）提出，他在《经济学原理》(*Principles of Economics*) 一书中提出："大工厂能获取更多利益的秘诀在于：设置了专门机构，对采购、技术、销售、经营管理进行了进一步的划分。"他认为规模经济通过内部和外部途径形成。内部规模经济由企业对资源的充分有效利用和整合，提高了自身的组织和经营效率而形成；外部规模经济是由多个企业之间通过合理的分工与联合进行资源交换和合理的地区布局形成的。

规模经济理论反映了在特定情况下生产要素集中能为企业带来更多的经济效益，这表明对资源进行整合、实施专业化分工有利于帮助企业达到规模经济。财务共享服务中心的建立，就是在企业需要实现规模经济的背景下，通过整合相关职能部门，集中处理基础财务业务，实现专业化分工，从而提高业务处理效率，降低公司成本，从内部实现规模经济，实现企业经济效益增加。

财务共享服务中心能够提高财务管理水平与效率，对于规模愈大的企业，其建设成本能够会被最大程度分摊。财务共享服务中心通过集中财务业务扩大规模和产出，集中整合分散在各业务单元的财务管理职能和相关业务，节约企业财务管理总体成本。同时通过标准化的规章制度、统一化的业务流程和智能化的批量处理，减少了企业财务管理单位成本，由此实现了财务共享服务中心的规模经济效应。

在企业集团财务共享服务体系的构建及其运行的过程中，企业集团的内部审计人员和财务业务操作处理人员，他们都能够在公司的财务共享服务体系中，根据顾客的业务要求和业务性质，为顾客提供业务服务，而且可以对被审计单位的内部审计工作进行相应整合和明确业务分工，这就可以使得固定成本在每个被审计单位的成本分摊比例上降低，单位成本因此进一步下降，也可以使得整体企业集团审计工作的效率进一步提升，实现了规模经济的效应。规模经济理论的发展使得共享服务的成本优势发挥到最大，在日常经营中效益也达到最大化。

5. 交易成本理论

英国经济学家科斯（R.H.Coase）最先提出了交易成本理论，科斯认为企业发生交易成本就是企业为获得更多有利于自身发展的市场信息而支付的成本，交易成本论是对规模经济论的最好补充和最好诠释，规模经济论是形成规模后可以使企业的各类成本降低，进一步推动资源的集中化。

交易成本理论核心思想在于找出影响不同交易之间的因素并寻求建立适当的组织来协调，实现费用节约。科斯认为交易费用的存在是企业产生的根本原因，企业的意义就是将生产要素集中生产，可以减少交易数目，从而节约交易成本。同时当市场交易费用大于企业内部组织费用，市场的调节就会弱化，交易逐渐被企业内部处理。

卡尔·达尔曼将交易活动的内容加以类别化处理，认为企业在搜寻信息、协商与决策、契约、监督、执行成本与转换的过程中都面临了交易成本。

交易成本论是对规模经济论的最好补充和最好诠释，规模经济论在形成规模后可以使企业的各类成本降低，进一步推动资源的集中化，财务共享模式就是对财务资源的集中，将所有重复的工作集中处理，信息分享最大化，这些都可以降低交易成本和各类费用，为企业创造更大的价值。

财务共享模式就是对财务资源的集中，将所有重复的工作集中处理，信息分享最大化，这些都可以降低交易成本和各类费用，为企业创造更大的价值。

在财务共享服务中，交易成本理论的贡献在于公司倾向于用通过企业内部的调节降低费用并增加收入，财务共享服务中心的建立通过流程再造、组织再造，在企业内部进行集中会计处理，能有效降低企业在市场活动中的成本。

6. 扁平化理论

扁平化的组织结构是由分权式“金字塔”模式转变而来，具体指简化层级之间的关系，减少组织结构纵向的发展，减少权力的传递流程，强化管控力度，提高决策效率。另外，管理层可以直面最真实的低层反应，减少信息流通的层级消耗，减少决策失误，提高决策灵活性。对于组织结构扁平化理论总结如下：一是强化集团管控力度。二是决策灵活性提高。三是下放权力，简化决策流程，提高效率。

信息技术的飞速发展带来了知识流动的大大加速，传统金字塔式的等级体制使得企业难以对瞬息万变的市场快速做出反应，为保持企业的竞争力，企业必须改变传统的多层次、职能性的组织机制，通过减少管理层次，增加管理幅度，既能实现最大可能将决策权延至最远的底层，使得底层员工更容易了解管理者的决策意图，也方便管理者及时、准确捕捉市场动态。

财务共享服务中心通过打破原有的组织架构，将人力、物力、财务等相关职能部门进行重新整合，去除了原有组织内大量的、臃肿的、富余的中间管理层级，使企业组织结构扁平化，使得管理层人员更精简，促使了人员素质的提升，降低了管理成本。同时，组织结构扁平化增强了企业组织的快速反应能力，有利于信息的及时传递，提升了信息和相关业务处理的效率。

财务共享服务中心的构建即是资源的优化配置，流程的优化简化。组织结构扁平化理论符合财务共享服务中心的建设理念，有助于财务共享服务中心减少冗余人员的参与，保证了企业集团信息传递的质量。所以，用扁平化的组织结构有利于财务共享服务中心的成功运行。

7. 内部控制理论

内部控制理论是说，在公司不断运营发展、扩展规模的过程中，都有一个在不断变化的财务目标及发展目标。而公司的发展一定会受到公司内部各个组成部分的影响。它们会相互促进，也可能会相互束缚。为了能够使得公司根据自身的发展情况，以及可以更好地适应整个行业的变化，公司可以自行进行一系列的调节以及自我控制和约束的财务管理程序的技术总称。公司的内部控制需要对企业会计信息的质量和安全进行有效的控制。除此之外，企业还要对所接触的各类资产进行合理的归置汇总，再按类分配。并且要结合能够顺利实施操作的奖励惩罚机制去提升整个公司的经济效益。要想公司能够成功通畅地运行内部控制，公司一定要遵守一些基本的控制原则：

（1）内部操作要合法合规。它是指业务操作的人员在执行业务时，一定要遵守国家的法律法规的要求，要在行业法律的合理要求内容中完成公司的工作。

（2）公司内部要具有约束力。它是指对于公司的一个业务常常是需要多个部门或者多个业务流程配合着进行的，所以也要将工作操作的流程和执行权利合理分配，这样可以让公司的业务处理更加通畅，部门之间以及流程之间也可以相互监督，相互约束。

（3）操作方式与关键程度相对应。它是指对于一个公司来说，并非每一个业务都是最重要、最关键的。因此，要按照业务在具体操作流程中的关键程度来合理地设置处理方法。使得公司既能够有的放矢，也能够更加合理地做好公司内部控制的绿色安全工作。这三个原则在使用过程中并不相互矛盾，也不是敌对的，而是相互扶助，缺一不可。

公司内部的运营是通过人力、技术、设施、制度等多个因素来共同推动的，任何一个方面形成短板都会对公司产生明显的影响。所以公司在内部控制方面要多角度多方位地去考虑问题，以谋求公司内部全方位的平衡，这样能使公司的安全性大大增加，也更加有利于公司长远的发展。

8. 资源配置理论

资源配置是指通过比较相对稀缺的资源在各种不同用途上的作用，做出相对较优的选择。资源是指一国或一定地区内拥有的物力、财力、人力等各种物质要素的总称，是社会经济发展的基本物质和必要条件。在社会分工和专业化的社会化经济中，资源总是满足不了所有人的需求而呈现相对的稀缺性，由此要求人们合理调配有限的、相对稀缺的资源，从而达到利用相对较少的资源产出相对较多的商品或劳务，以获得相对最优的利益。在市场经济条件下，在社会对资源的需求保持不变时，资源的市场价格会伴随着资源数量的变化而呈现规律性的变化。因此，资源配置通过合理调配优化资源使用效率，对社会经济的发展具有极其重要的意义和优势。

有效的资源配置不仅对社会发展至关重要，对企业发展也一样。影响企业资源配置的因素有很多，如市场的竞争程度、市场价格的控制能力以及与消费者之间的供求关系等。在一个可以达到有效竞争的市场中，消费者与生产者之间的供求变化可以有效地指引企业对各项业务活动进行更加合理分配，实现资源的高效利用。此外，开放的市场环境使得竞争机制很好地发挥作用，面对日益残酷的市场竞争，企业必须要进行生产能力以及管理水平的同步提升，不断提升企业自身的综合能力，优化企业内部的各项资源，实现资源的有效配置，在优胜劣汰的市场环境中立于不败之地。面对这样的市场环境，共享财务的出现主要就是对企业各项资源实现共享，进行有效的集中管理分析。

共享服务可以将企业中具有标准化以及流程化特点的业务进行集中处理分析，减轻员工的负担，提升员工的工作效率，由此财务共享中心的工作人员可以集中迅速地处理标准化的企业业务，将其他员工转移到更加适合他们的企业其他工作中去，合理分配人力资源，推动企业长远发展进步。财务共享系统的实施可以精简企业业务，将冗余重复的部分业务从全部业务中直接提取出来，重新进行组合搭配再集中进入财务共享中心，一方面加强了企业的管理水平，另一方面也可以加强企业对各项业务的整体控制。

财务共享服务中心最重要的优势就是通过集中职能和共享资源来达到合理配置资源的目的。通过在各业务单元之间合理地调配，可以实现组织结构最优化、资源效用最大化和企业价值最大化。财务共享服务中心通过合理调配资源，使企业内部有限的资源得到合理配置，极大地提升了资源使用效率，也可以节约企业的财力、物力和人力用来发展多元化业务，为企业获取更多的资源提供条件，从而大幅度增强企业核心竞争力。

(五) 财务共享的信息技术支持

1. 计算机与网络技术

财务共享服务中心模式下，远程财务流程需要建立强大的网络系统，需要强大的企业信息系统作为IT平台。IT技术的发展，特别是“企业资源规划系统”（ERP System）的出现，推动了“财务共享服务”概念在企业界的实践和推广。利用ERP系统和其他信息技术，“财务共享服务”模式可以跨越地理距离的障碍，向其服务对象提供内容广泛的、持续的、反应迅速的服务。

在财务共享服务模式下，只有通过IT平台来强化内部控制、降低风险、提高效率，才能实现“协同商务、集中管理”。所以必须建立一个财务共享服务的IT信息平台，让分子公司把数据导入系统，做到事前提示、事中控制、事后评价；可以在平台上建立财务模板，尽可能取消人工作业，让业务数据自动生成有用的财务信息；可以运用系统标准执行减少偏差及各业务单元可能的暗箱操作，降低各种隐含风险；可以通过设置让系统自动提示例外和预警；可以利用系统的开放性建立各数据共享接口和平台，满足各方不同需求；可以通过系统定期生成不同会计准则要求的报表及特殊报表等。

在满足信息化的环境下，财务人员可以更好地使财务直接用于支持战略决策的增值分析，为公司战略发展提供及时正确的导向，根据市场快速调整业务策略、经营战术等。所以共享服务的模式是在信息技术支持下的管理变革，只有利用现代的IT技术，才能使企业集团的财务共享服务真正落到实处。

计算机技术、互联网通信技术的快速发展，可为财务工作提供更快的数据传播速度、更强的数据处理能力、更大的数据存储空间，不仅提高了财务运营的工作效率。更提升了财务管理、财务控制和决策能力的应用。基于现代信息技术，对财会进行集约化、标准化、规模化的效率处理，为财务共享服务中心的建立提供了必要的技术支持和保障，可以说，财务共享服务中心的建设，就是企业财务信息化的集中体现。

2. 大数据技术

大数据最早由维克托（Victor）和肯尼斯（Kenneth）在《大数据时代》(*Big data Era*）一书中提出，是指一种海量的、高效的和多样化的信息资产，其规模在数据获取、存储、管理、分析等方面都远远超过传统数据工具能力范围，具有规模大、传输快、数据类型多样等特点，大数据的大不仅仅在于数据量庞大，而且在于依托大量的数据可以产生的数据的专业化处理，实现数据的增值。斯坦福大学计算机教授高德纳（Gartner）认为大数据需要新型的处理方式去促成更强的决策能力、洞察力与最优化处理，现阶段的大数据必须借由计算机对数据进行统计、比对、解析方能得出客观结果。

对大数据的分析、管理主要涉及以下几个方面：

(1) 可视化分析。大数据分析的使用者涵盖面广泛，不仅是针对专家、学者，高级管理层，还有普通读者、员工等，可视化分析能够直观地呈现大数据特点，灵活生动的展示能更容易让人接受。

(2) 数据挖掘算法。数据挖掘是大数据的核心，大数据的“大”更多在于数据背后隐藏的信息之大，各种数据挖掘的算法利用不同的数据整理、分析和挖掘理念，以不同的数据类型、格式等多维度进行大数据的展示，充分发掘数据价值。

(3) 预测性分析。预测性分析是大数据分析的直接应用体现之一，从大数据中挖掘出特点，通过相关的模型分析得出相应规律，从而对企业进行消费者、市场行为预判，借此做出科学决策具有重要作用。

(4) 数据质量和数据管理。数据质量和管理是指对数据进行规范化的采集、比对和存储。

财务共享服务中心建设，将原本分散的财务信息进行了集中，为公司财务大数据分析奠定了基础。通过不断优化模型，对数据的集中分析处理，向企业管理层提供了不同维度的财务数据，方便企业进行市场预测分析。将纸面信息规范化、信息化存储也方便企业管理者或者外部监管及时查看、调用相关数据。

企业在财务共享模式的实施中不应该仅仅着眼于降低费用报销、财务核算等简单的人工成本，应该更多地关注信息流的整合与共享，利用经营大数据，算大账，对公司的各个产品经营情况、业务开展情况、项目成本收益情况、设置人员和部门组织的效益情况进行事中的控制和事后分析。实现业务驱动财务，财务控制业务、评估业务、指导业务，真正做到业务财务融合，提高企业的整体经济利益。

3. 云计算技术

云计算是一种通过互联网访问、可定制的IT资源共享池，并按照使用量付费的模式，这些资源包括网络、服务器、存储、应用、服务等。广泛意义上来说，云计算是指服务的交付和使用模式，即通过网络以按需、易扩展的方式获取所需的资源，这种服务可以是IT的基础设施(硬件、软件、平台)，也可以是其他服务，云计算的核心理念就是按需服务，就像人使用水、电、天然气等资源一样。

“云”实质上就是一个网络，狭义上讲，云计算就是一种提供资源的网络，使用者可以随时获取“云”上的资源，按需求量使用，并且可以看成是无限扩展的，只要按使用量付费就可以，“云”就像自来水厂一样，我们可以随时接水，并且不限量，按照自己家的用水量，付费给自来水厂就可以。

追溯云计算的根源，它的产生和发展与之前所提及的并行计算、分布式计算等计算机技术密切相关，都促进着云计算的成长。但云计算的历史，可以追溯到1956年，克里斯托弗·斯物拉奇（Christopher Strachey）发表了一篇有关虚拟化的论文，正式提出了虚拟化的概念。虚拟化是今天云计算基础架构的核心，是云计算发展的基础。而后随着网络技术的发展，逐渐孕育了云计算的萌芽。

2007年谷歌公司对云计算的概念进行了构想，构想能够构建起跨越全世界的信息，供人们随时随地访问。用户只需要将搜索指令通过互联网发送到谷歌的大型服务器集群上，完成之后，再将最终结果发送到用户桌面。这是一种全新的商业模式。通俗来说，就是在某间未知的房间里放一台电脑，电脑上已经安装好了操作系统，我们可以通过网络远程访问这台电脑，按照之前的操作习惯，进行工作、学习和娱乐。在这种情况下，不用担心那台未知的电脑配置是否满足条件，是否需要更新，也不用自己去维护。对公司而言，如果公司有这样一台未知的电脑，可以满足不同的员工在不同时间、不同网络进行远程访问该电脑进行业务操作。实际上，生活中我们每天都能接触到云计算，例如网上购物、网上支付等。

云计算这个概念从提出到今天，已经20余年了。在这些年间，云计算取得了飞速的发展与翻天覆地的变化。现如今，云计算被视为计算机网络领域的一次革命，因为它的出现，社会的工作方式和商业模式也在发生巨大的改变。

近几年来，云计算也正在成为信息技术产业发展的战略重点，全球的信息技术企业都在纷纷向云计算转型。我们举例来说，每家公司都需要做数据信息化，存储相关的运营数据，进行产品管理、人员管理、财务管理等，而进行这些数据管理的基本设备就是计算机了。

对于一家企业来说，一台计算机的运算能力是远远无法满足数据运算需求的，那么公司就要购置一台运算能力更强的计算机，也就是服务器。而对于规模比较大的企业来说，一台服务器的运算能力显然还是不够的，那就需要企业购置多台服务器，甚至演变成为一个具有多台服务器的数据中心，而且服务器的数量会直接影响这个数据中心的业务处理能力。除了高额的初期建设成本之外，计算机的运营支出中花费在电费上的金钱要比投资成本高得多，再加上计算机和网络的维护支出，这些总的费用是中小型企业难以承担的，于是云计算的概念便应运而生了。

从广义上说，云计算是与信息技术、软件、互联网相关的一种服务，这种计算资源共享池叫作“云”，云计算把许多计算资源集合起来，通过软件实现自动化管理，只需要很少的人参与，就能让资源被快速提供。也就是说，计算能力作为一种商品，可以在互联网上流通，就像水、电、煤气一样，可以方便地取用，且价格较为低廉。

云计算（Cloud Computing）是分布式计算的一种，指的是通过网络“云”将巨大的数据计算处理程序分解成无数个小程序，然后，通过多部服务器组成的系统进行处理和分析这些小程序得到结果并返回给用户。云计算早期，简单地说，就是简单的分布式计算，解决任务分发，并进行计算结果的合并。因而，云计算又称为网格计算。通过这项技术，可以在很短的时间内（几秒钟）完成对数以万计的数据的处理，从而达到强大的网络服务。

现阶段所说的云服务已经不单单是一种分布式计算，而是分布式计算、效用计算、负载均衡、并行计算、网络存储、热备份冗杂和虚拟化等计算机技术混合演进并跃升的结果。云计算是一种全新的网络应用概念，云计算的核心概念就是以互联网为中心，在网站上提供快速且安全的云计算服务与数据存储，让每一个使用互联网的人都可以使用网络上的庞大计算资源与数据中心。

云计算是继互联网、计算机后在信息时代又一种新的革新，云计算是信息时代的一个大飞跃，未来的时代可能是云计算的时代，虽然目前有关云计算的定义有很多，但总体上来说，云计算虽然有许多含义，但概括来说，云计算的基本含义是一致的，即云计算具有很强的扩展性和需要性，可以为用户提供一种全新的体验，云计算的核心是可以将很多的计算机资源协调在一起，因此，使用户通过网络就可以获取到无限的资源，同时获取的资源不受时间和空间的限制。

云计算给用户提供了一种模式，如果你想获得某种服务，只要有云服务，随时随地可以获得。很多大型企业结合云技术的发展，建立了公有云与私有云相结合的“混合云”模式——将较为核心的数据保存在自建的数据云端上，将框架和前端系统外包给公有云以减少成本，建立云服务器间的安全通道以实现安全而节约成本的运营模式。毫无疑问，云计算技术为财务共享的推广应用提供了技术支撑。

4. 机器人流程自动化

机器人流程自动化（Robotic Process Automation），简称 RPA，是以软件机器人及人工智能（AI）为基础的业务过程自动化科技。机器人流程自动化是一种新型的技术理念，它允许通过软件机器人基于一定规则的交互动作来模拟和执行既定的业务流程，它基于设定的规则与其他各类系统进行交互，自动处理大量重复性的流程，机器人流程自动化通过使用用户界面的软件把基于规则的流程自动化，它可以在任何软件上运行，包括基于网络的应用程序、ERP 系统甚至远程虚拟机。

机器人流程自动化支持的最常见流程包括财务、采购和人力资源职能部门中的后台行政管理工作流程，以及特定于银行、保险和抵押贷款行业的运营流程。机器人流程自动化可以较好地在拥有结构化数字信息的业务流程场景下运用，比如：票据等文件信息的录入、跨系统提取指定信息，机器人流程自动化能最大程度减少人工错误，甚至可以确保零失误，大幅度降低运营成本。

机器人流程自动化可以作为不同财务系统之间的媒介，帮助企业实现高重复性财务流程的自动化。在财务服务领域，机器人流程自动化有多种应用方式，可以应对巨大的财务交易量以及日渐增强的监管。监管机构也鼓励企业加强简化业务流程以及确保合理控制级别的能力。2017 年，以德勤、普华永道、安永、毕马威为代表的国际四大会计师事务所已经相继上市软件机器人以及机器人解决方案。

5. 人工智能

人工智能是使用计算机来模拟人的某些思维过程和智能行为的学科，具有感知能力、记忆与思维能力、归纳与演绎能力、学习能力以及行为能力的特点，应用范围广泛。就该技术目前的发展状况来说，其在财务管理领域的应用，完全可以取代一部分程序性、模式化的会计工作，自动识别成本费用的合理性、合规性，选择会计核算要素，整理分析数据，也就是取代目前财务共享中心的主要工作。

人工智能作为虚拟的计算机系统，可以突破物理限制，直接部署在分支机构，辅助分支机构财务人员工作，对结构化、半结构化和非结构化数据进行准确识别和自动采集，满足企业对财务数据的实时抓取和共享需求的同时满足分支机构核算上的个性化需求，与财务共享模式对信息流的采集、整合与共享的属性完美融合，还可以克服前述的信息沟通、企业文化、管理脱节、人才建设等风险。

相信在人工智能技术的推动下，财务共享模式必将由简单的集中核算和数据保真，转为更加重视各种问题之间的相关性，实现对公司层面的战略规划设计和评估、资源配置、资本运营、风险管控体系、税务筹划的全面支持，最终做到价值发现乃至创造。

二、财务共享的构成要素

财务共享模式是指将分散的财务基本业务从企业集团成员单位抽离出来，集中到财务共享服务中心（FSSC）统一处理，通过网络为不同地域的共享成员提供标准化、流程化、高效率、低成本的共享服务，并为企业创造价值。财务共享模式并不是将原本分散的财务核算机构在空间上简单集中，而是需要通过对易于标准化的财务业务流程的优化再造、对操作的标准化、对人员的专业再分工，以一个独立运营的“服务部门”方式再造财务核算。随着财务共享模式实践的不断深入，辅助技术的不断发展，财务共享的概念也将不断被细化与延伸。

为了更清晰地了解财务共享模式，使财务共享实现更加广泛、更为深刻意义上的“共享”，下面就财务共享的构成要素进行论述，即回答下面这几个问题：谁需要财务共享服务？谁提供财务共享服务？共享哪些财务服务？如何共享财务服务？

（一）财务共享服务的主体

谁提供共享服务？即财务共享服务的主体。

1. 财务共享服务中心

传统的财务共享服务由企业集团根据自身需求建设的财务共享服务中心来提供，财务共享服务中心拥有若干具有相应能力的专业人员，具体完成财务共享服务中心预先设定的职责任务。财务共享服务中心的建立，旨在实现精细化管理加强单位管控的同时，为单位成员提供更高效、优质的服务，服务资源的共享要落实到每位员工，如费用报销的流程再造，减少了员工费用报销精力和时间的投入，充分发挥信息的价值，财务共享服务中心成为财务共享的主体。

2. 其他会计服务机构

随着财务共享的发展，一些社会化的会计服务机构如原来的会计代理记账机构也逐步成为财务共享服务的提供者，借助现代信息技术手段，一些服务机构提供在线财务服务、云财务服务，也成为财务共享服务的主体。

（二）财务共享服务的客体

财务共享服务的客体即财务共享服务的对象，就是为谁服务，或者说是谁需要财务共享服务。笼统地说，有财务核算和财务管理需求的单位才需要财务共享服务，具体说是需要会计信息支持的相关单位和人员，不仅包括单位内部，也有来自外部的需要，可以说就是共享的参与者。

财务共享包括对财务信息资源的共享，共享的参与者可细分为集团内部各业务单位与外部各利益相关方。从共享服务信息资源的角度来看，财务服务共享的参与者包括集团内部的各个业务单位和人员，以及接受集团财务共享服务中心服务输出的外部企业。无论采用何种类型的财务共享模式，财务资源共享的参与者不局限于集团内部。

1. 内部单位和人员

首先，财务共享服务中心是单位财务体系的组成部分，所产生的财务信息必定会在体系内流转，财务人员是信息资源共享的参与者之一。其次，财务共享中心生成的各类财务报表、数据报表，业务财务、战略财务对各项数据的解读分析以辅助决策，是各层级管理人员参与信息资源共享的途径之一。再次，管理人员应当具备与职责相匹配的系统用户权限，自主获取数据，如中交二航局各项目经理，可以获取其他项目的信息，通过项目间的信息比对，找到项目的优势、劣势，从而进一步优化工程建设。最后，信息资源除了能够辅助决策外，还支持各人员的日常工作，PC 端、移动端实时上传和获取数据，系统间信息传递与业务流程相互衔接，大大降低了人员间的沟通成本，提升了工作效率。生成的数据经过汇总、加工，在单位内部各工作人员、职能部门间的传递，是单位内部对信息资源的共享；单位资金日常管理、投融资活动的集成、内部投融资需求差异的互补，是各业务单位对资金资源的共享；原本独立核算的业务单位将部分业务交由财务共享服务中心处理，是对服务资源的共享；各分支机构通过平台实现供产销联动，是对平台资源的共享。参与共享的主体越多，共享资源的范围越广，越能体现财务共享模式的价值。

高管层是单位范围内实施财务共享的掌舵者，是财务共享的重要参与者，对各类资源的使用和调度有着绝对的控制权。首先，信息资源的时效性能够及时了解业务动态，实现管控前移，降低单位整体财务风险，庞大的数据源可以指导高层制定更为有据的单位战略。其次，财务共享变革小组要不断优化服务资源，优化共享模式，使单位获得更大的规模效益、更高品质的共享服务，助力单位的发展。最后，利用平台综合资源，能够帮助单位掌握资金需求、掌控资金流向，以及调节成员单位和职能部门各项财务活动等。为消除信息孤岛，保障流程的连贯性，各职能部门信息系统应与财务共享平台对接，参与财务资源的共享。如人事部门可以从财务共享信息平台上获取更加丰富的财务、非财务指标数据，完善员工绩效考评工作；内部审计部门通过获取平台信息，进行大数据采集、清洗与存储，形成审计数据仓库。如青建集团将预算的审批、控制以及执行过程融入标准化的应付、应收流程中，以对刚性预算进行控制，从而实现对成本费用控制的自动审批。鲁花集团销售部门通过财务共享平台获取集团成员及下游企业信息，将产品销售市场作为一个整体布局，各销售片区间“求大同，存小异”，增强销售片区间的联动性、应激性。内部各业务单位的工作人员，也是财务共享的参与者，即财务共享服务的客体。

2. 外部利益相关者

财务共享的客体，并非只有集团内部的利益相关者，外部的利益相关者（如供应链成员、价值网成员、银行及其他金融机构、税务及其他政府部门等）也是本单位财务共享的主体。供应链财务共享平台的建立，可以实现供应商、客户、银行联动等跨组织的流程协作，财务共享平台与供应链成员间相互提供流程支持，是维护企业间关系的黏合剂，例如核心企业的应付账款流程再造，除了内部流程的再设计，还需要供应商的参与和支持。如苏宁财务共享中心是大数据平台的重要组成部分，企业内部、供应商、客户、下游消费者均成为共享中心信息分享的对象，有力保障了全程供应链思想的落实。供应链成员间相互分享的生产经营数据，能够提高供应链各结点企业生产经营计划的准确性和灵活性，提升消费者的参与度等。

财务共享平台还可以在价值网环境的财务管理中发挥重要作用。这里所说的财务管理视角下的价值网，是以顾客需求为导向，以某一重点企业为核心，由产品流、信息流、资金流多向流动构成的网络空间系统。价值网环境下，核心企业利用自有的平台优势，整合价值网内结点企业的业务数据，同时，财务共享平台承载着核心企业与结点企业交易往来的资金流、信息流，是核心企业与结点企业业务数据的重要来源。财务共享平台可以助力核心企业利用大数据分析等手段，为价值网企业提供更为准确的业务建议，增强价值网企业的协同效应。此外，财务共享服务中心还可以承接结点企业相关服务，扩大财务共享平台在价值网中的影响力。财务共享模式利用平台资源，将供应链企业，甚至价值网企业关联起来，提供与业务相匹配的数据，能够增强数据的真实性，是银行及其他金融机构了解企业偿债能力更为有效的途径。此外，无论是核心企业自有金融组织，还是外部商业银行及其他金融机构，它们借助平台深度参与企业间的商业活动，能够开发出与交易场景更为紧密的金融产品，更好地实现财务共享各方对资金资源的共享。由于企业日常业务财务活动与税务密不可分，业财税一体化的财务管理解决方案是当前财务共享模式的重要发展方向。业财税共享模式不仅能够加强企业内部税务处理的时效性与规范程度，而且增强了企业同税务监管部门的联系，为企业和税务监管部门提供了便捷高效的双向信息交流平台。双方信息系统的完善与对接，是建立信息交流平台的基础，税务部门参与企业财务共享，可以实现税务信息的及时高效获取、税务制度流程的规范优化、税务监管途径的数字化多元化等。例如，企业纳税数据自动导入税务申报系统，通过企业系统流程检查企业税务制度的落实与流程规范情况等。

(三) 财务共享服务的内容

财务共享的内容即回答“共享什么”这个问题。财务活动包括筹资活动、投资活动和经营活动，财务共享不仅仅局限于对账务的集中处理，而是依托账务集中和流程优化，将财务共享进行纵向延伸，深入各业务流程；同时依托核心管理理念和基础设施的搭建，将财务共享模式进行横向延伸，拓展共享模式在组织和业务活动中的应用范围。财务共享强调借助共享模式实现精细管理落地的同时，追求集团层面的宏观管控，其实践必然会涉及集团管控的方方面面。财务共享模式突破了集团内部及外部实体组织的界限，可以为集团重整和创造财务资源，同时打破企业内部及企业间的资源壁垒，为资源的共享提供平台。

财务共享模式即对财务资源的共享，财务共享模式下的财务资源主要划分为四类，即信息资源、资金资源、服务资源和平台资源。财务共享就是在筹资活动管理、投资活动管理和经营活动管理中实现信息、资金、服务、平台等各种财务资源的共享。

1. 信息资源

财务共享服务中心是财务共享模式的组织实体，不仅是各成员单位的账务核算中心和流程支持中心，而且是财务数据中心。一方面，财务共享模式提升了信息传递的时效性。实施共享模式后，各分（子）公司的财务状况和经营成果无须通过报表层层上报，共享中心能够更快速地生成各分（子）公司的财务信息，并通过网络为各分（子）公司和集团总部的管理者实施监控提供支持。如苏宁易购财务共享中心的管理人员可以随时查阅各个部门、门店运营情况与工作业绩，记录与考核个人绩效，加强企业公平、即时的绩效考核功能。另一方面，财务共享模式拓展了企业的数据源。如鲁花集团利用财务共享系统扩展公司交易信息的宽度，通过采集275个集团成员和5万多条下游企业数据，提炼公司交易价格、市场占有率等信息，准确判定公司市场地位。为分（子）公司和外部用户提供账务核算和流程支持服务，是财务共享服务中心信息来源的基础。财务共享平台不仅能够实现财务会计数据高效的生成和传递，而且可以提供扎根于企业运营基层的海量管理会计数据。随着业财一体化的逐步推进，经过标准化的各项流程都“有迹可循”，财务共享中心能够实时更新各单元业务数据，反映最新的业务动态，支持企业日常运营，并为决策层提供可汇总、加工的数据，更好地指导筹资、投资及经营决策。财务共享模式，在降低财务会计信息成本的同时，有效推动了管理会计信息化。面对大数据时代的到来，如何凸显会计信息的价值，财务共享模式必将大有作为。

2. 资金资源

统一的资金管理模式是财务共享模式加强集团管控的一大体现。如海尔集团“云对账”平台，实现了银行、客户、供应商、员工等多方往来款的账“云”监控，资金运营中心负责搭建集团资金池架构；中铁十一局统一与金融机构签订授信协议，有效降低了集团整体违约风险和融资成本，同时集中近期闲散资金，优先给内部需要贷款的子公司提供融资服务，使整个集团的资金利用率更高，有效解决了存贷双高问题。集团统一的资金管理包括集团资金日常管理、投融资活动的集成、内部投融资需求差异的互补等。财务共享模式下的资金管理，可以在集团已采用的资金集中管理模式基础上，进一步发挥资金的规模效应，提高资金利用效率，使资金与业务深度融合，资金管理精细化、动态化，并扩大总部对资金监管的覆盖面和及时性，保障资金使用安全。

3. 服务资源

起初，财务共享服务中心的建立是将各分（子）公司财务体系中的一部分职能进行整合，跨地域集中处理易于标准化、流程化的财务工作，如中兴财务共享服务中心建立之初，仅承担集团内部网络报销业务，随后业务范围不断拓展至会计核算服务、档案管理、商旅管理、数据处理等领域。在不断完善与自我革新中积累大量宝贵的财务共享实践经验后，中兴财务云开始对外提供服务输出，为更多集团企业提供财务共享解决方案，实现成本至利润中心的转型。内外组织对服务资源的共享，也是对财务共享模式下优质的人力资源、流程标准、管理制度及模式的共享。服务型财务共享中心与集团内外组织用户签订服务水平协议（SLA），模拟或实现市场化模式运营，不断提升服务质量，同时不断扩展业务范围。所提供的服务资源一般包括但不限于业务流程支持、会计核算服务、数据处理分析、系统使用权限、技术咨询与系统维护、财务共享服务咨询和解决方案等。此外，如果集团财务共享模式为典型的管控型财务共享，通常不需要签订服务水平协议，应当通过集团内部相关制度来明确各组织与财务共享中心的权利义务。

4. 平台资源

财务管理的客体是指在筹资活动、投资活动和经营活动中与资产的取得、耗用及保全有关的事项，其中经营活动包含采购、生产及销售。财务共享模式会对企业各项活动产生影响，例如采购活动。集团可以搭建内部采购服务平台，将分散的采购需求集成，同时实行供应商准入机制，实时监控商品价格和质量。集团日常采购具有小订单、多批次的特点，可以通过建立网上商店的形式，集成各分（子）公司日常采购需求，提高议价能力。如中交二航局十分重视对采购活动的控制，从源头保证工程质量，集团财务共享中心通过整合为各成员单位提供会计核算服务过程中获取的供应商资料，完善原材料的采购信息，建立合格供应商档案，杜绝材料质量问题的发生，防止项目腐败，进而保证工程质量。

财务共享平台是基于财务共享模式的信息系统搭建的、能够连接各分（子）公司以及外部利益相关方的虚拟网络，财务共享服务中心是该虚拟网络物化的组织实体。通过信息系统对接和跨组织共享财务服务资源，财务共享平台可以将集团分（子）公司及外部利益相关方关联起来，实现各方需求整合、信息互通、互信互利。平台资源是一个比较宽泛的概念，它不局限于某种物化的资源，而是多种资源的集成，利用平台更好地完成各项财务活动，让更大范围的实体组织从财务共享模式中受益，即对平台资源的共享。例如，利用平台信息资源优势，集团资金管理组织可以深入了解各分（子）公司业务情况，更好地指导内部投融资活动；采购服务平台可以集成需求，改变采购活动的组织形式。此外，财务共享模式还可以拓展到生产活动和销售活动，例如通过财务共享平台增加单位间横向联系，增强跨地域产业联动，加强营销管控等辅助集团内外部供应链资源的优化。

（四）财务共享的实现路径

财务共享的实现路径，即如何进行财务共享。财务共享模式的应用以及财务共享服务中心的建设是企业一项长期发展战略，需要经过筹建、试运行、运营、改进的漫长过程，是一次深刻的组织再造与管理变革，需要集团全体成员及外部利益相关方的参与和支持，共享项目小组既要完成集团共享模式的顶层设计，也要落实实施过程的各项细节。要实现财务共享，需要统一制度标准，梳理现有财务业务流程，通过流程再造实现流程在集团层面的统一，并通过信息系统将流程固化，配备所需技术设备，让共享模式落地。此外，还需经历人员的变动以及组织架构的调整。

财务共享模式不应当仅停留于账务集中处理阶段。从企业财务活动的视角来看，财务共享模式要涉及筹资活动、投资活动及经营活动参与的主体对各类衍生财务资源的共享，包括信息资源、资金资源、服务资源和平台资源等。其中参与共享的主体既包括企业内部各业务单位和人员，还包括企业外部的各个利益相关者。财务共享是一项关乎企业长远发展的重大项目，至少需要统一制度标准、统一业财流程、统一信息系统、统一人员管理以及优化组织架构来实现。

1. 统一制度标准

统一制度标准，包括统一会计语言，这是财务信息资源得以共享的前提，是财务共享服务中心得以高效运作的基础。中兴通讯就把统一差旅费报销水平作为建成财务共享服务中心的前期准备工作之一，海尔财务共享项目组在设计之初也搭建了全球统一的会计科目表。除了将现有的财务制度标准进行整合之外，还需要针对财务共享模式建立新的企业制度标准，包括财务业务流程、信息系统、人员及组织架构相关制度标准的建立。相关制度标准的建立有助于企业财务共享模式的构建以及日后财务共享模式在企业的规范安全运行。财务共享的内容涵盖了财务共享主体对信息、资金、服务以及平台资源的共享。集团内部组织和个人以及外部利益相关者，参与财务资源的共享，需要制度标准来规范。例如，各分

(子) 公司、各职能部门、员工个人以及外部利益相关方都参与到了信息资源的共享，但组织和个人能够获取到什么信息，该信息是否有利于工作的进展，是否存在潜在的信息安全风险，与员工职位相匹配的信息权限如何确定，企业是否要对提供给外部利益相关者信息指导的决策结果负责？财务共享模式带来巨大机遇的同时，也带来了企业内控及风险管理等新的挑战，企业可以借鉴成功的实践经验，在实践中不断总结制定并完善相应的制度标准，从而植入流程与信息系统，融入企业日常管理当中。

2. 统一财务业务流程

财务共享模式的核心是流程再造。在统一制度标准的基础上，将分散于各业务单位重复性高、易于标准化的财务业务进行流程再造，进而集中到财务共享中心统一处理，以达到降本增效的效果。如甲骨文公司在共享项目筹划之初，对各流程共享前后成本差异进行分析，最终将销售、咨询、培训和支持四个事业部门从订单到收款流程、采购到付款流程、佣金计算、费用报销、总账和报告、资产管理、现金管理的七项流程确定为财务共享流程再造的对象。业财流程的再设计，也要以加强集团管控为目的，标准化流程在集团层面实现统一，有助于推行统一的财务管理制度，提升内控管理质量，确保总部的制度在企业层面能够执行到位。此外，成体系的业财流程，要能够支持集团业务扩张。受益于财务共享标准化的特性，鲁花集团新建工厂财务管理团队筹建时间由 3 个月缩短至 1 个月；北汽集团也不断推进流程标准化，帮助集团加快国际化进程。统一财务业务流程的过程，是一个求同存异的过程，“求同”使得财务共享中心及企业运营更高效，“存异”为各分支机构提供差异化业务支持。当企业经营环境发生了变化，或是借鉴了更优的标准流程，财务业务流程都需要进行相应的变动，因此流程的统一与再造会一直持续。此外，多元化集团由于其产业性质呈现相关多元化或非相关多元化，从整体上设计并实行统一的业财流程，短时间内达到深度的财务共享难度很大，总部需要依据现实情况分层次、分阶段实施财务共享，并充分考虑集团规模及各成员单位规范化、信息化程度，把握合适的机遇实行财务共享以及调整共享的范围。

而流程再造也不是把所有的企业流程全部推翻，而是根据重要性进行逐步改造，把工作量大而且重复性高的业务首先纳入财务共享中心，进行人员重新分配和工作量的重新划分，将工作内容划分为类似流水线的工程，如此一来提升了工作效率，也可以在基础工作上精简人员，让更多的有能力的财务人员做更多分析、预算、统筹的工作，增强了公司的综合竞争力。对于先改造的部分，也要从关键部分再扩大到每个流程点，使分工更加精细，才能最大化地提升改造的成效。

流程再造需要大量且细致的调研，在此基础上再进行全面的规划，流程的设计如若与实际工作脱节也会使数据获取受阻。并且一旦再造完成，对于未覆盖到的业务，后期进行追加可能会影响流程的通畅性，导致整个共享服务的效率无法达到预期效果，也可能会导致部门间、内部企业间协调性变差。

3. 统一管理信息系统

统一的制度标准、业财流程需要固化到信息系统当中，只有人财物与信息系统完美衔接，才能实现流程的高效运转。通信及网络技术打破了信息传递的地理约束，财务共享中心的建立，需要人力物资在空间上的集中，借助各类新兴技术，共享中心人员足不出户就可以为远在省外甚至国外的分（子）公司提供服务支持。财务共享信息系统是企业信息系统（ERP 系统）中财务信息系统的子系统，一般包括网上报账系统、会计核算系统、税务管理系统、资金管理系统、银企互联系统、电子影像系统、电子档案系统等。各系统并不是孤立存在的，如网上报账系统的成功运行，需要从销售、合同、采购、商旅等业务系统中获取报账信息，报账业务处理还需要电子影像、银企互联等系统的协助，后端向会计核算系统、税务管理系统传输指令，各流程生成的信息最终会归入电子档案系统，完成档案管理工作。此外，财务共享信息系统在内的企业各信息系统应当相互衔接，这也是平台资源得以共享的基础。企业财务共享信息系统的建设是推进财务共享项目落地的必要条件。在未实行财务共享模式之前，各分（子）公司的信息化程度有所不同，信息系统覆盖业务与职能范围、软件及软件提供商都可能不一致，因而财务共享信息系统建设与推进财务共享项目一样，需要集团的顶层设计与落实。企业可以抽调 IT、财务人员筹备，也可以与专业的咨询团队和系统提供商对接，快速构建财务共享模式。信息资源的共享需要依托统一的会计制度、数据标准、标准化的业务流程以及互联互通的信息系统。将信息物尽其用，才能最大限度发挥信息的价值。在系统设计与不断完善的过程中，应当为信息的提取设计充分的模板与接口，降本增效的同时，通过结合业务流程再造与信息系统的设计，挖掘更有价值的信息。另外，还要保障信息安全，做好权限管理与信息备份的工作。财务共享模式促进运营活动向线上转移，企业信息系统就像一张无形的网，将各地区、各部门的人员及活动联系起来，外部利益相关者与企业的联系，除了传统的线下业务往来，还可以通过系统对接，加速信息、资金资源的流转，因而完善外部信息共享平台的建设，可以促进外部利益相关者参与企业财务资源共享。

集团企业的财务共享服务中心是建立在互联网平台基础上的，一个高效的信息化管理平台能保证共享中心的共享服务高效运行。所以，我们也可以说信息化系统的质量也关乎共享中心服务的质量，提升和完善信息化技术，让共享中心获取和出具更有效的数据，使其发挥预期的作用，更好地为企业公司服务。

从建设信息系统方面来说，企业需要将内部的业务系统和财务系统进行连接，包括对于企业内部使用的生产系统、人力资源系统等进行财务模块的镶嵌，全面地将财务共享系统与业务端链接，利用信息技术以及标准化的财务制度来实现整个集团企业的财务数据自动化处理，以及生成财务分析报表。财务数据的自动化处理可以大大减少人工的失误和工作量，提高处理效率和质量。标准化的财务数据库和智能化的控制可以自动警示财务人员相关风险。

在完善信息化管理方面，主要体现在财务数据的管理方面。第一要建立财务数据库，保障数据的来源可追溯，保障真实性。第二要建立数据披露的平台，按照企业需求及财务制度设置相关模块，使其能自动生成合并报表、编制报表附注以及分析报告等可披露内容。第三是要建立交易往来平台，对企业内部的交易往来进行线上系统管理，包含集团内部企业间的往来款项及股权转移等，使管理者能实时了解内部变化，加速结算流程，为进行经济决策提供有效支持。第四要建立主数据平台，通过财务主数据管理实现财务信息系统间共享数据的统一和相互识别，更好地为信息系统集成做好铺垫，实现全集团范围内的财务共享数据的统一、规范、准确。

4. 建立高效财务团队

组织再造，观念先行。财务共享是集团企业一次深刻的组织再造变革，在项目实施前以及实施过程中，要引导各成员观念的转变。由于将分散式的财务基本业务从各分（子）公司抽离，不但涉及分（子）公司和总部权力的重新分配，而且涉及财务人员的岗位变化，其他基层员工部分工作方式也会由此发生改变，因此从集团总部到各分（子）公司、从管理层到基层员工，都需要转变观念，接受变革。财务人员的集中是建立财务共享中心的重要标志，财务共享模式需要设立财务共享服务中心，集中处理各分（子）公司的部分财务事务，需要大量专业劳动力的投入。通常中心建立之初，企业会从各地区抽调人员进行补给。人员集中的同时，通过专业化分工，批量操作实现工作效率的提升。一方面，基层财务人员需求减少了，是否应当立即裁员以凸显人力成本的节约，需要企业权衡利弊、慎重决策；

另一方面，人员需求结构的改变也促进了财务转型，通过参与决策（战略财务）以及深入业务基层（业务财务），集中精力从事附加值更高的工作。共享财务与战略、业务财务的良好互动，可以促进管理人员以及各成员单位对信息及服务资源的共享。如何进行财务共享中心内部人员的管理，直接影响到共享中心对外的服务质量。日常处理标准、重复的业务，容易导致员工工作积极性降低，人员流失问题加重。为此中兴财务共享中心采取浮动工资制，极大提高了员工的工作热情；上海机场财务共享中心实行岗位轮换制度，培养员工工作能力的同时，避免了长期重复劳动带来的情绪消极；广投集团将共享中心作为集团财务人才基地，培养业务财务及外派财务经理。

人是企业经营管理活动的主体，因此财务共享服务中心的搭建、团队的合理组建、岗位安排是非常重要的。了解团队成员的专业技能，合理安排岗位，不仅可以大大提升工作质量，也能提升财务团队的竞争力，并且可以达到降低人力成本的目的。

在财务共享服务中心中，财务工作可以分为三个方向：第一个是共享财务，相当于传统财务部门中的核算会计，进行流水线的基本核算工作，具有高重复性、分工细致、人员多等特性，大大地提高了基础核算的工作效率，有效地降低了财务成本。第二个是业务财务，相当于传统财务部门中的管理会计，进行一些报表的分析以及预测等工作，具有挖掘数据、及时分析、控制经营成本等特性，及时分析企业的财务状况，进行有效的成本管控，对经营状况进行风险管理。第三个是战略财务，相当于传统财务部门中的财务管理工作，也是传统模式中比较欠缺的部分，主要进行战略的投资、筹资的战略等。传统的财务管理模式中，通常将重心放在核算工作中，但随着管理会计的出现以及业财一体化的趋势愈演愈烈，共享中心将核算工作进行流水线分工，核算标准化、流程规范化，让更多财务人员可以更深入地进行财务的战略规划，为管理层提供信息决策支持。

传统模式下的财务对事后控制，以及事件的预测和控制作用很小，而共享模式中组建的财务团队能及时并且高质量地交付给集团各级管理层，使管理层能及时掌握经营活动的情况，做到事前管控，全面掌握企业实时状态，及时进行有效的战略调整。

5. 优化组织设计

集团规模的不断扩大带来的是分支结构的分散和人力的浪费，这使得集团企业运营成本不断增加。通过共享服务中心的建设，在集团企业内形成独立的职能部门，会对传统的财务组织产生较大的影响，所以构建一个合理的组织架构就显得尤为重要。要对整体集团的业务量以及原有的发展模式进行分析，贯彻流程化、标准化的管理方法，做好同类型工作的划分，规划人员数量，保障人员配置的合理性，才能提升财务管理效率，开展高效的共享服务。

企业的管理结构对于建立财务共享中心的合理性起着至关重要的作用。即使是在传统的财务部门中，管理结构也一样决定了财务管理的水平。管理结构是企业财务共享服务中心构建的关键，必须给予充分的重视。在建立财务共享中心时，企业要全面了解自身的业务经营情况，对于业务的范围、体量、模式进行分析，并结合企业的战略目标，只有这样才能使建立的财务共享中心的管理结构与企业的实际目标相一致。

需要注意的是，财务共享模式要求企业集团打破原来分散的财务管理方式，重新搭建组织架构，这个过程会引起企业内部的变革，影响到原来的利益关系，使得建设财务共享中心的进程经受阻碍。对于下级单位，可能会出现岗位职责划分不清，在管理上出现内部矛盾，从而会降低工作效率，因此企业要全面和细致地调整组织架构。下面从集团层面、财务共享中心职能定位和财务共享中心内部组织设计三个层级阐述组织架构的优化。

（1）集团层面。组织在设计方面，需要明确财务共享中心在集团整体架构中的地位。财务共享中心可以是集团下属的独立公司，也可以是集团或下属单位的一个部门，而作为职能部门组成一员的财务共享中心，能够更好地发挥管控型优势。另一方面，集团规模大，成员单位众多，难以在短时间内保持整个集团范围财务共享进度的一致，产业性质多元化，暂时无法让每个分（子）公司都使用同一套制度流程，唯一的财务共享服务中心还难以承担整个集团的财务共享工作，那么可以依据实际情况先采取下级单位独立运行、按区域或业务板块运行的战略布局，再逐步达到集团层面的统一。

（2）财务共享中心职能定位。财务共享模式是财务管理体系一次深刻的组织再造过程，通常将财务管理职能定位为三级，即战略财务（决策和配置）、业务财务（协同和推动）以及共享财务（记录和控制），这三级职能分别由集团财务部、分（子）公司财务部以及财务共享中心来承担。其中财务共享中心除了主要负责处理各类标准化、流程化的财务工作，如报账业务、记账、出具财务报表、过程数据管理、出具数据报表以及存档管理等以支持集团财务部和各分（子）公司财务部的工作外，还要承担起集成企业各种财务资源，为集团内部和集团外部各个财务共享主体提供优质高效的财务共享服务。

（3）财务共享中心内部组织设计。通常情况下，财务共享中心内部组织设计直接采用按职能划分的模式，如费用组、采购组、收入组、成本组、总账报表组等，最大限度提升财务人员的工作效率。同时，为了给企业内外部的财务共享主体提供优质高效的财务共享服务，财务共享中心内部还应该设立专门的信息集成和服务机构，以满足服务共享的需要。此外，还可以根据业务的特征选择按产品、区域、客户以及混合的划分模式进行财务共享中心内部的组织设计。比如，北汽集团在建设财务共享中心时，考虑到集团各业务单元有不同的汽车生产线，财务共享中心内部组织设计采用了按产品与按职能划分相结合的模式，能够更好地统计各业务单元的成本收益，且有效提升财务人员的工作效率。在实行财务共享模式之前，集团企业通常已经设立了专门负责资金集中管理的金融管理机构或资金组织，如财务公司、结算中心或内部银行，财务共享服务中心的出现，并不是要取代相关机构，而是通过责权划分，相互协调配合，财务共享模式可以辅助原有的资金管理体系实现资金精细化管理、管控深入业务基层，利用信息资源、平台资源指导投融资决策，更好地实现资金资源的共享。

第二章　财务共享的发展与研究状况

一、财务共享的发展

（一）财务共享发展应用状况

财务共享服务中心作为一种新型的财务核算和管理模式，为企业解决财务管控不能适应发展提供了一种可行性方案。财务共享服务中心可以将集团财务管理中大量规范的流程化的业务纳入其中，得到标准化处理，在提高业务质量的同时，也解放了财务人员。这样就可以使更多的财务人员将更多的时间和精力放在财务分析上，为企业决策提供准确、有效的数据支持。在国外，财务共享服务中心已经经历了几十年的理论和实践探索，并受到越来越多的企业重视，意识到财务共享服务中心对于企业在未来发展中不可或缺的地位。美国的福特公司于20世纪80年代首先在底特律创建了全球首个财务共享服务中心。其目的是解决福特公司庞大、繁冗的组织架构和复杂的流程而带来的高额的隐形成本，其后，众多大型的集团性机构也纷纷构建了自身的财务共享系统。自此建立财务共享服务中心热潮席卷了整个发达国家并逐步向发展中国家蔓延。

1. 国外发展应用状况

国外财务共享中心的发展大致可以分为理论运用、缓步发展、高速发展三个阶段。三个发展阶段各自的目标分别为降低成本、提高服务质量和支持企业集团战略。

20世纪80年代至90年代初期这一段时间可划为共享服务中心发展的初期。从20世纪80年代中期开始，共享服务被大型集团企业广泛应用在适应自身发展的各个领域，旨在降低成本。1981年福特公司（Ford）在底特律创建了第一家财务共享服务中心，短暂运行后迅速得到其他众多企业的认可。随后，杜邦、通用、惠普、道尔、IBM、Oracle、花旗银行等也紧随其后建立相似的机构。这个阶段的财务共享模式是追求低成本的管理阶段。20世纪80年代中期至末期，共享服务及外包行业逐步发展初见规模；众多企业跨国业务的增加以及科技的迅猛进步，促进了业务流程的融合，加速了共享服务及外包行业的发展。20世纪90年代初，企业集团内部专属的共享服务在东欧起步，与此同时，更多的公司将目光投向亚洲。20世纪90年代末至21世纪早期，印度出现了第一批业务流程外包公司，自此，行业以每年超过10%的比率迅猛发展壮大。

20世纪90年代后期到21世纪初，是财务共享中心的缓步发展时期。尤其是规模经济开始被各个企业所认可后，大家开始意识到发展到一定阶段，再继续简单的扩张已经不能达到之前的初衷，内部管理的混乱、人员素质的低下、服务态度的恶劣都是制约企业发展的重要问题，甚至这些问题远远比简单的获得利益更加紧要。这一阶段主要是以人员培养和效率提升为发展重点。

21世纪以来，财务共享中心模式可以说进入高速发展时期。尤其跨入21世纪后，全球经济多元化发展，地域差别已经无法成为制约企业发展的因素，集团型企业也不再纠结于单一或者某一块业务的利润多少，而是要通过决策最大限度地优先占领市场，勇立潮头，简单的会计核算已经难以为这一阶段的公司发展提供数据支撑，大局的战略意识已经成为这一阶段的主流。

随着共享行业的持续发展，全球共享服务的领导者们开启了诸如财务、人力资源、采购及信息技术等领域的共享之路，众多企业因此而受益颇丰。在过去的20年来，越来越多的企业开始使用共享服务、外包及全球商业服务的模式来改善财务信息的质量，降低成本并增强有效性。共享服务作为一种新兴的商业模式，正在快速地发展，并成为财务转型的主要组成部分。据统计，年收入30亿美金以上的企业中，超过70%都建立了共享服务中心。根据埃森哲公司（Accenture）2013年在欧洲的调查，30多家建立了财务共享服务中心的跨国公司财务运作成本平均降低了30%。截至2014年已有90%的世界500强公司构建了财务共享中心运作模式。安永（2015）的调查报告统计到有53%的财务共享服务中心能同时为50家以上的分（子）公司提供财务共享服务，且这个比例预计将达到67%，但服务数量低于10家分（子）公司的财务共享服务中心仍有10%以上。此外，报告指出大型企业建立财务共享中心的需求比小型企业更加迫切。随着经济全球化和全球信息化的推进，2017年后，联合利华、邦吉、嘉吉、雀巢、海尔、中兴通讯等也加入了FSSC的建立。到2018年为止，世界500强企业中70%都已经建立FSSC。

随着共享服务中心的发展与成熟，其服务范围会逐渐扩大至企业集团各业务单位，甚至对外提供服务。已经有些公司开始利用“共享服务中心”(一般为独立的子公司)向其他公司提供有偿服务。例如，壳牌石油（Shell）建立的“壳牌石油国际服务公司”（Shell ServicesInternational）每年约8%～9%的收入来自向外界提供服务。

2. 国内发展应用状况

财务共享模式引入国内是从一些跨国公司开始的。财务共享服务在我国首次出现是在1999年，摩托罗拉在天津成立了亚洲结算中心，是其会计服务中心的前身；2000年，GE在大连成立了亚太区服务共享中心；2001年，牛奶公司在广州设立了共享服务中心；2003年，埃森哲成立亚太共享服务中心，服务于10个亚太国家的1.4万名员工；2004年，惠普在大连建立财务共享服务中心，服务于北亚区韩国、日本、中国机构。

从2006年开始，越来越多的知名企业在中国设立财务共享中心。2006年，中英人寿在北京建立了财务共享服务中心；2007年，辉瑞在大连建立财务共享中心亚太分部；海尔在青岛成立了财务共享服务中心；2009年，DHL、安永、美国百得集团纷纷在中国设立共享服务中心；2011年，澳新银行、ANZ继班加罗尔和马尼拉之后在成都成立了第三个共享服务中心。

2005年，中兴通讯在安财软件的帮助下，成功搭建国内首家财务共享服务中心，成为第一家建立财务共享服务中心的中国企业，实现了我国财务共享服务从无到有的突破。2013年中国铁建成功建成了国内建筑企业第一家财务共享服务中心，也是国内第一家集成影像技术、第一家使用中国电信云服务平台的共享服务中心。五矿、蒙牛、华为等也纷纷着手建立了财务共享服务中心，为企业的高效运营服务。

与此同时，一批中国大型民营企业也开始从某一业务单元实施财务共享。大量国内尤其是国有企业根据各自的实际情况考虑发现，建立财务系统以及业务系统，都需要投入大量资金用于信息化系统建设，引入并运用财务共享模式，借助财务共享实现业务和财务系统互联互通，实现资源整合，是大型集团企业财务管理的必然趋势。

(二) 财务共享发展状况分析

改革开放40年来，我国经济体量跃居全球第二，经济增长速度也由高速增

长转变为中高速增长，向着高质量阶段发展，国内企业商业模式不断转型，管理理念也亟待创新。会计行业正在随着技术的发展不断变化，诸如大数据、云计算和人工智能等技术都已经逐渐融入会计行业中。集团财务组织模式向共享方向发展；大数据作为一项重要资产，已经或即将成为会计重要的管理对象；财务共享服务正在成为企业广泛采用的管理模式。在此通过两份调研报告对我国财务共享发展情况进行分析。

1. 基于爱共享的调研报告的分析

第一份调研报告来自国内财税 SaaS 服务提供商之一的 A-Share（爱共享）。A-Share（爱共享）对 2017 年中国企业建立财务共享服务中心的现状进行了调研，并于 2017 年 12 月在《共享服务》上发布了《“数”说国内财务共享发展趋势》一文，对国内财务共享现状进行了分析。

调研发现，在参与调研的中国境内企业中，已经建立和计划建立财务共享服务中心占比超过 95%，营业收入规模在 50 亿元以上的企业占比超六成，其中民营企业占比最多，达到 47%，国有企业占比约为 40.5%，包括中外合资在内的外资企业占比约为 12%。但是目前的情况还是外资企业实施财务共享服务最为广泛，比如星巴克、肯德基、HP、索尼、GE、IBM 这些规模显著的跨国集团公司。并且财务共享服务模式的应用还仅限于大公司之中，中小企业对财务共享服务中心的构建还处于萌芽状态。

参与此次调研的企业中，营业收入规模集中在 50 亿元以上，其中，50 亿 ~ 100 亿元的，占 28.57%；100 亿元以上的，占比达 40.48%；低于 10 亿元的为 11.9%。一般来说，收入规模较大的大型企业集团对建立财务共享中心的意愿更强烈。调研结果也支持该结论。在被调研的企业中，主营收入规模在 10 亿元以上的企业，均已建立或计划建立财务共享中心。其中，主营收入规模在 100 亿元以上的企业，有 70.59% 已经建立了自己的财务共享中心；29.41% 的企业正在计划中。在主营收入规模小于 10 亿元的企业中，只有 20% 的部分不打算建立财务共享中心。收入规模越大的企业越倾向于建立财务共享中心。在被调研的企业中，截至 2017 年 9 月，97% 以上的企业已建立或计划建立财务共享中心，这意味着我国财务共享已经从萌芽阶段进入上升通道。

从调研情况来看，75% 的企业认为财务共享就是核算的共享或者核算的集中，这在一定程度上说明部分企业管理层等对财务共享的理解还不够深刻。对财务共享这一概念的理解程度不同，直接影响着企业战略发展的方向和高度。如果企业管理层认为财务共享就是把报销集中起来统一报销，那财务共享就止步于报销平台；诸如此类，报税、结算、支付等，如果企业只把财务共享平台理解为单一财务职能，那平台的发展也就只能止步于此；但如果企业理解成了业财税，那财务共享平台就会向业财税共享方向发展。财务共享在从国外传进国内，已经经历从萌芽到上升期的发展，如果我们的视角还停留在传统的费用报销、报账平台或银企直联，那无论是在广度还是在深度上，财务共享将始终处于一个初级发展阶段。

根据调研，目前已实施财务共享的企业中，75% 的企业实现的是费用报销，然后依次是总账、应付账款、应收账款等。绝大部分财务共享中心还没有涉及成本会计、资产管理、合同、预算、税务管理等功能。这也就是说，目前国内的财务共享仍是以费用报销为主。未来结算、成本、资产、合同等各种业务纳入财务共享范围的程度会越来越高，包括税务。随着信息技术的不断发展，包括 AI 技术的应用场景不断扩大，市场上也出现了财务机器人，来替代财务人员的部分手工操作。现在国内领先的大型企业已经在提倡建设智能财务或者智能财务共享中心。无论是智能财务还是智能财务共享中心，它都要求具备很高的自动化基础。从实践经验看，自动化系统能够应用到费用、应收、应付、总账、税务等不同财务模块。其中，费用包括自动验证费用、智能审单、自动验证发票等环节；应收包括资金自动入账、自动开票、自动核销、自动生成凭证等；应付包括自动对账、自动开票、自动验真、自动票核和自动认证抵扣等；税务包括自动纳税申报、自动风险提醒等。

根据调研，目前在企业的财务工作中，应用最多的自动化系统是应收系统，占比 64.19%，主要是资金的自动入账，在自动开票、核销、生产凭证方面涉及还比较少；然后是总账、应付、费用等系统。企业税务管理方面的自动化系统应用还很少，未来期间自动化系统的应用还存在非常大的提升空间。从调研结果来看，61.9% 的企业认为在财务共享中心建成之后面临的运营管理挑战主要是流程优化和信息系统，还有人员管理、沟通机制、服务层级提升、绩效考核等。企业有必要聘请有经验的专业咨询公司或技术公司来辅助解决上述问题。

2. 基于中兴新云等的调研报告的分析

第二份调研报告是中兴新云与《中国会计报》、西安交通大学联合发布的《2019 年中国共享服务领域调研报告——基于中央企业财务共享服务建设情况》。

根据报告的相关数据，可以看出我国目前 96 家中央企业（国资委出资）财务

共享服务中心建设情况所呈现的以下特点：

（1）整体建设比例不高，运营时间较短。截至2019年10月，在由国资委出资的96家中央企业中，已经建立或处于规划中的财务共享服务中心的企业有48家，占总体的比例为50%，其中包括了32家（占33%）已经完成集团财务共享服务中心的基本建设工作；5家仅仅以部分下级单位为试点运行了财务共享服务中心，尚未进行集团推广；11家中央企业财务共享服务中心处于规划中的状态。《2017中国共享服务领域调研报告》公布的我国398家企业中建立财务共享服务中心的企业占比为54%，与之相比，中央企业的建设比例还是略低。大部分中央企业的财务共享服务中心运营时间在5年以内，整体时间较短。出现这一问题的主要原因在于财务共享服务的模式在我国整体起步较晚，对于企业来说财务共享服务中心的建设属于转型性变革，需要从财务组织、人员分配、业务流程以及信息技术方面进行创新与再造。而对于中央企业这样的大型企业集团则往往需要更长的周期进行规划与建设，需要完成可行性论证、试点建设以及逐步推广等工作，所以到目前在运营前期需要耗费的时间较长，整体上呈现运营时间较短的状况。

（2）战略定位整体比较模糊。财务共享服务中心的战略定位在其建设中占有主导地位，与企业整体战略高度相关。其战略定位的内容通常包括降低运营成本、提高资源配置效率、提升服务水平、加强管控力度等。在共享领域起步更早的一些世界一流企业，其财务共享中心主要的定位在于降低成本和提高效率，从效率中不断提高企业自身的收益，继而扩大财务共享服务中心的服务范围，例如通用电气（GE）目前已经将自己的财务共享中心拓展为一家独立的服务外包商——简柏特（Genpact）。而我国的中央企业因其作用及责任的特殊性，导致其财务共享服务中心的定位不仅在于降低成本，更多要考虑加强管控，从而降低国有资产的流失风险。例如中广核建立财务共享服务中心是将强化管控与在线监督作为战略定位，这一目标受到主管单位与行业的一致肯定。但是实际上，目前仍有较多中央企业的财务共享服务中心目标定位复杂，容易出现界限模糊的情况，有时在自身主要工作任务尚未完成之时，还要承担集团其他的管理工作，出现工作效率低 下、运营成本较高、经济资源浪费的情况。管控型战略目标下，企业更加强调规范性和标准性，财务共享服务中心容易定位于一种监督工具，重视管控的同时容易忽视服务，反而使财务共享服务中心的服务质量下降。在中央企业财务转型尚未全部完成时，财务共享服务中心常常会困于传统财务共享模式。

（3）战略布局以下级单位建立为主要模式，规模效应难以发挥。目前，我国

37家已运行的中央企业财务共享服务中心采用集团统一建立、区域建立、下级单位建立以及按业务类型建立的四种战略布局。据统计，多数中央企业采用下级单位建立财务共享服务中心为主要模式。①集团建立统一的财务共享服务中心。该种模式以集团为整体来构建统一的财务共享服务中心，集中整个集团的财务流程，其职能范围辐射至集团所有的下属业务单位，通过集团整体业务流程的重造与创新，为整个集团提供统一的规范性的财务服务，同时可以释放大量企业原有的财务人员集中进行其他财务增值工作。目前，采用这种集中管理布局的中央企业共有中国宝武等八家，占比约为22%，多数中央企业并未选择这种模式。集团整体建立统一的财务共享服务中心，突出的是集中管控的优势，能够较好地体现规模效应，财务流程、数据标准以及信息系统的衔接都能实现整个集团的统一，先进的管理工具和信息技术也能够在整个集团得到应用，有利于集团对众多下级单位的统一管控。这种模式需要对集团的财务流程和信息系统进行全面的改造和创新，改革力度较大，实施难度相对较高，同时高度集中带来的人员调动也是一个难以忽略的难题。②以区域划分建立财务共享服务中心。该种模式下，企业将按照地理位置的分布将各个业务单位划分为不同区域，各区域选取业务比较集中的地区建立区域财务共享服务中心，向本区域所属单位提供共享服务，各区域共享服务中心是属于集团管理的。目前，我国采用这种模式的中央企业只有中国石油等三家，约占比8%。这种模式由于业务单位距离共享服务中心较近，所以沟通起来比较方便，能够解决人员集中的问题，但服务范围狭窄，统一性较差。③下级单位建立独立财务共享服务中心。该种模式是以集团具有代表性的下级单位作为试运营点，建立财务共享服务中心，运营相对成熟后再逐渐推广至其他下级单位以及集团范围进行应用。目前我国有中国铁建、中国交建等24家中央企业选择这种模式，在37家已运营共享服务中心的中央企业中占比为65%，说明多数中央企业选择这种战略布局。这种模式的优势在于集团各业务单位可以根据自身的业务特征来设计财务流程和信息系统，不需要过多考虑与其他业务单位的统一，建设难度比较小，有利于快速建立，总结经验，推广应用。但其最大的问题就是中央企业集团内部会存在多个财务共享服务中心，统一管理的难度较大，较难体现规模效应，不利于长远发展。④以业务类型建立多个财务共享服务中心。该种模式是将集团的业务类型进行划分，集中业务相近的单位来建立不同业务板块的财务共享服务中心，比较适合一些经营业态多元化或者产业链复杂、集团难以统一的情况。目前，中央企业只有华润集团和中国石化两家选择这种模式，约占比5%。

这种模式下，各业务板块财务共享服务中心彼此基本独立，运营时间、战略定位的侧重点等都是不相同的，缺少顶层设计，财务共享服务中心服务覆盖的范围很小，容易导致相关成本资源浪费等问题。

（4）职能范围单一。目前，我国大多数中央企业的财务共享服务中心都是属于企业集团下属的一个部门，很少形成独立公司，职能范围比较受限。基于企业的财务工作比较易于标准化，因此集团的共享服务中心的职能范围往往是从财务职能开始，并以财务职能为主，称为财务共享服务中心，目前仅有中国石油等个别中央企业尝试将财务共享服务中心的工作逐渐拓展到其他职能。根据《2018 年度中国共享服务领域调研报告》数据显示，41.6% 的企业希望能够在未来扩大共享服务中心的职能范围，将共享服务的实质内涵进行拓展，而不仅仅局限于财务工作的共享。因此未来随着共享服务中心在企业组织隶属关系的改变，其职能范围也会逐渐拓展到其他方面，最终实现共享服务中心的多功能目标。

（5）运营管理体系不成熟。上线运营并不是建设财务共享服务中心的最终目标，更大的意义在于通过长期有效的运营管理机制来为企业创造新价值，切实推动企业财务转型。世界一流企业对共享服务中心的运营管理工作是非常重视的，往往通过选择非常先进的管理工具进行管理和优化，比如质量管理、精益管理、六西格玛管理等。对标一流企业，我国中央企业由于共享服务中心的建立运营时间普遍较短，大部分企业建立了质量管理、客户沟通等运营管理制度，但整体上缺少成熟完整的运营管理体系，系统性有待提高。

基于成本收益的考虑，共享服务中心会逐渐将一部分业务流程交付给业务更专业、成本更具有优势的外包公司，以此来提高本企业的工作效率以及灵活性。但我国中央企业出于信息安全以及管控方面的原因，并未将公司业务流程进行外包。

（6）信息系统集成性较低，智能化与数字化程度不高。财务共享服务中心的职能主要是通过信息系统的应用来实现的，通过财务信息系统的使用能够使得共享服务中心大量重复性的业务工作效率得以提高。目前，我国中央企业的财务共享服务中心使用频率和普及率最高的信息系统包括：财务核算系统、电子报账系统、银企互联、电子影像系统、资金管理系统以及电子档案系统，其使用率分别为 100%、100%、77%、76%、69% 以及 52%。因此，中央企业财务共享服务中心已经基本解决了会计核算以及标准程度较高的业务日常低效问题，将工作量大、重复性高的财务流程通过自动化技术来完成，但通过智能化与数字化来采集、处理到分析应用相关数据，进而对数据中心相关数据进行智能化技术处理，例如对业务单据的智能采集、智能支付以及智能分析等，还有所欠缺。财务共享服务中心的信息系统架构应该是一体化的平台，内部的各系统都是互联互通，并且要与业务系统、战略财务系统进行集成，能够进行数据的收集整理并与企业利益相关者之间进行双向输送，这是财务共享服务中心信息系统的建设重点。但是目前中央企业的业务与财务信息系统之间、财务信息各系统之间的集成性问题仍然存在。整体来看，我国中央企业整体运营时间比较短，战略定位比较模糊，多数中央企业会选择按照下级单位建立多个财务共享服务中心，职能范围比较单一，运营管理体系仍然不够成熟，信息系统集成性和数字智能化还有待提高。

近年来，随着“一带一路”倡议的兴起，一些大型的国有企业在与国外企业的贸易中“取长补短”，开始研究并且初步触及财务共享模式，在接受的过程中财务共享对于企业的规范、风险的管控性上的优势被国内企业所接受，中国的财务共享发展开始走向世界。

在财务共享服务的深度和广度方面，先尝试的企业已经有了长足的进步，企业之间呈现的差距可以称得上划时代的差异了，这些差异不仅仅体现在业务流程、核心技术、信息系统和组织架构的设计方面，更重要的是发展战略、管理理念、经营模式的不同。

我国经济高速发展，企业效率和降低成本成了企业集团发展的重要考虑因素，传统财务管理模式已经适应不了社会发展，财务共享服务中心的建立是大势所趋，随着互联网和全球信息化的发展，国内诸多企业“半路上车”，将国外发展较为成熟的理论加以优化和修正，适应了国内环境。伴随着信息技术的变革进步，我国也利用了新的 IT 技术为共享服务探索出新的发展方向。中兴通讯将共享服务中心更名为中心财务云，用友、金蝶、浪潮等纷纷发布云共享产品，阳光保险提出财务共享的众包模式。我国的财务共享进程正在从探索和试验时期踏入高速发展时期。

二、国内外关于财务共享服务的研究观点

财务共享服务中心的研究最先开始于20世纪 90 年代，国外学者在该领域已研究很长时间，并取得了非常丰厚的研究成果。20世纪80年代，美国福特汽

车公司推出共享服务中心且取得相当成功后，共享服务很快进入各国学者的视野，在此之后，偏重于理论和偏重于实施的两派人开始对共享服务进行深入讨论、探究。国内外学者们进行了很多关于财务共享服务的研究。菲利普·李斯特（Philipp Richter）和罗尔夫·布里埃尔（Rolf Briüihc）在欧洲管理杂志（2017）发表的《共享服务中心研究：回顾过去、现在和未来》（*Shared service center research: A rerіew of the past, present, and future*）中指出，与其说现如今缺乏共享服务中心（SSC）方面的理论研究，更不如将问题原因归结于高度碎片化的学术文献。李斯特和布里埃尔综合了137篇具有代表性的文献，通过比较分析这些文献的核心因素、剖析流程、提炼模式和结论成果四个方面，将其分类成了17个主要领域，并进而提出了3个潜在的研究方向——业务流程之间的直接关系、关系调节以及前两者对FSSC的影响，以使财务共享服务更加成熟。

国内外学者们的观点，对于财务共享服务的目标、财务共享服务的效用的研究、财务共享服务的特点、财务共享服务的关键因素、财务共享服务的模式等方面的论断不尽相同。为了更好地了解财务共享服务的相关理论，现节选部分国内外学者们的观点。

(一) 关于财务共享服务的目标

1. 国外学者观点

特里佩特与舒尔曼（Triplett & Schulman，2000）认为财务贡献服务中心将集团企业内部的各个部门、各种财务资源进行有机整合，集中管理，从而能够以更低的营运成本为顾客提供更优质的服务，同时也为集团管理层提供更全面的财务管理数据，健全财务职能，实现企业价值最大化。

李福斯特（Forst Li，2001）提出财务共享服务的目标不仅在于降低管理成本，还要提高客户的满意度。财务共享服务中心应可以为所有新业务单元提供相应的服务且新业务单元无须为此配套相关职能部门，从而有利于简化财务共享服务的实施和提高客户满意度。

马丁·法蒂（Martin Fathy，2005）通过分析提出财务共享服务的目标主要是实现资源的最大利用，通过流程再造实现集团财务业务标准化管理，提高企业的核心竞争力。

安德鲁·克里斯（Andrew Kris，2005）认为，成本降低的方法可以是在分析企业成本和效率问题时，企业更多的是应该从全局的角度进行问题的看待和分析研究，建设财务共享服务中心就是从一定的高度来俯瞰这个问题，它不仅可以帮助企业实施更加优势的财务管理模式，还可以在对于财务管理人员的培训上、先进财务平台的搭建上起到优势作用。

赫施菲尔德（Hirschfield，2010）认为，建立财务共享服务体系主要是为了节约公司在财务管理上所花费的成本，要将重复性比较高的业务重新管理，集中安排在一个中心地点，来形成具有经济性的业务规模。这样也可以加速业务处理的速度，提高公司财务的轻盈性。

安德鲁·克里斯与马丁·法蒂（Andrew Kris & Martin Fathy，2014）对共享服务中心构建提出了较为系统全面的研究，从 FSSC 中心战略目标、业务范围、组织架构等方面到每一单元的具体实施均做出详细介绍。明确了个单元间相互协调，对各流程进行优化梳理的重要性，基于此，共享服务体系的构建才能发挥出企业的既定目标。

2. 国内学者观点

张庆龙、黄国成（2012）认为财务共享的模式是经济发展到一定程度的一种必然产物，是一种创新型的管理模式，能够将原先分散的业务、同种类型的业务集中起来处理，能够使子公司从烦琐的财务数据提炼中解脱出来，企业从根本上还是以营利为目的的，只有更好地发展核心业务才是企业壮大的生存之道。

牛殿峰（2013）针对电网企业进行案例分析，得出结论，认为企业构建财务共享服务中心的最终目的是提高经营管理效率，提升财务管理的综合水平，增强集团企业的整体实力。

田淑川（2014）表示，“共享服务”的成功实现源于对 IT 技术系统的流程控制。提质增效、缩减成本、重塑标准流程是其使命，终极目标是给予财务会计服务给内部用户，提供增值服务给外部用户。

邵清君（2017）认为企业建立财务共享服务中心，从集团各个分公司挑选出专业的财务人员，集中工作，统一管理，可以有效地降低营运成本，提高财务信息处理速度，以达成集团对公司整体财务的全面把控。

李建辉（2017）提出，作为新型财务管理模式，财务共享服务中心的构建势必要做到标准化、规范化，在此基础上还要保证 FSSC 的流程化与自动化，保障企业财务信息的完整性、真实性，以达到成本、控制、效率间的平衡稳定。

李媛媛（2019）认为中央企业财务共享中心目标定位存在特殊性、共享中心建立缺乏实际案例的参考等问题。

(二) 关于财务共享服务的概念

1. 国外学者观点

罗伯特·古恩（Robert Gunn）等人（1993）首次提出财务共享服务的概念，他们相信通过这种共享的管理模式能够将分散的管理模式转变为一种创新型的集中管理的模式，最终达到企业效益最大化，最终获得优势。他们认为财务共享服务在本质上是对企业的管理模式和企业组织管理结构的一种重大变革，财务共享服务不但可以为客户提供相关财务产品，还可以提供财务业务服务，也能使得客户享受到了全新的组织管理模式。

伊丽莎白与登伯格（Elizabeth & Denburgh，2000）则指出，共享模式实质是一种价值的增值战略，它把重复的、本质类似的大量工作集中处理，而形成一个新型的共享中心来为所需的客户提供服务。

布莱恩·伯格伦（Bryan Bergeron，2003）认为，把共享服务视为一种具有战略性的合作，即把一家公司分散在公司内部各个组织和各个部门共享服务中的经营职责与其作用重新集中聚拢，将公司现有的经营管理职能重新集中整合到一个新的业务经营管理单元中运行起来，从而提高共享服务的质量，以达到主动创造新的社会经济生产价值的主要经济目的。

沃尔夫冈·贝克（Wolfgang Becker，2009）对财务共享中心的看法是：通过集中和批量化的处理模式，可以将帮助企业提升效率，降低成本，从而做到企业竞争力的提升。

杰森与罗斯韦尔（Jasen & Rothwell，2011）的研究表明：在某种方面意思来讲，共享服务是一种直接面向客户的、想客户所想急客户所急的一种新型的营销模式，这种模式是对资源的一种变相整合，进行二次资源分配，最终形成聚力来为企业提供持久的竞争力。

约翰逊（Johnson，2012）通过长期的研究发现，财务共享模式实质就是一个集中处理与财务相关信息共享业务的一个过程，把财务人员技术和资源整合在一起，通过采取这种集中处理的模式能够有效地使得共享服务相关业务和服务的质量和安全性实现了提升，进而可以达到有效地节约共享服务运营时间和成本的战略性目的。他指出，对于财务共享服务中心的建设和实施，更多的是对于新技术、新方法、新手段的依托，藉由新的技术将原有的相似、相同、重复的业务整合到一起集中化批量处理的过程。对财务共享中心的建设简化为：对原有的分割，和对新技术、手段、方式的整合，利用规模经济效应对业务的整合。

2. 国内学者观点

张高峰、吕巍、张颖（2002）是国内比较早进行财务共享服务研究的一批学者，他们对企业的“共享服务”一词进行了重新定义：“它独立地存在于整个企业内部，但是在运行操作过程中，也要依靠整个企业的一种实体模式。这个服务可以是公司对内部客户免费提供，并且可以对外部客户按照一定的费用制度来进行服务，整个流程可以按照市场机制的原则进行经营运作。”它的范围比较广泛，既包括基础性的财务信息之间的共同分享，也会涉及风险防控、人力管理、处理流程管理、税率法律咨询、信息管理与技术等。他们受到国外财务共享中心的启发，结合国内经济不景气条件下企业的运营管理遇到一定瓶颈的难题，指出：“共享服务中心最重要的特征是存在于企业内部的，这是它的来源，其次，共享服务中心开始作为一个独立实体，按照市场化方式进行运作，这时的共享服务中心是外向的。”他们还提出了两种共享服务中心的模式，第一种是内向型的，因为此时的共享服务中心面对的服务对象是公司内部客户；第二种是外向型的，此时的共享服务中心由于赋予了其商业职能，开始对外服务并收费。

柯明（2008）在其研究中重新对财务共享提出定义，并且在其著作《财务共享管控服务模式的探讨》中指出，共享中心是一种由繁入简的过程，相比较传统的财务管理模式，将繁杂、重复的管理手段，集中后简单化，共享后打破孤岛效应，使得信息更加透明，侧面降低了运营成本，有效地对各个业务单元风险进行把控，也更能将更多的专业人士解放出来从事业务的开展。

何瑛（2010）在搜集和整理国外关于共享中心的资料后，进行了分类和剖析，再结合国内制度和大环境，重新定义了共享服务中心，应主要强调这四个方面：一是集团型企业具有多个业务单元，把原先独立的业务单元的重复性工作进行整合；二是成立一个财务共享服务中心的独立实体，以客户为导向提供其所需的财务服务达到增值的目的；三是内部业务单元没有分别设立后台支持机构；四是其目的主要是降低费用支出来达到节约成本的目的，同时也以服务为核心，更好地设身处地为客户着想，实现企业价值的最大化。

（三）关于财务共享服务的效用

1. 国外学者观点

克里斯·里德（Chris Ridd，2003）总结出财务共享服务中心的建立主要能够

为企业降低各种管理费用与财务费用，进一步降低财务工作成本，并且提高企业内部管理效率，达到服务质量的大幅度提高的实施效果，达到资本经营最优化。

马丁·法蒂（Martin Fathy，2006）依据丰富的财务共享服务实践经验对共享服务理论基础进行研究并得出成果。他明确指出，这个体系的有效构建被认为是现代企业的经营发展战略的一部分，可以使得企业可以在很长时间内得到稳定的经济效益。他还强调，这个体系要把握好时机，它对公司的业务质量、降低成本等多个方面都非常具有应对市场竞争的优势。由此看来，公司可以通过向顾客提供该服务，使其感受到这个服务的优势，进而使得顾客继续与本公司交易甚至可以带来更多的客户。

韦伯斯特（Webster，2007）认为共享服务是指从一个单一的内部供应商获得各个组织的特定服务，共享的服务设置是把各个业务单元中常见的流程纳入进来，组成一个独立、高效的集团机构。

德勒（Deloitte，2009）发布的《全球共享服务调查报告》显示，在被调查的七百多家全球性企业中，有72%的企业认为财务共享服务可以通过简化业务流程来节省财务成本，有62%的企业认为在建立财务共享服务中心后财务工作效率得到显著提升，有43%的企业认为共享服务能够明显改善企业服务质量，提升客户满意度，有37%的企业认为其业务的拓展离不开财务共享服务中心的业务支持。同时在德勤对50家top 500公司现目前正在运营中的财务共享服务中心进行的调查中发现，财务共享服务中心平均能够减少26%的员工人数，有效降低人工成本。

克里斯·里德（Chris Ridd，2010）提出，充分利用信息技术建立的财务共享服务中心，有利于企业从市场中获取更多的优质资源，提升管理、决策水平，财务共享服务中心将在未来财务领域中广泛应用。

登伯格（Denburgh，2012）通过对服务共享进行研究，并在*Doing more with less*中阐述其研究观点，认为财务共享是对人员最好的整合，能够更好的使得人尽其才，通过不断的培养增加核心财务人员的竞争力，多样化地为企业提升核心竞争力，促使其价值实现增长，并能与企业的发展要求相吻合。

康奈尔（Connell，2013）指出，财务共享的优势就在于其利用企业财务处理重复、单一、机械化的性质，结合现有的信息化处理方式，对企业财务业务进行处理以达到降低成本、提升效率、增加股东满意度的目的。

阿苏塞尔（AH Susser，2013）则表示，企业绩效能够利用财务共享对业务流程进行优化来实现有效提升。对业务流程进行优化除了提升财务办公效率外，还可能为企业产出更多的价值，所以利于企业整体绩效的提升。

特许公认会计师公会（ACCA，2013）出具的一份调查报告显示，在对全球范围内七个跨国企业进行深入了解，对其所构建的FSSC进行深入研究，总结出财务共享中心的最显著效果即为整合企业信息资源，简化、优化财务流程，在提高工作效率的同时，降低单位工作成本。

2. 国内学者观点

柯明（2008）在《财务共享管控服务模式的探讨》一文中，以国泰君安财务共享服务中心为例，说明了适应中国国情的财务共享管控服务模式。通过测算，国泰君安在使用财务共享管控服务管理模式后，将基层财务机构的数量取消了四分之三，节省了近六万小时的工作量，节约了薪酬支出约180万元。

李嘉（2009）指出，财务共享服务中心作为新兴的企业管理类型，不仅仅可以作为大型企业的子公司运作，还可以起到面向市场，获取盈利，进而做到增加企业收入，提升企业业绩的作用。

董浩（2009）等人认为，财务共享中心应该与客户积极签订协议，将自身的服务面向市场，并以市场价格为基准进行调整。同消费者签订协议，并且服务协议内对服务水平、服务质量和服务内容进行具体的量化。在财务共享服务中心的成熟阶段，其业务的服务能力和为企业带来利益的能力也会出现显著的提升。

侯锐、赵世峰等（2010）研究财务共享服务的应用情况，总结出财务共享服务中心通过流程再造和标准化管理为公司的业务发展提供了助力，同时提高财务核算效率和准确率，改善财务处理的及时性，加强风险管理控制能力，强化业务支撑力。

周华珠（2011）认为财务共享服务中心的意义主要体现在以下几个方面：一是整合企业空闲资源，降低财务成本；二是提高财务效率，促进企业财务转型；三是提高企业管控力度，支撑企业战略发展。

童瑶（2012）对财务共享服务中心的优势进行了分析，认为它可以降低运作成本，提高管理效率和企业整合能力，此外还能增强企业规模扩大的潜力。

汪亚君、李少武（2012）分析了财务共享服务在货币资金控制中的优势，指出其优势主要体现在货币资金的集中管控、收支和记账岗的分离、结算流程的标准化和自动化这三个方面。

王冬青（2013）指出，对于企业财务流程的集中化处理和批量化审核，以及对

于业务流程化提升都会作用于企业财务信息质量的提升。高质量的财务信息会反作用于企业的经济效益提升。陈虎（2014）在其书《未来之路——财务共享服务》中指出，财务共享中心整合重复性、标准化的业务并集中处理，为企业内部各业务单元以及外部企业提供专业化的共享服务。财务共享服务模式通过将基础业务集中进行标准化处理，可以有效地为企业节约人力资源，原本从事基础财务核算等工作的人员将有充足的时间和精力参与到企业业务财务、战略财务当中。业务财务可以深入到业务一线，贯穿价值链的各个环节，进一步密切各业务单元之间合作。战略财务则进行公司的预算管理，为企业决策提供更多支持。

赵云波（2013）对云计算在企业财务中的运用、优势、可行性进行了分析，指出企业运用云计算进行财务共享服务中心建设能有效提升企业竞争力。

何瑛（2013）提出，企业通过财务共享服务中心实现财务流程的再造，有利于集团进行资源的精细化管理，为企业创造更大的价值。

金莲花、王华（2016）以 23 家已建立财务共享服务中心的企业和相对应未建立的企业作为研究样本进行了实证研究，结果发现已建立的企业投入成本更低，核心业务利润更高。

王建江（2018）认为财务共享服务中心的建立有利于企业实现规模效应和知识集中效应，通过对各项业务板块进行标准化管理，可以实现集团对各个子公司经营业务的实时监控，对不同地区、不同分支机构的财务数据的分析处理做到更加真实公允，保证对各项业务的审核标准统一，符合内部控制要求。此外，财务共享服务中心能够将冗杂的非核心业务进行高效处理，这样能够为核心业务提供更多的资源，促进其发展，保持企业活力。

高鹏飞、孙静（2018）认为，财务共享服务可以提高企业财务管理水平，降低企业成本，促进企业财务管理的规范化，最终实现企业战略目标。

韩双羽（2018）提出，整合能力、监控能力和对成本的控制及效率的提升是财务共享服务中心的三大优势。

张培培（2019）认为财务共享服务的优势主要在于它实现了财务的集中化，降低了企业运营成本以及加强了财务管控。杨瑞锋（2019）认为财务共享服务中心在对于企业的审计的便捷性上也大有裨益，通过建立云会计技术，将会让审计师可以最大范围寻找其需要的直、间接数据，无形中将节省大量的资金成本和人力成本。

李笑琪（2019）指出，财务共享服务中心可以做到降低人工成本，提高服务效率；实现流程标准化，提高工作透明度；实现财务分级管理，推动财务转型。

（四）关于财务共享服务的特点

1. 国外学者观点

舒尔曼（Schulman，1999）就财务共享服务涉及的相关管理问题进行了一定程度的研究。他认为共享服务是使用更少的生产经营管理资金，借助运用更高质量的技术优势，将有分（子）公司的大型公司中已经呈分散模式的组织机构以及这些企业的财务业务资源进行了集中的合理配置，可以及时并且有效地提高客户的满意程度和企业的价值管理水平，实现更高的财务价值经济效益。

菲利普·李斯特（Philipp Richter，2006）表示，共享服务的特点就是 BPR（业务流程重组）过程中现知的方向，原因是两种理论在自身的变化活动里重点是一致的，而客户则应是企业财务共享模式的中心点。

康奈尔（Connell，2010）表示，财务共享服务从根本上讲就是一种中介单位，是在于企业业务单位和共享服务中心之间的中介单位，它的二次构建流程是与此相对应的重点。

利兰（Leland，2011）对财务共享服务领域选择性研究后表示，财务共享服务中心自身拥有的创造性、突破性的显著特点使其能够利用相对应的流程实现二次构建，而企业往往是聚合一些财务业务中非核心的职能单位后再凸出重点内容，使工作思路的趋向更加清晰。

赫伯特（Herbert，2012）认为财务共享模式下，财务运作方式更加清晰透明，对于上市公司而言，透明的财务流程和流水作业的财务模式，可以在节省资源的前提下对业务流程进行优化，从而获取更多的股东信赖，得到更强的股东支持力度。流程化更高的财务处理模式可以更加科学地对于企业内部的资金、费用、财税业务进行核算。信息化时代下的财务共享中心就是企业对自身管理方式改革的成果，这种模式在投入使用后会从根本上改变一些企业的财务工作，其务流程也会被深度变更，而这些企业的财务人员也会受到巨大影响，企业若要有效地推进财务共享模式的应用，那么就必须对这种影响加以关注。

戴维·尤里奇（Dave Ulrich，2014）认为建设财务共享服务中心的过程就是对企业原有的重复单一、机械化模式化的工作进行整合、优化、统一处理的一个过程。而财务共享服务中心就是在重组过程中，组建的一个新机构，用于服务原有公司、企业、集团的财务业务。

2. 国内学者观点

何瑛（2010）在其《企业财务流程再造新趋势：财务共享服务》一文中表达了自己对财务共享的见解，她认为财务共享服务是服务型的而不是控制型的，而且财务共享服务并非只有单一的功能，它几乎可以囊括所有能合并处理的会计项目。而其核心要素则是人员、流程和技术，并通过比对说明了，在实施财务共享服务战略前、后的人员、流程和技术都存在哪些区别。

杨方平（2012）在对国内集团企业财务共享服务中心的研究中总结出，财务共享服务模式作为一种革新性的管理模式，相较于传统的企业管理模式来说，更加具有实用性、服务性、协议性、技术性、规模性和统一性。

李林蔚（2013）通过对人寿保险公司进行案例分析，总结出财务共享服务的特点主要分为以下五个方面：信息系统的支撑，组织机构变革，人员分配，制度政策统一，管理模式转变，并且就这五个特点展开了分析讨论。

隋玉明（2014）在对企业财务共享服务的深入研究中认为，应该是以完善和优化公司财务组织的管理结构，以实现提高公司的财务管理业务处理流程的效率、尽量减少公司在运营过程和财务业务处理过程中消耗的人力物力以及时间成本，进一步达到实现为社会经济价值提供服务的主要目的。

贾嘉（2014）从跨国公司财务共享服务中心建设的案例中，分析出了财务共享服务的特性以及适用范围，并且针对其信息系统的特性进行了详细的说明。

陈潇怡、李颖（2017）结合大数据时代的特征，提出财务共享服务中心将成为企业的数据中心。

刘勤（2017）提出中国本土财务共享服务中心具有流程的柔性化和自动化、岗位的虚拟化和碎片化、运营的外包化和众包化、平台的集成化和云端化、服务的一体化和融合化五大发展趋势。

田高良、陈虎等（2019）提出在“大智移云物”背景下，财务共享服务是企业进行财务转型的起点，是财务流程的重构与优化。

李闻一、刘姣等（2020）对我国财务共享服务中心的建设进行了总结，并从信息技术、工作场景、流程设计、流程链条等方面提出了财务共享服务中心未来的发展趋势。

(五)关于财务共享服务的关键因素

1. 国外学者观点

奎因(Quinn, 1998)对共享服务进行了系统的研究并且得到了一定的效果,结论发表在其著作《共享服务:挖掘企业的金矿》(*Shared Services: Mining for Corporate Gold*)中,且进行了非常详细的阐述,他认为共享模式要以服务的客户为最终目的和导向,要根据客户的需求,以其需求来提供相应的服务,价格以及质量均以需求为抓手,双方沟通后最终确定。

卡格曼(Kagelmann, 2000)表示流程再造理论指导了财务共享,在梳理完核算业务流程这一环节后,各个单位的业务便可以财务服务共享中心为平台开展工作,对现有资源通过这样的集中操作、整合配置,有利于企业发挥自己的规模效应。

大卫(David, 2005)经研究表示,成功搭建FSSC必须要考虑SLA(Service Level Agreement)服务水平协议签署、组织结构、绩效考核、职责范围等要素。

索尔赫拉(Soalheira, 2007)认为,准确的企业定位以及长远的发展战略对于项目的实施尤为重要,并且需要最大程度满足顾客的需求,企业在建设财务共享服务中心的过程中,应该一直将其战略定位放在第一位。

安德鲁·克里斯(Andrew Kris, 2008)认为,公司在构建该体系,发展财务共享服务运营的过程中,难免会遇到诸多复杂问题,这时应该更加注重从其日常事务中跳脱出来,而且在保证企业正常内部控制需要的基础上,通过该体系能够最大限度地提高企业成本效率。

丹尼尔·梅尔基奥(Daniel Melchior, 2009)认为财务共享中心搭建的关键在于选址、组织结构、流程与团队,服务共享中心费用的分摊等因素。

马丁·法蒂(Martin Fathy, 2011)设计出专业的调查问卷有针对性地发放给各个行业内的企业,通过实证研究分类整理出有效的数据,并根据整理出的数据进行初步的假设,建立模型分析,总结出影响财务共享服务成功实施的六大关键因素,分别是:目标规划、流程管理、组织变革、服务理念转变、发展战略定位以及财务成本定价。

德尔文(Derven, 2011)通过风险管理控制探讨财务共享中心实施的关键因素,提出对业务流程的标准化管理、对组织结构的变革、管理标准的制定、信息系统的支持、适当的绩效考核管理、长远的战略规划是管理层在构建财务共享服务中心的过程中应该重点关注的。

詹森与约翰（Janssen & Joha，2008）认为实现财务共享的重点在于：战略目标的制定与详尽计划、标准化的业务流程、完善的信息系统等。

2. 国内学者观点

刘婷媛（2007）认为财务共享服务的建设对企业来说是一项用时长、影响深远的工程，需要特别关注其总体规划、流程的规范性和信息系统的运用等，此外还要注意财务共享服务中心地址的选择、成本效益情况等。

张瑞君、陈虎、张永冀（2010）在对通信服务业代表性公司进行案例分析后，以案例公司财务业务流程为重点，提出了企业实施财务共享服务的四个关键因素：财务组织结构，财务信息系统，流程再造及标准化，业绩考核制度。

黄国成等（2012）认为，建立财务共享服务中心的关键成功要素主要有：获得管理层的支持，完成以客户为导向、业务流程再造等一系列变革，在人员选择上要招聘具有领导能力的共享中心领导人。

何瑛、周访（2013）探索、搜集了我国已经成功实施财务共享的企业数据，以其为样本，基于规模经济和业务流程再造理论，实证检验了我国企业集团实施财务共享服务的关键成功因素及其相互之间的关系。通过对我国集团企业财务共享服务中心的建设进行案例分析研究，找出了影响财务共享服务中心正常运营的关键因素，并根据影响程度划分等级，由上到下依次排列为定位规划、信息技术、流程再造、组织管理、绩效管理和人员管理。

罗声明（2014）对企业集团财务共享服务实施的影响因素进行了系统分析，根据重要程度总结出了五个方面的关键因素：集团的发展战略，IT 系统，财务管理制度，财务资源整合，信息系统的发展。

姚志刚（2015）研究总结出，企业为更好地发挥财务共享服务中心的作用，在其实施的过程中有以下几个关键因素需要注意：管理层的支持，完善的财务制度，合理的财务市场定价，流程再造及标准化的实施，员工的管理。

刘俊勇等（2015）提出财务共享服务中心的建设应充分考虑企业的特点，同时与管理层的支持密不可分，财务共享服务中心应重在服务而不是管控。

年瑞丰（2016）在其研究中，结合国外的先进理论和对国外成功的范例进行着重研究，结合中国具体国情，因地制宜地进行了财务共享中心中国化的研究，其认为财务共享服务中心在国内主要对综合性强、分支机构多的集团型企业适用，对信息共享所来的战略性方向重点关注，而对是否能够降低运营成本却不太关注；财务共享服务中心的实施是一个漫长的过程，是一个系统性工程，需要多方努力，需要克服实施中遇到的诸多问题，涉及资金、人力等多方面的支持。

陈明春（2017）认为企业集团实施财务共享的影响因素可以归纳为以下六种：统一的发展战略规划、科学的财务制度、便捷的信息技术、丰富的财务资源、完善的信息系统和优良的财务管理人才。

殷雪琴（2018）认为，财务共享服务模式的构建需要注意四个关键环节，分别是各级财务部门职能的转换、相关会计制度的完善、相关业务平台的搭建以及财务业务流程的改进。

华宇哲（2018）认为企业应该进行管理模式的转变，促进管理理念的创新，整合资源，搭建一个集中处理平台，重点关注财务制度的完善，系统流程的标准化管理，内部控制制度的建设以及监控体系的健全。

唐雪薇（2018）认为，财务共享服务作为一种全新的财务管理模式，其服务的核心要素是顾客。此外，财务共享服务主要有两个特点，一是帮助企业实现财务数据核算的集中化。二是相关财务数据信息化的特点。

（六）关于财务共享服务的模式

1. 国外学者观点

瑞金娜（Regina，1996）认为，财务共享服务就是在企业内建立一个用来处理各种大量且具有重复性的基础财务工作的新系统。

莫勒（Moller，1997）认为，共享服务必须有一个独立的单位来为企业提供确切的支持，这个单位即是共享服务中心，它通过和服务对象签订服务协定的方式明确双方各自的权利和义务。

财务共享服务理论的奠基人之一的巴巴拉·奎因（Barbara Quinn，1998）在她所写的《共享服务·挖掘企业的金矿》（*Shared Services: Mining for Corporate Gold*）一书中提到，可以把共享服务看作企业的一种商业经营模式，是把顾客当作中心与服务收费的结合，在提供产品和服务时企业应始终以客户需求为导向，考虑顾客的实际需求和愿意支付的价格，从而制定相应的解决方案，提供符合顾客需求的针对性产品和服务。

詹森（Jansen）等学者（2011）提出，“财务共享服务”这一种服务管理模式等同于具有长期发展特点的新的商业模式和发展战略，这种财务业务的管理模式本身就是通过整合具有共同性特征的财务业务服务的资源，再按照合理规范的方法重新配置，以此来提高业务处理速度，在自身领域形成一定的竞争能力。财务共享服务中心的优势竞争力是体现在长期的服务效果中的，原有的资源在打散重组后所形成的新机构会在长时期内，持续为原企业带来竞争力和效益的提升。

特许公认会计师公会（ACCA，2012）的研究分析报告认为，财务共享模式是管理方式的一种革命，他相信随着未来信息技术的快速发展和管理思维方式的演进，财务共享工作对外承包的趋势是必然的，FSSC 在未来有着较大可能会由于对外承包趋势的扩大而导致原本的企业自建模式转向外包公司代建的方向发展。财务共享需要借助信息化的快速发展，将会向虚拟化和外包化发展，从而更好地为企业创造价值，实现企业价值最优化。

菲利普·李斯特（Philipp Richter，2017）对财务共享中心这一新型机构从战略角度谈认知，他认为企业如果没有充足的能力对现有资源进行合理配置的话，就不应该考虑财务共享中心的引入，而是应该采取财务共享中心外包搭建的策略。

对于财务共享服务的模式，不同学者有不同见解，部分学者以服务范围为依据进行划分；还有部分学者倾向于以构建方式为依据进行划分，将财务共享服务分为四种模式：财务部门下属职能中心、集团内独立部门、虚拟经营单位、独立外包公司，这四种模式呈递进趋势。对于大多数公司来说，最初构建财务共享服务中心时会选择将其作为内部职能机构，根据企业的不同需求，从模式一与模式二进行选择，采取该种模式的企业有：微软、通用、托克集团等。一些出名的咨询公司（如埃森哲）也是从内部服务职能部门逐渐发展来的。还有一些企业有共享服务的基础，加之公司规模大、经营状况好，在此情况下会倾向于采取模式三构建虚拟经营单位，在为集团内部提供服务的同时，还可以承接外部业务，为企业创造价值。模式四独立外包服务公司建设难度较大。

2. 国内学者观点

刘汉进（2004）在其所进行的研究中，认为共享模式是将原先的多运营单元操作变革为统一操作。这样能将原先的多单元解放出来，从事业务的开发和洽谈，从繁杂的财务工作中摆脱出来。

张瑞君、张永冀（2008）认为跨国企业集团应将财务共享服务作为新财务管理模式来应用于企业。

陈虎、董皓（2009）提出财务共享服务是一个或者多个地点对人员、技术和流程的整合，实现公司内各流程标准化和精简化的创新手段。他们通过对案例公司中兴集团的长期调研，深入剖析其财务共享服务中心的构建历程，并且进行归纳总结，在结合国内经济环境和信息技术水平的基础上，提出了更适应国内集团企业的财务共享服务实施模式，同时提醒注意一些构建过程中可能出现的问题，并给出解决建议。

史艳梅（2010）将共享服务的运营模式根据共享中心与客户之间的关系分为了市场化服务模式、竞争性内部服务模式、完全内部服务模式三种。

张育强、林金腾（2011）提出了服务模式和管控模式，并对两种模式的特点、流程、定位、开放性等问题进行了阐述和对比。而企业在选择哪种共享模式时的影响因素，主要与企业的发展要求和定位密切相关，例如战略规划型企业，由于这类企业的管理权、控制权高度集权于总部，因此使用管控模式更适合。

张庆龙（2012）认为财务共享服务模式作为一种新的企业管理模式，将分散的财务数据进行集中处理，能够为企业节省更多的有效资源用于企业核心业务的建设中。他以西方的共享服务模式研究为基础，将财务共享服务模式分为基本模式、市场模式、高级市场模式和独立经营模式，并对这四种模式进行了比较系统的分析。

张真昊（2013）通过理论论证分析，提出可以将财务共享服务模式以云计算为基础，加大投入进行财务信息系统的发展建设，能够很大程度地解决现阶段出现的各种问题，降低财务工作成本，提高管理效率。

李林蔚（2013）将财务共享服务管理模式划分为基础、低级市场、高级市场、独立经营四种模式，每种模式都有可能在不同行业或同一企业不同发展阶段最大限度地发挥作用，企业要根据自身的发展规划，选择最适合的模式进行建设。

邵剑（2014）提到，企业集团进行财务共享服务中心建设时，应分步组建，信息系统应该精确表达复杂的财务政策标准，保证政策的有效执行，同时应预留升级接口。

王秀萍（2014）通过量化研究分析了财务共享服务的四种模式的理论差异，同时提出这四种模式的选择主要取决于集团的发展规划及定位战略。综上所述，国外的相关研究由于发展较早，理论的研究相对来说更多，而传入我国以后，经过我国专家学者的实地调研，结合中国企业财务共享服务中心的实际运营状况进行分析，我国的财务共享相关研究更多的与企业发展紧密结合，案例的研究较多，值得关注和肯定。但因我国构建和运行财务共享中心时间并不长，尚处在发展阶段，对财务共享管理模式的探讨较为欠缺，涉及的公司领域不够全面，研究重点应该放在构建过程中的关键因素总结与模式选择上，将理论与实际进行结合，对

建设过程中可能出现的问题还有很多值得研究的地方。

李颖、陈潇怡（2017）两人认为新时代下企业不仅应利用大数据、移动互联网、云计算等高新技术实现其财务管理模式的转型与变革，其财务共享中心的构建还应当与企业的战略规划相匹配，从而有利于企业的长远发展。

佟尧、臧建玲（2018）结合云技术对财务管理的模式做了全新的阐释，在云技术环境下，财务共享服务中心已不再只是对数据做简单的处理，而是通过把数据中具有高重复性的部分进行实时搜集，再通过大数据方式进行分析、比较，形成处理报告，这样的数据处理模式能更大程度提高企业效率。

魏明、黄锦鸽（2018）对财务共享的模式又有不同的见解。他们将财务共享的模式分为：财务共享服务外包、服务云和服务中心三种模式。一般来说，财务外包模式在我国已有较长的发展历史，主要针对一些中小微企业的财务处理、代理记账、报税等业务。但此处的财务共享服务外包模式有所不同，该模式主要针对一些规模以上的制造类企业，这些企业不想自建财务共享服务中心，因此委托外部的机构进行外包，只需支付一定的费用便可以享受该服务，无须投入大量的建设资金、运营资金、维护资金和人员培训等。随着云技术的广泛运用，财务共享服务也出现了“服务云”这类模式。由于企业的日常的业务数据、财务数据庞大又复杂，通过云端的存储，可以将与企业财务相关的各类信息都进行上传和共享。资金实力雄厚的制造业企业，除了可以租用外部的“服务云”以外，还能自建云端，对外出租从而获利。而财务共享服务中心的模式，与前两者的区别主要在于它一般是企业集团自建的，并通过先进技术的支持打造适合本集团业务、财务特点的财务共享服务，而更有甚者，一些优秀的财务共享服务中心还能对外提供服务从而获利。

郭丽萍（2019）指出，为了将财务业务进行更好的统一管理，公司在构建财务共享服务体系时，会成立财务共享中心。它是通过对于信息数据的管理，将公司的会计业务统一放入一个平台当中，使得会计业务变得清晰，处理高效，进而提高了员工的工作质量。

赵飞飞、丁丽萍（2019）认为，财务共享服务就是共享服务在财务这一领域内的应用，是一种基于市场视角为顾客提供专业产品和服务的分布式管理模式，它的基础是财务业务流程处理，借助信息技术，目的在于完善组织结构、增强流程规范性、提高流程处理效率、降低企业成本，最终为企业创造价值。从本质上来看，财务共享服务中心其实就是一个信息化的平台。

(七)国内外研究观点综述

共享服务、财务共享中心的理念和实践均来自国外，国外学者对财务共享研究较早，理论和实践经验都较为丰富，我国学者对财务共享的研究主要基于国外观点的剖析解释，以及将部分与我国国情相结合，理论体系相对较弱。尤其在大数据背景下的财务共享服务理论的研究，属于相对较新的领域，受现阶段技术限制和学科跨度大的影响，国内研究更多体现在实践方面，没有更深层次的理论分析，学者大多以案例分析方式，具体描述企业财务共享服务中心的建设、优化过程，为已经建立或者其他将要建立财务共享服务中心的企业提供参考。

通过研究国内相关文献，我们可以看出，国内关于财务共享服务的概念及研究起步略晚于国外，关于财务共享服务的历史演变及相关观点变化与国外的相关研究基本一致。但近些年来，国内相关学者开始逐步深入探索财务共享服务中心在财务转型过程的应用和意义。同时，大家也开始注意到，随着信息技术的驱动发展以及云技术的逐步成熟，财务共享服务的相关模式开始呈现出一定的变化趋势。

综上所述，财务共享服务是一种全新的管理模式，特别是对于大型企业集团来说，通过对财务资源的创新管理，它有利于将分散在不同分(子)公司的共同业务提取出来，放在财务共享服务中心完成，提高财务核算的效率，强化了财务管控的力度。目前为止的国内外文献研究中，多数主要阐述了财务共享服务的理念和由来、财务共享服务的模式、影响财务共享服务的关键因素、财务共享服务效果以及财务共享服务的风险以及优化措施等。同时大多数针对集团公司设立财务共享服务中心的文献又分析了财务共享服务中心的建立目标、流程、运行逻辑、风险等因素，并从多方面、多角度概括了财务共享服务中心的优势。部分国内外文献开始注意到现代信息技术的发展特别是云技术的发展，开始对财务共享服务中心的服务模式产生了一定影响，但由于缺乏实际的应用场景及效果评价，尚无法确定基于云技术的相关技术可以带来哪些深远影响。

国外学者通常在共享服务的大视角下研究共享服务在各个领域内的应用，范围广泛，包含了财务领域在内的诸多领域。国外学者们在研究过程中，常采用实践调研的方法，通过统计的数据来展现财务共享服务的应用效果，比如利用数据进行量化研究，通过对有关财务数据和非财务数据分析来评价财务共享中心的运行成效。国外学者们的研究内容也比较广泛，不单单是针对财务共享服务的研究，

而是涉及了共享服务的各个领域，力求最大化实现各类资源的共享。

国内有关共享服务的研究更侧重于财务领域的共享服务研究。国内学者们通过规范研究和案例研究的方法分析了财务共享服务在我国的发展情况，在此基础上总结出了许多宝贵的经验，并对研究过程中发现的问题提出了解决措施，为我国很多企业建立自己的财务共享中心提供了指引和借鉴。

国内外学者都认为，财务共享服务是一种能有效降低企业成本的新型财务管理模式。而大智移云时代的到来给传统财务共享服务带来了冲击和挑战，兴起了国内外学者们对大智移云背景下财务共享服务的转型与升级的研究热潮。但国内外学者们将财务共享中心与大数据、人工智能、移动互联网、云计算等新兴互联网技术进行结合的研究更多的停留在理论层面，在实践层面进行案例分析的研究较少。

由于最早建立财务共享服务中心的是西方发达国家的大型企业集团公司，这些公司原本具有良好的管理基础，财务共享中心在管理上的效果和经济上的效益能够得到准确的计量并对外发布，所以很快吸引了学者们的目光，他们将理论研究的对象定位在大型企业集团跨国公司，此后的研究内容也一直聚焦于此。

财务共享服务的优越性日渐显露，推广应用十分必要，但是无论是国外还是国内，无论是政府还是企业，对财务共享服务的理论研究和实践应用大多限于大型企业集团范围。2013 年 12 月 6 日，财政部以财会〔2013〕20 号文印发了《企业会计信息化工作规范》，其中第三十四条规定：“分公司、子公司数量多、分布广的大型企业、企业集团应当探索利用信息技术促进会计工作的集中，逐步建立财务共享服务中心。”此外，财政部发布的《会计改革与发展“十三五”规划纲要》《关于全面推进管理会计体系建设的指导意见》也鼓励分公司、子公司数量多、分布广的大型企业、企业集团应充分利用专业化分工和信息技术促进会计工作的集中，逐步建立财务共享服务中心。这些法规文件为我国大型企业集团建立和实施财务共享服务提供了重要的政策性依据。此后在企业集团中出现了建立财务共享服务中心的热潮，相应地关于企业集团如何建设财务共享服务中心方面的研究文章也大量涌现，相比之下，很少有人关注中小企业实施财务共享服务的问题，相关的研究成果也很少。

众所周知，中小企业是国民经济的重要组成部分，不仅能够提供大量就业机会，缓解就业压力，保持社会稳定，并且能够在创造产值、增加税收、创新科技等方面成为拉动中国经济的新的增长点。作为深化改革的主要推动力量，中小企业数量多、创新力强，需要得到更多的服务支持。

然而目前财务共享服务理论研究和实践应用仅限于企业集团个性化管理的范畴，尚未考虑到在中小企业的推广应用，未能将财务共享服务在经济管理上的优势辐射到在国民经济中占有十分重要地位的众多的中小企业。这不仅制约了财务共享服务理论的创新发展，也影响了财务共享服务的普及推广，显然已成为财务共享服务理论研究和实践应用最大的局限。

基于以上考虑，本书将在系统阐述财务共享服务理论的基础上，对现有财务共享服务中心建设实践进行深入分析，对中小企业实施财务共享的必要性和可行性进行论证，以期找到中小企业实施财务共享的切实可行的路径。

第三章　财务共享与财务转型

一、现代财务的基本特征

有学者研究认为，现代财务的发展经历了六个阶段：电算化、工业化、信息化、自动化、智能化和数字化。从电算化到工业化、自动化，再到智能化是会计“算力”不断增强的过程，从信息化到数字化是会计“算法”突破性提升的过程。正是因为“算力”和“算法”的变化，形成了现代会计的特色，使现代财务呈现出三个显著特征：财务组织从分散走向集中；财务职能从核算型走向服务型；财务业态从经验应用转向科技支持，财务进入IT时代。

（一）现代财务的发展路径

1494年复式簿记的诞生代表着现代会计的产生，人类社会才有了真正的会计，此后的500年，会计一直以手工形态存在。从20世纪50年代开始，会计进入了一个快速发展期，在短短的70年中，其发展经历了六个阶段。

1. 会计电算化阶段

1946年世界上第一台计算机诞生。1954年，美国通用电器公司开启了全球第一个用计算机处理会计业务的先河。1979年，我国的长春第一汽车制造厂开始实施会计电算化；1988年，我国会计软件开始商品化。手工会计关注的重点是做账的准确性，其缺点是效率低，提供的信息只能反映过去，且只体现为几张会计报表。随着企业规模的扩大、组织机构的扩张，手工会计面临着两难选择：一是增加人工费用，但这要耗费大量的企业资源，为了面向工商税务部门提供会计报表，企业所有者不得不承受会计业务处理这个负担；二是降低会计的准确性要求，或者保证准确性、放弃及时性。如果没有计算机的应用，会计行业的发展处于矛盾之中。由于计算机的出现，会计行业的发展发生了巨大转机。会计电算化最显著的标志是开发和应用会计电算化软件，由软件替代了做账和编制会计报表的工作，用键盘代替了算盘，用屏幕代替了账本，虽然只是解决了会计核算的效率和准确性问题，没有对会计本身进行实质性改造，但使会计迈向了一个正确的发展方向——借助工具发展。这与人类发展史有相似之处，在漫长的进化过程中，人与动物的区别越来越大，最后成为完全不同的两类，一个重要原因是人类善于使用工具。计算机在会计中的应用，使会计进入电算化阶段，迈出了提升会计“算力”的第一步，但这个阶段算力提升的力度非常有限。

2. 财务工业化阶段

大型企业的出现，尤其是企业集团以及跨国企业集团成为庞大的组织机构，拥有很大的业务量。经济全球化又带来了跨国企业的生产全球化，例如波音747飞机有400万个零部件，由分布在65个国家的1500个大企业和15000多个中小企业协作生产，生产厂家、供应商、客户分散且庞大。企业体量变大，会计业务量增加，这时如果仅单纯依靠电算化，则难以解决会计核算工作量爆发性增长的难题。于是，会计从人类社会由农业社会向工业社会转变的模式中找到了改变的思路：规模化操作。只有走规模化道路，才能第二次提高会计核算的效率和准确率，会计规模化操作的前提是会计业务集中。将业务集中核算，不仅可以节省费用、提高效率，还能提高管理绩效，包括采购管理、销售管理、资金管理、利润管理、成本管理等的绩效。财务共享服务中心是财务工业化的典型形式，它将基础性、标准化或易于标准化、重复性强的业务集中到一起，将会计人员集中到一起，按照同一标准进行核算操作。工业化的财务共享服务中心第二次提高了会计的“算力”，侧重于会计核算基础业务集中处理的效率问题，“算力”的提升为会计信息的内容扩展提供了基础，但以会计报表为主的会计信息越来越难以满足信息使用者的要求。

3. 财务信息化阶段

长期的实践证明，会计的发展并不是自我发展的过程，而是企业发展牵引的结果。企业的发展带动了会计的发展，企业的需求倒逼了会计的改革。在企业竞争日益严峻的形势下，人们对企业的发展有了新的认识，评价企业生存发展持续力的指标并不是收入和利润，而是管理。收入和利润是企业的外表，管理是企业的内涵。企业的竞争是管理的竞争，企业管理的需求成为推动会计发展的新动力。从管理视角看，管理革命使企业管理从经验管理走向信息管理。然而，企业做大后，内部信息沟通不通畅成为常态，采购、生产、销售之间的信息不通畅，总公司、子公司、分支机构之间的信息不畅现象相当普遍。从会计视角看，在会计电算化应用一段时期后，人们发现其存在着一个明显的弊端：信息孤岛，为此信息管理理念诞生。也正是在信息管理需求的驱使下，会计迈向一个新的阶段：财务信息化。优良的信息管理模式应当是将企业各方面的信息连接起来，即将企业的物流、人流、资金流、信息流统一起来，形成一个信息链，使信息不再是孤岛。1993 年 ERP 在美国应运而生。ERP 是英文企业资源计划（Enterprise Resource Planning）的简写。是指建立在信息技术基础上，以系统化的管理思想，为企业决策层及员工提供决策运行手段的管理平台。ERP 系统集信息技术与先进的管理思想于一身，成为现代企业的运行模式，反映时代对企业合理调配资源，最大化地创造社会财富的要求，成为企业在信息时代生存、发展的基石。

ERP 包含了企业所有的资源和运行流程的各个模块，财务就是其一。但财务模块贯穿了采购、生产、销售等全过程，将财务信息与其他信息相连，一个人只要有足够的权限，就可以在 ERP 上看到公司的所有“秘密”。ERP 软件的应用，既是企业管理的一次跃升，也是会计核算的一次跃升。会计电算化软件与 ERP 软件相比，前者只是会计核算内部的一个简单软件，表现了从凭证到账簿再到报表的过程，生成了以会计报表为主体的会计信息，这些信息源于对采购、生产、销售信息的加工处理，但与其并不连接。而后者实现了企业内各部门信息的联通。财务信息化阶段在信息化建设上包括两个部分: ERP 系统和财务信息系统。后者由合同管理系统、发票管理系统、电子档案系统、财务运营系统、会计核算系统和资金管理系统等构成。财务信息化是基于什么原因迈向财务自动化的呢？随着 ERP 的使用，人们发现了它的长处: ERP 各模块间流程实现了自动化，如从采购到库存，到生产，再到销售，财务实现了企业内各部门间的信息连接，这类似于一个工业园区将几个问题的各条道路打通了，使车间、仓库、食堂、宿舍、办公楼各功能地块实现了相互畅通。人们又从它的长处引发了更高的欲望：实现与外部信息的畅通。

4. 财务自动化阶段

新的技术适时出现：一是 API 技术，API（Application Programming Interface，应用程序编程接口）是一些预先定义的函数，目的是提供应用程序与开发人员基于某软件或硬件得以访问一组例程的能力，而又无须访问源码，或理解内部工作机制的细节。API 技术为实现银行与企业的互联、税务与企业的互联、商旅系统与费控系统的交互提供了技术支持，这类似于一个行政区范围内的道路全部被打通，使工业园、高教园、街道、居民区相互连接。这一技术的出现还为实现客户关系管理系统、合同管理系统、会计核算系统的信息交互提供了可能。这类似于将一个行政区与其他行政区间的道路打通，使本行政区与外部区域实现四通八达。二是RPA技术，RPA（Robotic process automation，机器人流程自动化）能够代替或者协助人类在计算机、RPA手机等数字化设备中完成重复性工作与任务。只要预先设计好使用规则，RPA就可以模拟人工，进行复制、粘贴、点击、输入等操作，协助人类完成大量“规则较为固定、重复性较高、附加值较低”的工作。机器或软件按照人设计的程序自动工作，代替了人的一部分劳动，按照人的意志开展行动，遵循设定的程序、规定的制度。简单地说，它是一个完美的执行者，快速、准确、及时。可以帮助企业或者员工完成重复单调的流程性工作，减少人工失误，提高运营效率，降低运营成本。

RPA技术的应用，实现了部分财务工作自动化，如银企对账机器人实现了银企自动对账，合并报表机器人实现了自动合并报表。简而言之，ERP只是实现了单个系统内各模块间连接的自动化。API技术促成了开放系统间的集成，即外部系统连接。RPA技术促成了封闭系统间的交互。所以，以API和RPA为代表的技术使财务改革进入了第四个阶段：财务自动化。自动化是财务效率提升的第三次革命，RPA是企业开启数字化转型的钥匙。

5. 财务智能化阶段

财务自动化利用机器和软件解决了许多烦琐的问题，但还离不开人的指挥和控制，这种指挥和控制是通过事先设计流程和制度实现的。早在1956年，人类就诞生了人工智能的思想，人工智能简称AI，即Artificial Intelligence。2016年，AlphaGo事件（人工智能机器人阿尔法狗与围棋世界冠军李世石进行围棋人机大战，以4：1的总分获胜）让AI的应用进入大众视野，人类进入人工智能新时代。短短的时间内，德勤、普华永道、安永、毕马威四大会计师事务所相继推出了财务智能机器人，标志着财务进入一个新的阶段：智能化。财务智能化是将AI技术应用到财务工作上。智能化与自动化的区别在于机器学习，机器自主学习和深度学习是AI技术的核心。智能化的财务软件又称财务机器人，不同财务机器人的功能也不同。例如：通过OCR（光学字符识别）技术实现票据自动审核；通过NPL（自然语言处理）技术实现智能审计；通过KG（知识图谱）技术实现供应商关系管理，该技术还具有生物识别等功能。财务从电算化到工业化，再到自动化、智能化，一次次通过不同技术和方式提高了财务工作的效率，同时促进了财务功能的改进。财务信息化阶段使财务从关注会计报表有限的信息发展到较为宽泛的信息，信息化发展逐渐演变为数字化发展。

6. 财务数字化阶段

会计近几十年的发展过程也是财务数字化的发展过程，从一开始提供的证账表财务小数据，到设立财务共享服务中心，实现业财数据交互，提供财务数据，再到“大智移云物”技术的应用，实现企业内外数据互联，迈向财务大数据，财务进入了数字化阶段。财务数据处理包括：一是数据采集。应用传感器、RFI标签、GPS、爬虫、数据接口API、OCR等技术采集业务数据、资产数据、网上数据、税费数据、合同数据。二是数据处理。应用算法和模型对数据进行清洗、提炼、关联和融合。三是数据可视化。反映异常值和趋势，揭示行为，辅助决策。当前，人类社会正在迈向数字化时代，财务数字化的发展将经过初级、中级和高级三个阶段。财务数字化的初级阶段是企业数字化，即企业所拥有的人、财、物，所发生的业务流、票据流、资金流都成为结构化数据，为企业采购、生产、研发、销 售、管理提供服务。财务数字化的中级阶段是数字化企业，即出现一大批专门从事数字挖掘、生产、分析的数字化公司，数字既是商品也是生产要素，数字实现商品化和市场化，财务数据与非财务数据界限模糊成为真正的商品，企业的采购、生产、销售服务等完全依靠数据支撑，人类社会的经济发展方式发生根本性改变。财务数字化的高级阶段是建立数字运营中心，一部分数字成为公共产品，由政府供给；个性化数据成为增值产品，由民间供给。可见，会计电算化和工业化分别在第一次和第二次提高了会计的算力，为会计职业的继续发展谋得了空间。财务信息化阶段实现了企业内部的信息互通，财务自动化阶段实现了企业开放系统的集成和封闭系统的交互，财务智能化阶段第一次改进了会计的算法，财务数字化阶段改变了社会生产经营管理模式。

(二) 现代财务的基本特征

会计的发展过程向我们清晰地展示了半个多世纪以来会计变化的全景图，从“会计”到“财务”的变化，寓示着会计功能从核算向管理转型。从“报表”到“数字”的变化，寓示着财务信息从单纯的会计报表发展到互联互通的综合信息。从“手工”到“AI”的变化，寓示着会计“算力”和“算法”两个方面同步全面提升。正是这些变化，形成了现代财务的特色，使现代财务呈现出以下三个显著特征。

1. 财务组织集中化

财务组织从分散走向集中，以财务共享服务中心为主流。财务集中有三种形式，包括：代理记账、财务外包和财务共享。企业的规模有大小之分，规模不大的企业，业务简单，会计核算对其业务经营和发展发挥的作用没有大企业那么明显，但税收征管机关将会计账簿与发票使用、税款计算等关联起来，促使不具备设置会计机构和聘请会计人员条件的中小微企业和个体工商户建账进行会计核算，这些企业为了节省成本，将记账业务交给专业性的记账公司处理，代理记账业务和专业性代理记账公司应运而生。代理记账公司最初的业务是单纯的记账服务，一些企业在生产经营过程中有时会遇到发票处理、资产计价、税收筹划等专业性财务问题，企业自身缺乏财务专业知识和专业能力，需要求助于专业人员，这促使代理记账公司将业务向财务咨询领域扩展，很多财务咨询公司就是从代理记账公司发展而来的。代理记账是财务集中的一种形式，服务对象主要是中小微企业。大型企业随着规模的扩大，基于发展战略的需要，将业务分为核心关键业务、核心非关键业务、非核心非关键业务三种类型，并对其进行不同方式的运营，将非核心业务外包给专业性社会服务机构，这就产生了服务外包。一些大型企业将其人力资源、财务、客户服务等业务外包出去，将财务业务外包给财务共享服务公司。这种做法在国外起步较中国早，如早期的英国石油公司将其财务业务外包给埃森哲公司，日本 Sony 将财务外包给 IBM 公司。财务外包成为财务集中的另一种形式。

在财务集中上，大型企业集团探索出了另一条发展道路：财务共享服务。20 世纪 80 年代，美国福特公司在欧洲成立了全球第一家财务共享服务中心。之后，通用、花旗银行等跨国企业集团也陆续成立了财务共享服务中心。

中兴通讯是我国第一家建立财务共享服务中心的企业，其财务共享服务中心的建立和发展是我国企业财务共享服务发展的典型代表。中兴通讯是通信行业的强者，随着企业不断发展，机构多、业务多、人员多的“三多”现象给企业管理带来很大的困难，需要寻找管人、管物、管财、管业务的新方式。中兴通讯将财务创新作为管理创新的一个突破口，财务管理创新的一个重要思路是从分散财务到财务集中，设立财务共享服务中心，将基础性财务工作集中到共享中心。其财务共享服务中心的建立从员工报销起步，经历了六个阶段。

(1) 报销电子化。中兴通讯从其下属某研究所开始试点员工费用报销改革，当时费用报销是手工操作现金或票据（支票、汇票）结算，报销过程很烦琐。财务部门处理员工出差前的借款、出差后的费用报销既费时又容易出错，且不能实时支付，找到解决这个难题的方法是实施报销电子化，而要走电子化报销之路，就必须解决货币电子化和票据电子化问题。为此，中兴通讯财务部找到了以下解决方案：将银行的 ATM 机搬进公司，支付电子化的操作模式达到了实时支付的效果。报销电子化是员工出差费用报销改革的第一个阶段。

(2) 报销网络化。员工出差费用报销的难题采用电子化方式解决后，财务部门又着手解决员工出差前借款的填表申请、层层审批的费时费力难题。这项行动始于1999年，当时互联网开始应用于经济和社会生活领域，财务人员的解决方法是：制作电子化文本，并将审批流程搬到网上，相当于现在的OA系统，通过移动端或PC端进行审批。这种网络化审批的操作模式将出差审批、报销审批、款项支付都搬到网上完成，既缩短了时间，又减少了烦琐程序。

(3) 线上集中报销。中兴通讯在实施电子化、网络化报销的初期，都只是选某一个下属单位或部门试点，积累了一些经验后，再扩大到全公司，财务改革进入下一阶段，即集中网络报销阶段。

(4) 总部财务共享服务中心。在财务各自为政时期，中兴通讯各分支机构的报销标准不一致，总部也不能很好地掌握分支机构的信息。为了统一各分支机构的报销标准，减少其报销业务量，使总部掌握其信息，公司决定将费用报销工作集中到深圳总部，实施集中报销模式。为此，公司从票据传输和流程再造着手分三步实施。第一步，实物邮寄。各分支机构设置“票据员”岗位，配置票据箱，报销人员将报销票据投入票据箱，由票据员将票据进行归集和邮寄，深圳总部会计人员接收、分发、归档。这一做法存在时效性差、资料安全性差问题。第二步，引入影像扫描系统。分支机构票据员将收到的票据扫描上传，总部会计人员双屏审核，集中审批，集中支付。这既提高了审批速度，又便于检索和查询。实物流和影像流并不同步，虽然该步提高了领导的审批效率，但由于影像信息与网络报销信息有对应，影像也无法分组，给财务人员的审核带来不便。第三步，引入条形码技术。给网上流转的票据编号 (称为单据号)，给打印的实物票据编号 (称为票据号)，每一张打印的实物票据都设有统一的封面，封面上固定位置有条形码。这一做法取得的明显成效是统一了各分支机构的报销标准，便于公司总部进行预算控制。这是员工费用报销改革的第三个阶段，这个阶段正式在公司总部建立了财务共享服务中心，即深圳财务共享服务中心。

(5) 独立财务共享服务中心。由于深圳人力资源成本很高，中兴通讯经过对多个指标的评价，将财务共享服务中心迁到西安，设立中兴新云公司直接负责财务共享服务中心的运营管理，这就是财务集中的第四个阶段：财务共享服务中心 (西安)。财务共享服务中心迁到西安后，扩大了业务范围，除了整个集团公司的费用报销业务，还包括总公司和分子公司的会计核算业务、商旅管理业务、数据处理业务、咨询服务业务，并集中管理公司的会计档案。

(6) 国际财务共享服务中心。从2013年开始，中兴通讯又将全球分支机构的相关业务纳入财务共享服务中心（西安），使其财务集中进入第五个阶段，即全球共享服务中心。该中心整合了全球分子公司和分支机构的基础财务业务，从全球层面统一了公司的财务标准和规范，做到了全球财经管理和全球财务共享服务的协调发展。

2. 业务与财务融合

财务职能从核算型走向服务型，实行业务财务制度。传统的财务工作与业务是脱节的，通过整理和填制凭证采集数据，通过登记账簿加工数据，通过编制会计报表产生数据，这些数据反映的是企业已经发生的交易与事项，对业务的帮助很少。近些年，随着人工智能、RPA等新技术在财务软件和系统中的应用，会计核算工作将被机器替代，财务人员需要通过转型寻找新的发展空间。另外，企业将基础性会计核算业务整合到财务共享服务中心，为财务人员转型创造了条件。使现代财务从核算型转变为服务型，业务财务理念开始形成。业务财务，就是将业务与财务融合起来，又称为业财一体化，它有以下3种模式：

(1) 财务代表模式。这种模式以中兴通讯为代表。从2002年开始，中兴通讯每一个产品都设置了财务代表，公司、事业部、产品、区域等每一个层级都设有财务负责人。产品部门设立产品财务经理，研发部门设立研发财务代表，采购部门设立成本经理。每一位下属分子公司的一把手或者业务部门的负责人配备一位财务助理，为管理层输送财务理念和财务思维模式。中兴通讯有一些典型的产品业务与财务融合，财务人员参与到产品设计成本和产品客户成本的事例。例如：2004年以前，国产手机都是大包装，但成本总监在分析的过程中，用集装箱的容量倒推数量，再确定手机盒子的尺寸，使得每个集装箱可以多装一些手机。这一项变革改变了产品设计，每年为公司节省产品运输成本几百万元。财务人员在研究产品时发现有一种型号的机架上嵌了140个螺钉，采购成本和生产成本偏高。通过分析发现，这么多螺钉的作用主要是防电池辐射，可以用另外的方式解决，从而为公司节省了大量成本。财务人员还参加客户成本的研究，通过研究发现功放每提高5%，10年里给客户带来整网的电费节约就可以达到上千万元。在复杂的系统里，只有财务和业务的深度融合，才能有效地控制成本。

(2) 业务伙伴模式。这种模式不改变财务部门的组织结构，但将财务部门与业务部门进行对接。财务人员的工作职责不再是财务部门内部的会计核算，而是业务端的财务支持，担当业务合作伙伴角色，参与到业务中，了解企业业务，为业务的开展提供帮助。第一，财务部门与业务部门合作开展。如财务部门与IT部门共同开发电子报废申请单、返工工单，财务人员协助物流部门开发保税物料报关信息和SAP系统整合的项目。第二，财务人员为业务提供财税服务。如：参与新产品定价；对新业务进行预算投入、实际产出的分析，并提出建议；对销售业务进行投入产出分析，参与销售方案的制订。业务伙伴关系在保险行业体现得非常明显。保险企业的财务部门和业务部门的伙伴关系主要体现在三个方面：第一，精算师与财务人员配合，将保险思维与财务思维融合在一起。保险公司为了盈利，精算师的保险品种设计与财务人员选择的投资产品对接，以运用好沉淀的保险费用，获取保险盈余。第二，保险公司的业务员销售保险产品业务与财务人员的资产负债分析匹配，通过合理安排保费期交、趸交比例来降低财务风险，促进公司健康发展。第三，保险公司要防止集中退保风险就需要财务人员参与财务规划，既要遵守银保监会的投资比例匹配规定，不错配资金，又要在投资品种和期限上做到中短期合理搭配，兼顾债券、股票等投资产品，境内、境外投资的合理布局。

（3）项目财务模式。项目财务就是财务人员参与到项目管理、经营分析和预算预测工作之中。整个公司打开作业边界、管理边界、组织边界、思想边界和能力边界，财务内控不仅不能阻碍项目开展，还要促进项目发展。2014年，华为开始建立项目财务团队，项目财务将业务上所有的财务需要形成标准并融合到系统中，通过业财融合实现人和系统的融合，财务人员参加到项目管理中，业务人员到财经管理部任职。到2017年，华为的财经已经融入公司所有业务活动之中。从合同概算到项目回款、从产品规划到市场分析、从出差申请到费用报销、从资产管理到存货管理、从销售融资谈判到融资规划落地、从税务筹划到定价设计。项目的财务人员配置基本到位，全球1500名项目财务人员的工作对象转为合同和项目，海外代表处的项目财务人员深入站点稽查修路情况，为站点项目降低修路成本和油机费用。在一国汇率大幅波动时，代表处的项目财务在与客户进行合同谈判前，收集信息、仔细测算，匡算合同整个履约周期内可能的外汇损失。在合同谈判时，项目财务人员现场参与汇损分担机制的条款谈判。合同签约后，项目财务人员开展回款跟踪，跟踪交付计划，跟踪客户付款计划，协调两边的工作效率和工作进展，从而有效地关闭了外汇风险敞口。

3. 财务进入IT时代

财务业态从经验应用转向科技支持，财务进入IT时代。传统会计工作是知识和经验的结合。主要是运用会计准则进行会计专业判断，做好财务信息披露的工作。运用会计准则基于会计理论知识的积累和对会计准则的学习，会计专业判断有赖于会计经验的积累，会计信息披露体现了对会计道德的认识和遵守。尽管有具体账务操作，但业务操作没有科技含量。从原始凭证识别到记账凭证填写，再到账簿报表的生成和报出，完全按照会计工作规范要求的程序进行操作。IT 财务观认为，财务就是 IT，意指当今的财务工作离不开互联网、人工智能、大数据、物联网、云计算，甚至区块链等新兴技术的支持。财务工作集知识、技术与技能于一体。在电算化、信息化、工业化、自动化、智能化、数字化的发展过程中，财务工作中技术的应用越来明显，财务技能从手工技能转向机器技能。当前，IT 财务应用的典型模式有两种：

（1）IT 技术与物联技术融合模式。华为财务共享服务中心实施的存货账实相符项目实现了站点存货的可视、可盘点、可管理。站点存货账实一致率接近 100%。华为在全球实施的 RFID 物联资产管理方案，已经覆盖 52 个国家、2382 个场地、14 万件固定资产。RFID 标签贴在需要管理的固定资产上，每 5 分钟自动上报一次位置信息，每天更新一次固定资产的使用负荷（或闲置）情况。部署 RFID 后，固定资产盘点从历时数月下降为只需数分钟，大大减少了每年资产盘点、资产巡检的工作量。资产位移信息、资产闲置信息及时更新、共享，使资产管理能够有的放矢。如今华为的账务核算实现了全球 7 × 24 小时循环结账机制，全球 259 家子公司均按照本地会计准则、中国会计准则、国际会计准则的要求，分别出具三种会计准则下的财务报告，还按产品、区域、BG、客户群等维度分别出具责任中心经营报告。这些报告都可以在五天之内高质量输出。

（2）5G、AI、物联网技术与 ERP 技术融合模式。近几年出现的“无人超市”和“无感超市”都实现了没有售货员、收银员和记账员的自动化，整个超市被一套系统所控制，是 5G 和 AI、物联网、体感红外线及互联网移动支付等相结合的结果，店内分布的高清智能识别摄像头，通过 AI 视觉分析随时跟踪进店顾客的购物行为轨迹。超市里的财务工作完全自动化，商品到货后超市采购人员扫描商品二维码办理入库，匹配增值税发票信息，自动录入发票金额和税款，ERP 系统根据入库指令和采购信息自动生成会计凭证。客户选购好商品后，付款时扫描商品二维码，ERP 系统接收到信息后，自动完成支付，自动办理出库，会计凭证自动生成。期末，ERP 根据本月出入库信息，自动出具期末库存明细表，并自动完成实物盘点，系统自动生成会计凭证。财务信息化阶段的 API 和 RPA 技术，智能化阶段的 AI、OCR、NPL、KG 技术，数字化阶段的传感器、RFID 标签、GPS、爬虫等技术的应用是科技会计的显著体现。

会计产生的目的是为利益相关者提供财务状况、经营成果的信息，信息生产和披露的核心能力是“算力”和“算法”，从电算化到工业化、自动化，再到智能化是会计“算力”不断增强的过程，从信息化到数字化是会计“算法”突破性提升的过程。现代财务发展经历的六个阶段都从算力和算法两个方面推动了财务信息的发展。也正是因为“算力”和“算法”的变化，形成了现代会计的特色。财务每一次对现状的改进都是对存在问题的正视，以及对新目标的设定与期盼。现代财务每一次变革也都是技术应用与流程再造共同作用的结果。流程再造伴随着财务组织结构的改革，技术应用使会计信息从关注于过去走向关注于现在和未来，使会计从“过去会计”转向“未来财务”，改变了财务信息的性质，丰富了财务信息的内涵。多种新技术在财务中的应用推动了现代财务从手工会计向智能会计的迈进，从核算会计向管理会计的转型。科技会计的最终结果将是“无人会计，人人财务”，最终会计核算将完全被机器所替代，会计一词将被财务所替代。

二、互联网技术对财务转型的推动

（一）互联网技术的发展

互联网技术是指在计算机技术的基础上开发建立的一种信息技术。互联网技术通过计算机网络的广域网使不同的设备相互连接，加快信息的传输速度和拓宽信息的获取渠道，促进各种不同的应用软件的开发，改变了人们的生活和学习方式。互联网技术的普遍应用，是进入信息社会的标志。

互联网技术的普遍应用，是进入信息社会的标志。不同的人和不同的书上对此有不同解释。但一个基本上大家都同意的观点是，IT 有以下三部分组成：①传感技术，这是人的感觉器官的延伸与拓展，最明显的例子是条码阅读器。②通信技术，这是人的神经系统的延伸与拓展，承担传递信息的功能。③计算机技术，这是人的大脑功能延伸与拓展，承担对信息进行处理的功能。

计算机网络是指将地理位置不同的具有独立功能的多台计算机及其外部设备，通过通信线路连接起来，在网络操作系统，网络管理软件及网络通信协议的管理和协调下，实现资源共享和信息传递的计算机系统。

自从计算机网络出现以后，它的发展速度与应用的广泛程度十分惊人。纵观计算机网络的发展，其大致经历了以下四个阶段：

1. 诞生阶段

20世纪60年代中期之前的第一代计算机网络是以单个计算机为中心的远程联机系统，典型应用是由一台计算机和全美范围内2000多个终端组成的飞机订票系统，终端是一台计算机的外围设备，包括显示器和键盘，无CPU和内存。随着远程终端的增多，在主机前增加了前端机（FEP）。当时，人们把计算机网络定义为“以传输信息为目的而连接起来，实现远程信息处理或进一步达到资源共享的系统”，这样的通信系统已具备网络的雏形。

2. 形成阶段

20世纪60年代中期至70年代的第二代计算机网络是以多个主机通过通信线路互联起来，为用户提供服务，兴起于60年代后期，典型代表是美国国防部高级研究计划局协助开发的ARPANET。主机之间不是直接用线路相连，而是由接口报文处理机（IMP）转接后互联的。IMP和它们之间互联的通信线路一起负责主机间的通信任务，构成了通信子网。通信子网互联的主机负责运行程序，提供资源共享，组成资源子网。这个时期，网络概念为“以能够相互共享资源为目的互联起来的具有独立功能的计算机之集合体”，形成了计算机网络的基本概念。

3. 互联互通阶段

20世纪70年代末至90年代的第三代计算机网络是具有统一的网络体系结构并遵守国际标准的开放式和标准化的网络。ARPANET兴起后，计算机网络发展迅猛，各大计算机公司相继推出自己的网络体系结构及实现这些结构的软硬件产品。由于没有统一的标准，不同厂商的产品之间互联很困难，人们迫切需要一种开放性的标准化实用网络环境，这样应运而生了两种国际通用的最重要的体系结构，即TCP/IP体系结构和国际标准化组织的OSI体系结构。

4. 高速网络技术阶段

20世纪90年代至今的第四代计算机网络，由于局域网技术发展成熟，出现光纤及高速网络技术，整个网络就像一个对用户透明的大的计算机系统，发展为以因特网（Internet）为代表的互联网。

互联网技术的迅猛发展给人们的生活和工作带来了极大的方便，也节约了企业的人力资源、物力资源和财力资源，极大地提高了企业的经营效益和效率。实时审计动态管理是移动互联网经济时代企业财务会计和系统管理的主要技术特征。传统的财务审计会计制度管理模式方法已基本上不能真正适应这一时代经济发展的实际需要，因此，需要不断进行及时的技术改革和制度优化，使传统的财务会计制度管理模式真正体现其会计实用性和管理有效性。

互联网的迅速发展为我国财务会计的不断发展和改革带来了新的动力和发展机遇，推动了我国财务会计的不断更新。然而，移动互联网经济的发展也对我国财务会计的发展提出了新的要求，因此，我国的财务会计需要与时俱进。在移动互联网时代的背景下，不断探索、创新、寻求发展，从而有效地促进了我国财务会计和企业管理的不断进步。互联网技术成为企业财务会计转型升级推动力。

(二) 财务转型的内容

当前经济环境和市场需求瞬息万变，竞争日益激烈，盈利持续下降，产品、服务同质化严重，管理的变革势在必行。在变革时代里，企业需要更好、更快、更有效地响应客户需求，挖掘潜在需要，这不仅对业务部门提出了挑战，也对传统的财务管理产生了巨大的冲击。所谓财务工作转型，也就是说，作为财务工作人员，在日常工作中，随着当前的环境和市场需求，改进其工作方式和方法。具体说来，财务工作转型主要有以下四个方面的内容。

1. 财务会计向管理会计转型

通过建立、完善管理会计系统和财务共享中心，实现战略引领下的业务财务有机融合，推动企业价值提升。财务准确核算出各机构、部门、业务条线、产品、客户等维度的损益状况，并应用于业务发展分析、预测和管控等方面；业务的发展反过来推动财务管理水平提升。

财务会计属于“报账型”会计，侧重会计信息的记录、核算，是跟随企业发展战略而进行的，工作重点主要是面向过去，单纯地提供历史信息和解释信息。

管理会计属于“经营管理型”，侧重财务相关信息的分析、规划，是为企业发展战略提供数据支撑的，工作重点在于面向未来，不仅要反映过去，更侧重于利用历史资料来预测前景、参与决策、规划未来，控制和评价企业的一切经济活动。

管理会计需要运用专业的知识和技能，分析处理决策和计划的改变对企业财务带来的影响，也是现代会计的一个分支，管理会计服务于企业内部经营管理。管理会计相比财务会计所要掌握的知识和技能更多，只有全方面地掌握知识，才能够对企业的决策发展和战略目标作出全面化、高效化的分析并给出意见。

2. 事后核算向全流程管控转型

核算型财务属于事后核算，无法在经济事项发生前、发生过程中加以分析和管控，是不全面、被动式管理。管理决策型财务要求企业从“干了再算”向“算了再干”转变，更加注重事前分析和事中管控，尤其是加强对大额成本开支、重大投资和其他重大事项的全流程管控，避免无效、低效支出。

3. 财务核算向财务管理转型

核算型财务下，财务人员大部分精力浪费在财务核算、报表报送等事务性工作上。管理决策型财务要求充分利用财务工作综合性强、信息汇集量大、渗透面广和管理职能突出等特点，重点做好经营分析、预算管理、绩效考核、管理会计等工作，全面参与企业经营活动，不断提升企业价值。

4. 被动核算向主动管控转型

通过财务预算分解下达、执行监控和绩效考核，合理配置资源，规范和引导业务发展及各项管理工作，并将各部门、下级单位的经营管理行为统一到集团总部要求上来，保证整体效益最大化。

(三) 财务转型的必要性

1. 时代发展需要

中国经济自2014年进入新常态，传统竞争优势变弱，行业产能饱和，粗放的资源驱动型增长已不可持续，中国经济面临整体的转型升级，从注重速度到追求质量和结构，从要素驱动、投资驱动转向创新驱动，时代经济背景要求企业面对新挑战学习新技能，在管理和决策上更加理性，更加注重绩效管理、风险控制和价值创造。而传统的以对外报告为主要目的的财务会计不能胜任复杂的企业的内部决策支持的要求。新信息技术的运用使得传统的财务管理工作发生了极大的变化，且在财务管理工作中，通过合理使用数据技术，不仅可以提升财务数据处理速度，同时也可以获取丰富的数据与信息，满足财务计算与发展等要求。在传统工作模式中，只是单纯进行数据计算与校对，对数据与数据之间的发展趋势分析并不全面，使得信息价值并未得到全面发展。因此在现阶段发展中就要从创新工作模式入手，做好传统财务会计转型与升级工作，在展现技术优势的基础上提升管理效果。2014年11月，财政部《关于全面推进管理会计体系建设的指导意见》正式出台，开启了会计改革与发展的新篇章。该指导意见中提到：未来十年内，会计行业的人才结构将发生根本转变。中低级财务会计人员将被管理会计人才取代，初步预计有60%的普通财务会计将被迫面临失业或转行。

2. 技术发展需要

在大数据背景尚未形成的情况下，财务共享服务在企业中的应用越来越广泛。然而，在大数据背景下，财务数据量突然激增，形成了多样化的格局。对于海量数据，财务共享服务中心不能将所有数据作为数据源，必须从企业财务战略的角度，从海量数据中选择满足需求的数据库。财务共享服务不仅仅局限于企业内部，而且从整个产业链的角度来看也涵盖了整个供应链，使企业之间的边界更加模糊。从机器人技术、云计算、大数据、人工智能到区块链，数字化技术对塑造未来专业人才起到不容小觑的作用。财务职能的数字化转型正在改变财务专业人士的日常角色，一大批普通会计财务人员被更智能、更高效率的设备或机器人所取代。因此。随着现代信息技术的飞速发展，在“大智移物云”等的背景下，会计行业应做好充分准备，迎接信息技术的挑战，主动参与财务共享和信息化建设项目，充分利用会计信息平台等平台，寻求利用大数据和云计算，提高会计能力。这将进一步提高效率，改善服务，促进转型，提升企业的核心价值。

3. 企业发展需要

企业若想在经济形势变动之时快速抓住发展机遇，就需要更加精准的决策支撑、更低风险的发展规划，这样才能“先人一步”掌握主动权，这就要求会计人员必须从财务视角分析企业发展状况，给予意见和建议。而只有管理会计才能从众多财务、经营数据中分析出最有效的结果。因此，管理会计更符合企业发展的需要，代表着行业的未来趋势。

随着集团市场和业务的不断扩大，以及经济全球化的发展，集团的国际化战略越来越明确。分散财务管理模式的效率越来越低，效率越来越低。首先，高成本与低效率之间的矛盾。国际市场的扩大使得集团在世界范围内的机构和相关部门越来越多。各分公司、研发机构和销售部门需要建立完整的财务管理体系。其劳动力成本和硬件设施等方面都是巨大的开支；同时由于机构部门过多，上报到汇总级别的机制导致效率降低，缺乏及时的信息。团队的决策也有着重要的影响。其次，财务信息质量难以保证。一个独立的财务管理系统对于单个实体的财务会计和管理具有很大的优势。然而，对于集团这样一个大型集团来说，分子公司和研发机构等管理方式的过度地方分权不可避免地制约了其发展的重要因素。其主要原因是各分子公司和研发机构的财务管理体制和相应的财务管理体制不同，增加了管理的难度，使其信息的真实性、准确性和完整性极为欠缺。最后，财务信息在决策中的指导作用不能得到有效的保证。除了增加成本和提高财务信息质量之外，分散财务管理还有另一个缺点，即财务信息对部门和企业的发展决策产生了一些影响。由于会计基础工作和财务数据核对工作量大，这将占用大量财务人员的时间。时间上的财务数据整理和分析自然会减少那些不可能成为隐藏信息的隐藏数据，这些信息必然会影响企业的经营决策。

（四）互联网背景下企业财务的特点

1. 会计信息交换网络化

在“互联网＋”时代，信息交换已经取得了巨大的便利。财务人员利用信息技术和互联网的开放性，建立相应的会计信息系统。会计人员可以在信息系统平台上进行会计活动，有效地提高工作效率。

2. 会计信息处理系统化

在“互联网＋”背景下，会计电算化处理会计信息是财务会计最显著的特征之一。随着会计电算化的发展，相关的会计信息被输入计算机，并由计算机技术对其进行处理、分析和处理。采用会计电算化方法不仅可以降低人工成本，而且可以提高会计数据的准确性，从而大大提高财务管理的效率。计算方法相对简单，更有利于财务工作。

3. 会计数据虚拟化

随着计算机技术的发展，企业在日常业务中使用信息系统和网络平台的频率大大增加。企业利用计算机进行数据采集和存储，改变了传统的文本存储方式。这种变化一方面会提高财务会计的效率，另一方面也存在一定的安全风险。因此，提高专业技术人员和会计人员的业务素质至关重要。

三、互联网背景下财务工作的机遇与对策

（一）互联网给企业财务带来的新机遇

1. 促进企业财务会计管理规范化

为方便管理和收集财务资料，加快数据收集和处理会计资料的效率，以及更妥善保存和备份财务会计资料，财务会计资料已由纸本改为电子版。减少了会计信

息的丢失和破坏的可能性以及由于手工计算造成的计算错误，提高了会计信息的准确性和真实性。同时，利用先进的互联网信息技术，不仅可以及时发现和处理相关数据，更有利于数据处理操作的规范化，而且可以加强企业会计行为的规范化。

财务会计与管理会计的分离，是现代市场经济条件下企业财务管理的必然趋势。从职能上看，财务会计工作主要是账务处理，对它的要求是真实客观地反映企业经营状况，并符合各项规章制度的要求；管理会计主要涉及企业理财，即为资金的筹措和运用提供决策依据。在共享服务中心模式下，与决策成功相关性较低、重复度高、工作量大的会计核算工作被集中起来统一处理，使财务会计与管理会计的分离成为可能。

2. 为企业实现财务共享提供可能性

经济全球化以来，企业已不再能够独善其身，在经济全球化这个大熔炉中，所有企业都面临着被淘汰的风险。在企业管理与决策过程中发挥着重要的基础作用。随着会计职能的转变，特别是对于大型企业集团来说，传统的财务会计模式，已逐渐无法满足现代企业管理的需求，如何能够做到微观上点对点，精准地对集团的各项资源进行有效的配置，降低集团的运营成本、提高效益，并通过以分、子公司的财务信息为整个集团的战略决策提供可靠的数据支持，从而使集团在全球经济竞争中站稳脚跟。财务管控模式的升级和转变在这种背景下呼之欲出。

随着我国互联网技术的发展和不断应用，大多数跨国公司和国内大中型企业已经开始逐步采用财务共享模式。企业通过运用专业化、数据化的财务系统和专业技术，理顺和调整财务管理流程，加强财务管理的规范化管理，提高效率，降低成本，提高服务质量，努力避免重复投资和建设中的漏洞，加强合理化、科学化管理，为企业发展带来持续稳定的财务支持。

企业的发展催生财务的转型，20世纪80年代福特公司率先将财务共享的理念付诸实践，创建了全球首个财务共享服务中心。财务共享服务中心的建立将集中核算每个业务部门的会计业务、审批费用和资金支出。它还可以管理和监控整个流程，包括预算、会计和绩效分析。这样，既可以降低成本和风险也可以提高运行效率和效益，相比以往，财务共享服务中心拥有反应速度更快，信息传递率更高，运营成本更低的特点，逐步成为一种新的管理模式。

在20世纪末，财务共享服务中心的理念开始传播到中国，2005年，著名的综合通信解决方案提供商中兴通讯开创了我国财务共享服务中心建设的先河，随后四川长虹、青岛海尔等公司先后效仿，建立了各自的财务共享服务中心。如今，财务共享服务中心已成为现代企业发展的趋势——经济全球化和业务整合的结果。

在中国，随着经济的快速扩张以及理论的良好发展，使得共享服务管理模式慢慢地渗透到了大型公司治理层的管理理念里，无论是跨国公司还是中国本地公司，都在积极建立财务共享服务中心，以增强企业的整体实力，更好地为业务发展提供后台服务支撑，这些公司大部分集中在通信制造、医疗服务、交通运输及金融业，包括华为、海尔、中兴、万科等大型综合企业。但同国外的发展状况相比，我国的财务共享服务中心从数量和质量上来看都差距较大，国家政策也对其建设持支持态度，对财务共享管理模式的研究是难点也是热点。

自2005年在中国企业建立首个财务共享服务中心开始，财务共享服务中心就进入爆发式的增长阶段，呈现出加速发展的趋势。然而，财务共享服务中心的建设是一项系统工程，财务共享服务模式在为企业带来机遇的同时，也给企业财务管理提出了新的问题和挑战。2013年以来，财政部以及国资委陆续出台相关政策，支持大型企业和集团公司建立财务共享服务中心，同时出于企业自身财务转型以及加强管控的需求，更多的中国企业期望能够通过建立财务共享服务中心来实现企业价值增长。财政部《企业会计信息化工作规范》中指出，有能力的企业应该主动进行尝试建立财务共享服务中心，更好地推进财务信息化建设。

随着信息技术的快速发展，大数据的思想也注入财务共享服务中心建设之中，越来越多的企业追求在大数据背景下将财务与业务进行整合，充分利于信息化和大数据为企业经营、抉择提供更多支撑，在大数据背景下，如何将财务共享服务中心与时代发展、业务发展结合，更好地实现业财融合，助力企业经营决策，是当前学术研究和实践的焦点之一。财务共享作为“互联网+财务”的切入点，将成为未来企业业、财、税一体化建设的有力推手。

另外，在共享服务中心模式下，对财务人员的要求不再像从前那样全面。没有共享服务中心之前，各地分公司都设有自己的财务部门，在控制成本的前提下，要求每个财务人员都熟悉整套财务系统，能独立完成所有的账目处理。但在共享服务中心的财务中心，每个财务人员只需完成整个账目处理中的一个或某几个环节。比如应收账款一项，对中国、日本、韩国的分公司都是同样的业务内容，一个财务人员就不需要做一个国家的全套账目处理，而只是需要处理某几个国家的同一个账目处理环节。这就如同工业化的流水线，降低了对每个流水线上员工的要求，即使是刚毕业的大学生，也能胜任。在大量节省人力资源及人力成本的同时，还保证了操作的准确性和可靠性，并且明确了各人的责任，有助于员工的绩效考核。

通过实施财务共享，能够为企业财务转型升级打下良好的数据基础、管理基础和组织基础。同时，有助于财务管理模式的转变，逐步形成一个完整的三层级的财务管理模式：面控制管理的战略财务、全价值链财务管理支持的业务财务，交易处理为主的财务模式。

（二）互联网给企业财务带来的新问题

1. 财务会计信息的安全性问题

在互联网大数据时代的背景下，企业会计信息丢失和破坏的可能性大大降低，但由于系统网络的流动性较大，存在着许多不可预见的安全问题，例如黑客和病毒侵权等问题。通常由于硬件条件差，信息安全性最终很低。公司的财务信息对企业至关重要。一旦发生泄漏，将不利于企业的经营活动和可持续发展。

因此，应更加重视会计信息的真实性和安全性，以确保会计信息的安全性。在此背景下，对企业财务会计提出了更高的要求，不仅要求企业掌握基本的财务知识和会计知识，而且还要确保属于公司机密信息的企业财务信息的机密性。因此，必须加强财务信息的安全性。会计中涉及公司财务和其他业务的部分，必须是属于企业的国家秘密会计内容，要求严格保密。面对一个开放的互联网平台，各种信息的传播速度相当快。这种情况对金融信息的安全提出了一定的挑战。

2. 信息的真实性和完整性问题

在互联网背景下，财务信息的真实性和完整性受到了一定的挑战。在传统企业中，会计人员大多采用手写的方式记录财务数据，这种情况很少发生。即使它出现了，也更容易找到。财务会计相关信息的数据真实性仍能及时得到有效保证。在互联网时代背景下，所有财会信息的数据存储和信息传输必须完全依靠移动互联网和现代计算机信息技术。篡改信息和窃取信息相对简单，而且难以追踪。这正是网络环境下财务会计管理面临的最大挑战。在网络环境下，许多财务信息是通过网络媒体收集和处理的，但仍然是人工操作的。互联网是开放的，仍然为篡改或窃取数据提供空间。如果操作员技术熟练，就很难找到。同时，也会增加审计工作的难度。网络的动态性和开放性使大量证据具有欺诈性，从而难以确认金融信息的真实性、准确性和完整性。

3. 财务会计与财务管理的脱节

随着我国经济的快速发展和财务会计管理的不断发展，财务理论体系日趋成熟。财务管理应与企业的发展和市场经济的发展相结合。目前，网络信息技术对企业的发展产生了全方位的影响，包括财务会计管理模式。许多企业没有充分考虑企业内部发展模式与市场经济可行性、财务管理理论体系与实践之间的关系，致使理论与实践脱节，理论不能适应实际发展的要求，财务管理难以发挥其最大作用。

(三) 互联网背景下的企业财务策略

1. 建立健全互联网下财务法规制度

建立健全利用互联网管理财务会计信息的相关法律法规。有关主管部门必须严格规范我国互联网企业的财务会计行业，建立完善的相关法律法规体系，才能真正有效地保障我国互联网企业财务会计的健康有序发展。网络背景下企业财务会计相关法律的制定和完善，不仅要充分结合我国网络企业财务会计发展的实际情况，还要研究国外网络企业财务会计的相关法律法规，借鉴国外的管理经验，进行科学的综合分析，建立系统的网络企业财务会计法律信息系统管理的相关法律法规体系，使现行网络企业财务会计信息管理有一定的可靠性，规范网络企业财务会计信息管理。对于网络企业财务的具体应用，会计软件信息应当是独立的，软件的使用不需要经过有关财务机关的严格审查。此外，我们必须保证使用所有网络企业财务会计相关信息的安全性。继续加强基于网络企业财务会计管理软件的安全保障体系的研究与开发。

2. 加强会计信息的安全性和保密性

企业的财务信息关系到企业生存，一旦泄露，将严重阻碍企业发展。要加强会计信息的安全性，一方面要改进会计信息的存储，可以采用最先进的安全数字签名和加密技术。另一方面，要提高会计信息的软硬件质量，使用功能强大、系统完善、质量高的软件，提高会计信息的安全性和保密性。

建立操作人员的访问控制和权限管理制度。对于信息系统的控制首先要从管理内部人员做起，对有权限接触信息系统核心内容的人员进行严格管理；在加密的信息系统中，对知晓密码的人进行严格审核，并适时更换密码；在信息系统之外，对于安装设置信息系统的机房类似的设施要实施全天候不间断地监控，确保信息系统的安全，针对信息系统建立严格的操作流程制度、定期维护制度。建立适应网络系统的安全控制体系及相应的内部控制。

3. 加强对财务会计信息的网络管控

互联网的主要特征是：共享性、开放性和动态性。在信息流动过程中，会计数据编辑、窃取相对容易，但不易被发现。因此，企业应加强会计信息安全。公司可明确划分财务人员的职责，例如设立专责人员负责财务资料的输入和输出，以及设立专责人员监督和控制，以加强财务资料的真实性、准确性和保安管理。面对信息泄露，应更加注意加强信息安全控制，例如使用更复杂的科学密码、更先进的密码和密钥、保持权威的相对集中，以及多层次、多方向的保障。同时，要加强对财务信息的监控和处理，努力避免信息失真问题，保持经常发生的问题，及时解决问题。同时要加强防病毒控制，把防病毒控制工作当成一项日常性工作来做，从制度层面入手，建立全面完善的规章制度，并且在日常工作中加以严格执行。此外在日常工作和对系统的升级改造中，要采取专业手段进行常规性查杀病毒工作，对网络服务器系统安装专业设备进行安全监控，做好日常巡检工作，利用杀毒软件对财务软件进行清理优化提高软件的自身防毒水平。

4. 加强对财务会计信息的实时监督

财务会计管理之所以非常重要，是因为它是促进企业持续发展的重要核心，财务信息具有较强的保密性，企业必须加强对财务会计信息的实时监督。企业里有很多财务部门，财务会计人员应与其他业务部门分开，严禁其他业务部门的人员直接涉及财务部门，防止财务会计报告信息的泄露。企业还应及时派出专人对从事财务会计的各部门人员进行实时监督，不定期核对企业账目，及时核对企业电子财务报表，以保证企业财务申报信息的会计真实性和会计可靠性。此外，在互联网发展的背景下，我们必须继续加强财务会计相关信息的安全管理。计算机用户必须正确设置运行和控制管理系统的用户权限。如果需要查看财务会计信息，必须同时验证用户密码和用户认证。这样可以有效地防止财务及会计资料被恶意盗窃或篡改。一些大型企业已经能够在财务部门的信息管理系统中使用客户签名加密技术和会计数据实时加密技术，从而能够实时监控会计系统的日常运行和管理24小时。可以及时发现异常情况，或者在客户信息被盗后人为地将犯罪嫌疑人迅速准确锁定，加强对客户财务会计的安全监督。这样，一旦系统中出现异常，就能及时、迅速地被发现，或者犯罪嫌疑人人为地盗取客户信息后能够迅速、准确地锁定，从而加强对客户财务会计的安全监管。

5. 提高对财务会计信息的管理水平

财务会计部门的科学管理水平直接影响着企业的健康发展，因此，为了真正提高网络时代财务会计部门财务管理的科学水平，有必要根据当今网络时代财务会计的不同特点，制定一套科学的企业财务管理规章制度，提高会计信息的真实性和完整性。这样才能有效地保证网络环境下财务会计企业管理系统的科学可行性和实用性。实现对网络企业财务会计的有效监督和管理，仅仅依靠规章制度的监管是不够的。建立完善制度监管的长效机制，确保网络企业财务会计有效管理的规章制度得以贯彻落实。采用先进、科学的企业财务会计信息管理服务方法，可以大大提高企业财务会计信息管理的服务质量。

6. 应用财务共享服务

财务共享服务经过30多年的实践发展，被国内外众多大型集团企业成功运用，为大型企业集团提升财务工作的价值作出了重要贡献。

随着移动设备的发展，移动终端与财务共享服务中心的融合，也是未来的一个趋势。将报销系统等集成到手机应用中，通过手机端发起报销申请并拍照上传原始单据，实现移动办公、移动审批等功能。云计算也是未来的发展趋势，云计算可以在云端处理和分析大量业务数据并整理出有助于决策的信息。将财务共享服务中心与云计算融合，通过云端实现财务工作集中到共享中心办理，实现集团企业的规模效应。大数据的发展和应用是一个时代的改革和发展，大数据的数据分析能力更强，数据分析范围更广，分析结果更精准。财务共享服务中心与大数据的融合可以使财务工作更加专业精准，使财务共享服务中心承担集团的财务数据处理职能。在技术日新月异的新时代，财务共享服务中心也面临着新的挑战，移动终端、云计算和大数据等新技术必然会驱动财务共享服务中心进行新一轮的变革。

四、信息技术对传统财务共享服务的影响

现代信息技术主要包含“大智移云”，即大数据技术、人工智能技术、移动互联网技术和云计算技术的总称。大智移云时代的到来给传统的财务共享服务带来了不小的冲击，大智移云背景下的财务共享服务是一种新型的财务管理模式，主要利用大数据、人工智能、移动互联网和云计算等信息技术来提高企业的管控能力、业务处理效率和客户满意度。无疑，信息技术给传统财务共享服务带来了巨大的冲击和影响。

信息技术是组织变革的根本动因，它将改变组织形态和管理工作本质，也是

推动财务共享服务转型的重要支撑。

数字技术驱动了财务共享服务数字化转型。财务是企业的数据中心，而财务共享服务中心具备通过自身的运营管理协助企业快速构建大数据的处理能力，为建立企业大数据中心奠定基础。

(一) 信息技术改变了财务共享服务的背景

信息技术是组织变革的根本动因，它将改变组织形态和管理工作本质。信息技术环境的重大变化，颠覆了我们对于传统财务、传统企业管理的认知，给过去的不可能提供了可能。随着企业所处的阶段、周围的环境变化，财务共享服务进行转型成为必然。

目前，大数据、云计算、人工智能、区块链和物联网等数字技术正颠覆传统行业，而财务共享服务中心的业务特征又天然具有应用这些数字技术的条件。因此，数据的采集、加工，提升客户体验等就成为财务共享服务中心应用这些数字技术的突破点。可以看到，它们是实现财务共享服务数字化转型的技术支撑，是推动财务共享服务数字化转型的主要技术驱动力。

数字技术被广泛使用并由此带来了整个经济环境和经济活动的根本变化，数字经济的发展势不可挡。2019 年，我国的数字经济发展对 GDP 增长的贡献率为 67.7%，创造了大于 2 亿个就业岗位。技术决定企业的发展，管理者需要加强自身企业的技术应用能力，密切关注外部信息技术资源的快速迭代，才能适应信息技术冲击下的外部环境。

1. 大数据背景

应用大数据技术能够拓展财务视野，挖掘数据价值。大数据的应用主要体现在两个方面：

(1) 大数据拓展了财务视野。数据容量大、数据类型多样化是大数据的两个典型特征。数据容量大意味着大数据拥有普通计算机、传统常规软件无法应对的数据量级；多样化意味着数据类型较丰富，除了能在表格或数据库中处理的结构化数据，还包括非结构化数据和半结构化数据。从这两个特征可见，财务目前所涵盖的数据很难称得上大数据。原因在于：一是在企业内部，数据并没有达到大数据的量级；二是财务所处理的经营数据、会计分录等数据仅是结构化数据。对财务管理工作而言，大数据技术的出现，真正扩大了财务的视野，使财务获得的数据类型从财务向业务、结构化向非结构化、内部向外部三个方向扩展。以前财务所能管控的数据主要是面向企业内部的系统进行集成，更多管理的是企业内部数据。未来数据的汇总核算可基于交易进行明细核算，实现真正的精细化。随着数据的边界越来越模糊，企业可以将产业链端的能力释放出来，收集产业链上下游的数据，并接入社会级、行业级数据，帮助企业从全产业、全行业视角评价企业经营行为。

(2) 大数据使财务运用数据的能力增强。大数据的另外两个特征是时效性与价值性。大数据往往通过数据流的形式动态、快速地产生，具有很强的时效性，用户只有把握好对数据流的掌控才能有效利用这些数据，这就需要不断地缩短处理和分析数据的时间。同时，大数据可基于数据之间的相关关系预测未来趋势，因而具有比一般分析更高的商业价值。对大数据的分析和挖掘将为企业提供预测性信息，使会计工作从反映过去逐渐向预测未来发展。财务共享服务中心还可以利用大数据来加强企业自身的运营管理，通过数据分析来发现管理改进的机会，帮助业务部门挖掘管理信息。基于相关性的发掘能力使传统的财务分析得以扩展，发现更多影响经营结果的关键因素，并使得财务人员有机会对这些关键因素的影响程度进行识别，通过干预影响关键因素，达到改善经营绩效的效果。总的来说，大数据技术从数据来源、处理、分析和输出等方面，从更大、更广和更深的角度影响企业会计数据管理，进而改变企业经营决策环境。大数据技术将为财务共享服务中心提供强大的数据基础和数据处理能力，助力财务共享服务向企业大数据中心和数据中台转变。

2. 云计算背景

云计算并不是一项新技术，它已经经历了电厂模型阶段、效用计算阶段、网格计算阶段，并最终走向成熟。云计算与其说是一种计算，不如说是一种服务模型。云计算具有规模大、处理能力强、可扩展性高的特点。此外，云计算是将建立在廉价节点上的强大计算能力结合起来的完美系统。

由于业务需求，跨企业的组织结构服务非常普遍，云计算服务可以很容易地实时共享远程信息。企业只需通过互联网获取资源和服务，大大缩短了部门之间的空间距离。随着业务规模的扩大和数据积累量的增加，数据的存储和分析也变得非常重要，云计算服务可以很好地解决这一问题。云计算服务是一种租赁模式，较好地解决了企业规模和需求的迅速变化这一问题，可以随时随地满足客户不断变化的硬件和架构需求，减少用户硬件投资和专业技术人员的维护成本。

应用云计算技术能够搭建财务云平台，提升数据算力。美国国家标准与技术研究院认为，云计算通过可用、便捷、按需的网络访问，快速提供网络、服务器、存储、应用软件和服务等共享的计算资源。基于提供服务的类型，可以将云计算分为三种类型：①基础设施即服务（IaaS），即由云服务供应商通过网络，为企业提供需要进行高额投资的网络基础设施服务；②平台即服务（PaaS），即利用互联网构建的应用程序和服务平台，为企业开发、测试和管理软件提供环境；③软件即服务（SaaS），即企业直接使用开发商提供的软件服务。云计算资源共享、按需取用、动态调配和实时响应，有助于财务共享服务中心信息系统架构能力以及对数据处理能力的提升。

在信息系统架构能力上，一方面，财务共享服务中心可以将作业系统或终端架构在IaaS模式下，直接将应用系统和数据库部署在云服务提供商上；另一方面，财务共享服务中心亦可以作为SaaS模式产品的直接使用者，租用第三方的云服务产品，将自身的作业平台建立在云服务产品上。这些都可以通过按需租用云计算资源的方式，实现轻资本运营并灵活增减算力资源，减少信息化的开发和维护成本，助力财务转型。财务共享服务中心“上云”可以降低企业信息化建设的成本，并且在与企业内部各信息系统平台的连接中实现信息流、审批流和票据流三流合一，并为外部系统对接提供了可能。财务共享服务中心通过云化方式打破物理“围墙”，实现从员工费用报销到应收应付管理、资金管理、资产管理和合同管理端对端的全连接，形成业务连接和数据汇集的平台，推动业财资税一体化。

3. 人工智能背景

应用人工智能技术能够提高自动化能力，催生智能财务。埃森哲咨询公司将人工智能背后广泛的技术视为一套能力框架，包括感知能力、理解能力、行动能力和学习能力，并根据工作和数据的复杂性，将人工智能的潜在应用分为自动化和提升能力两个主要方向。其中，越是常规、可预测和基于规则的工作，而且只需处理少量稳定的结构化数据时，人工智能的应用越倾向于自动化；工作的临时性越大、判断性和不可预测性越强，数据越倾向于大量、易变化且非结构化时，人工智能的应用越倾向于对能力的提升。

（1）实现会计工作的自动化作业。财务共享服务中心将企业重复性高、业务量大、标准化程度高的财务业务进行集中处理，符合常规、可预测和基于规则的工作条件以及少量、稳定和结构化的数据条件，可以通过部署机器人流程自动化（RPA）的形式，实现常规业务活动的自动化作业。

（2）在自动化的基础上，利用机器学习技术发挥人工智能作用。机器学习是赋予人工智能此类能力的技术核心，已经实现的前瞻性判断预测系统、解读语音和文本的自然语言处理系统、识别视觉内容的机器视觉技术等都依托于机器学习技术。机器学习通过模型和算法的应用，可以在复杂的变化当中学习和适应，以保持对规则判断的一致性，只有当自动化程序具备了学习与判断的能力，才能被称为一定程度的智能。将该思路应用于财务共享服务中心作业中，传统财务共享服务中心审核人员的思考过程就可以通过规则引擎转换为机器规则，嵌入计算机系统处理程序。再结合电子发票、电子档案、电子签名、光学字符识别（OCR）等技术，由机器替代人工审核，审核通过后由会计引擎根据业务类型、单据及单据要素信息完成全自动的记账核算，实现会计核算流程的自动化、智能化。这样所构建的财务共享服务中心会进一步减少大量低附加值的报账、审核、结算环节，为业务财务和战略财务作用的发挥提供可能。若将人工智能技术与云计算、大数据相结合，还可以发挥模型和算法在数据处理方面的功能。此时，若要通过人工智能技术提高财务管理的工作能力，前提是提高财务共享服务中心在获取数据、处理数据方面的能力，同时基于不同业务设计出合适的应用场景，进而发掘出数据价值，在财务共享服务数字化转型的基础上向智能财务迈进。

4. 区块链背景

应用区块链技术能够建立信任机制，促进模式创新。区块链具有去中心化和不可篡改的特点，并对智能合约功能进行重新定义，能为企业的数字化转型提供技术条件。首先，去中心化体现在区块链采用纯数学的方法建立分布式节点间的信任关系，形成去中心化的可信分布式系统，产生交易、验证交易、记录交易信息等活动，这些均是基于分布式网络完成的，是彻底的去中心化。其次，特殊的加密技术保证了区块链的安全性，想要篡改区块链中的数据只是在理论上可行，但所花费的电力、设备等成本并不符合成本效益原则。另外，智能合约作为一种嵌入式程序化合约，可以内置在任何区块链数据、交易、有形或无形资产上，形成可编程控制的软件所定义的系统、市场和资产。这些特征不仅为企业提供了去中心化的交易模式与数据安全保障，还为自动化业务提供了解决方案。区块链在财务共享服务中心的应用，主要体现在分布式记账带来的数据安全性和通过智能合约实现自动化处理两个方面。一方面，区块链提供了在公共区域保存分布式账本系统的机制，并通过“哈希值”来保证电子档案的完整性，且具备可追溯性。它将个体记录串联成一个网络，重新构建信任机制和价值网络，这将极大地颠覆现有的财务管理和共享服务模式。作为一种去中心化的共识记账模式，它的价值在于能够大幅提升交易信息记录的安全性和可靠性。在区块链模式下，信息在多个账簿中被同步重复链式记录，这种记录方式不易被篡改，可信度得到保障，从而解决了交易或信息传递过程中的信任问题，降低了信任成本。财务共享服务在引入分布式记账的形式后，任何生成会计信息的参与者和信息的外部使用者都可以获得指定区块的全部信息，并嵌套进下一步，从而从技术上确保会计信息的真实性和完整性。另一方面，区块链的智能合约同样可以实现交易的自动化处理，进一步确保交易的可靠性。一旦满足了事前定好的条件，将会自动触发交易，执行约定的合同条款并满足上述记账条件。在不需要交易双方进行文字确认的情况下，基于区块链的智能合约将大大减少业务的交易成本，提高财务共享服务中心运作的效率。此外，区块链去中心化、不可篡改的特征也促进了财务领域工作模式的创新。在实际应用中，海尔集团的财务团队运用区块链技术，建立了自己的结算体系——“票联网”。海尔集团基于结算业务，整合税票、资产、费用、收付、往来平台等内部资源，并链接税务和法务等外部资源，有效并联供应商、客户、资源方以及相关的信息化平台，最终形成一种内外部协同的基于区块链的结算生态。票联网不仅实现了结算效率的提升和成本的降低，更将众多利益相关方通过技术手段进行并联，打破了企业的组织边界，实现了各方数据的安全共享和有效交易，有助于实现企业各方的共赢与价值增值。可见，区块链技术还将助力财务组织的功能性转型，形成开放的财务生态圈。

5. 物联网背景

应用物联网技术能够获取多维度数据，推动万物互联。物联网可以实现物与物、物与人的广泛连接，实现对物品和过程的智能化感知、识别和管理，因此成为大数据的“源泉”。物联网的深度应用加速了大数据的形成，开创更多万物互联的场景并产生海量数据，推动大数据时代的到来，进而为人工智能的深度发展创造条件。物联网的技术架构主要由感知层、网络层和应用层构成。其中，感知层通过射频识别（RFID）、传感器等数据采集技术或感知终端，对物体进行识别和数据采集；网络层通过接入设备与互联网、云计算平台等连接，迅速、准确、安全地传递和处理在感知层获取的信息；而应用层则利用经过分析处理的信息，为用户提供特定服务。

（1）在技术上，物联网可以通过感知层的数据采集功能，帮助财务共享服务中心前端实现业务数据化，并确保会计信息的真实性和完整性。从采购到入库、生产、物流、销售等所有环节中，可以通过在原材料、设备、产品等资产中嵌入

RFID 电子标签，利用感应设备或手持读写设备自动识别该物体的信息并将其录入相关的数据库中。根本不需要人工进行数据录入，而是仅仅通过技术就可以保证数据的真实性。同时，物联网多维度的传感技术满足了多种类型结构数据的要求，进而有助于推动财务共享服务中心向大数据中心的转变。在迅速、可靠地获取大量数据的基础上，财务共享服务中心可以借助物联网技术实现对生产成本、销售成本以及资产状况的管理，提高财务共享服务中心业务财务一体化水平。

(2) 在理念上，物联网在 IT 行业又叫“泛互联”，意指物物相连、万物互联。因此，物联网是连接思维在新技术条件下更高级的体现。在物联网时代，广泛的连接使用户的需求从产品延伸到服务，并衍生出基于场景的社群经济，这对传统的组织维度、产品维度和用户维度都形成了较大挑战。

(二) 大数据对传统财务共享服务的影响

1. 财务信息呈现出“大数据”特点

大数据时代下，财务信息随着企业经营范围和规模的扩大正逐渐呈现出“大数据”的特点：规模性（Volume）、快速性（Velocity）和多样性（Variety）。第一，财务信息迅速膨胀。全球数据总量 2013 年为 1.8ZB（即 1.8 万亿 GB），而 2020 年增长了 30 倍，达到 35ZB。由此可见，大数据时代下全球数据总量庞大且增长速度快。随着企业经营范围的逐渐扩大，与之相关的财务信息也大量增加，而大多数企业的财务处理效率远赶不上业务活动的发生速度，长此以往造成了财务工作的大量积压，从而无法为企业的经营决策及时提供财务数据支持。第二，财务信息形式具有多样性。大数据时代下数据形式种类丰富，传统的数据形式主要以文本、数字为主，而新型的数据形式则包括网页、社交媒体、感知数据等形式。财务信息往往会随着企业的经营发展而逐渐增加，而多数企业目前的财务信息系统能将财务信息转化为数字化语言的程度有限，仍然需要财务人员从大量的纸质资料中提取财务信息，而大数据时代的到来能帮助企业将合同、发票等纸质资料进行“数据化”处理，从而加快财务信息在企业内部的传递。

2. 信息的种类和格式多样化

企业信息包括财务信息和非财务信息两大类。财务信息主要以货币为计量单位，对经济交易或事项进行确认、计量、记录和报告，并提供有关会计主体的财务状况、经营成果以及现金流量等信息。非财务信息则是指与企业的生产经营活动相关的以非财务数据形式呈现的各种信息，比如战略目标、顾客满意度等。

企业应当结合考虑财务信息和非财务信息，并在此基础上做出生产经营决策或投融资决策，从而降低企业运营风险。但是非财务信息由于可比性较差、记录成本高等原因其作用没有得到充分的发挥，目前企业的资源配置和合同治理仍主要以财务信息为基础。大数据时代下，大数据计量成本的大幅下降使得大量非财务信息更多地被记录和存储，提升了企业的管理能力，为企业创造更多的价值。

随着信息使用者需求的增多，传统的结构化数据已经不能满足要求，而大数据时代的另一象征是非结构化数据的普遍运用。大数据时代下，数据信息来源渠道广泛，包括社交网络、网络点击、电子商务等。大数据带来的除结构化数据以外，更多的是非结构化数据，比如微博、邮件、音频、视频、文本等。

在大数据时代下，数据间最重要的关系是相关关系而非因果关系，而企业可以利用大数据技术对结构化数据和非结构化数据进行定量分析，发现数据间的相关性，由此确定业务的发展方向。

3. 财务职能由价值保值转变为价值创造

传统财务共享服务的财务职能主要是价值保值，包括会计核算、应收应付管理、税务管理、资金结算、报表编制等基础会计工作。大数据时代到来后，财务共享中心由原来的费用中心、报账中心、结算中心逐渐发展成为数据中心，为企业各项决策提供数据支持。“1 秒定律”对大数据的处理速度提出了要求，该定律认为若不能在秒级时间范围内得出数据分析的结果，就会因时间太长而丧失价值。在市场机遇转瞬即逝的经济环境下，短时间内获取完整、准确的财务信息的能力是企业正确做出经营决策的前提。大数据时代下，企业能否科学、高效地利用财务数据，通过数据透视把控财务状况和经营风险，对企业未来的经营发展至关重要。大数据技术可以帮助财务共享中心对大量碎片化数据进行收集、整理、分析、报告等，以满足企业财务决策、经营决策、战略决策等需要，并对传统的盈利分析、绩效分析、预算分析等财务分析工作进行变革，使财务共享中心在行使传统财务会计职能的基础上能够充分发挥管理会计职能，帮助企业实现价值创造。

(三) 人工智能对传统财务共享服务的影响

1. 收集、处理与分析数据的自动化

人工智能是一种通过计算机来模拟人类的思维过程和智能行为的学科，其具备感知能力、学习能力和行为能力，可以广泛地运用在诸多领域。在财务管理领域，人工智能可以自主选择会计核算要素、自动整理分析数据、自动识别成本费

用的合理性等，即自动化处理目前财务共享中心的主要工作。

人工智能是一种虚拟的计算机系统，不受地域限制，各分支机构可以通过采用人工智能来简化其财务人员的工作。人工智能能够自动识别并收集非结构化、半结构化和结构化数据，实时处理和共享财务数据，企业基于对信息和数据的分析做出正确的经营决策和预测，从而把握住商机。相较于传统的经营预测方法而言，基于人工智能的财务管理可以全方位地收集相关信息，并多层次、多角度地分析和预测与企业经营相关的数据指标，使财务工作由传统的数据记录转向数据处理分析。随着人工智能技术的发展和应用，财务共享服务将不仅仅局限于简单的数据保真和集中核算工作，还将全面支持企业的战略规划、资源配置、资本运营、税务筹划、风险管控等，最终实现价值创造。

2. 业财融合成为必然趋势

传统的财务管理由于技术和业务模式的局限导致了企业的财务与业务交易分离。财务共享中心虽能对财务工作进行集中化处理，提高了企业的财务处理效率，但本质上并未消除不增值的作业环节，因而不能实现企业价值的最大化。

企业财务管理只有实现与业务交易的良好衔接才能及时、准确地将生产经营中的市场变化、成本费用等信息传递给财务部门，充分发挥财务管理的价值分析和控制职能。因此，建立业财融合的财务共享平台将成为企业的未来选择。企业应充分利用人工智能、互联网、云计算等技术构建智能财务共享服务平台。企业可以在智能财务共享平台的基础上搭建云端企业商城，借助电商平台与上游供应商和下游客户进行协商和沟通，利用电子化发票连通经营数据和税务数据之间的联系，实现流程的自动化、交易的透明化和数据的真实化，帮助企业回归以交易管理为核心的运营本质。

（四）互联网对传统财务共享服务的影响

1. 打破共享服务的时间、地域限制

随着移动互联网技术的发展和应用，越来越多的企业利用移动互联网来建设和完善自身的财务共享中心，使得某些共享服务可以突破时间和地域的限制，从而提高了财务共享中心的运营效率和服务水平。

一些企业早在 2G 时代就曾尝试通过手机短信、彩信和 WAP 访问等方式实现移动审批，然而受限于当时的网络条件，能够交互的信息量较少，只能进行一些简单的移动审批。随着网络条件的改善和 APP 的广泛应用，能通过财务共享服务中心实现移动审批的业务种类将日益丰富。企业可以根据自身的业务情况设计研发一款专用 APP，员工在 APP 上提交业务申请，APP 则会自动提醒领导及时审批业务申请，这样 APP 可以帮助领导实现随时、随地审批，员工也不用为了领导的审批签字而奔波，节约的时间和精力可以使员工更加专注地投入到企业其他更有价值的活动当中。移动互联网同时结合了移动通信技术和互联网平台的优势，促进了信息的传递和共享，能够帮助企业以较低的成本实现生产、运营、管理的移动化。

2. 运营管理移动化

财务共享服务可以利用移动互联网技术将其运营管理体系设置在移动端。在目标管理方面，员工可以在其移动端随时随地查阅财务共享中心的目标，并开设论坛供管理层和员工讨论交流，帮助员工明确财务共享中心需要改善的领域。在绩效管理方面，注重企业目标和员工目标的协同，使企业和员工同步成长，财务共享中心负责处理员工的考勤、请假、出差、报工等，并将这些作为绩效考核的部分依据，员工能通过手机、平板等移动端查看自身绩效的考核结果。在人员管理方面，企业可以通过移动端对员工进行在线培训和在线测评，定期了解财务共享中心员工的学习情况和知识水平。在服务管理方面，财务共享外包服务逐渐打开市场，比如中兴通讯集团就以其丰富的经验为中国电信国际公司建立其财务共享中心提供方案咨询。长虹集团于 2008 年建立财务共享中心之后也为泸州老窖提供了建设财务共享中心的外部咨询服务。财务共享的外包服务帮助了众多的中小企业建立财务共享中心，促进了我国财务共享服务的发展。

3. 费用管理移动化

移动互联网的发展为企业财务共享中心建立费控系统和商旅系统提供了技术支持，使得报销管理和商旅管理变得移动化、智能化，有效地解决了员工商旅报账难且慢的问题，费用管理移动化将是财务共享服务的未来发展趋势。

市场上目前存在多种费用报销系统，企业可以选择外购也可以选择自行构建商旅费用报销系统。企业员工可以将商旅费用报销系统 APP 下载在手机等移动端，用工号登录 APP，完善个人信息，根据业务情况设置常用的费用类型、语言、币种等。员工可以在 APP 上提前申请机票、酒店等差旅费，并及时上传账单、原始票据等凭证，部门领导可随时随地在 APP 上进行商旅管理和审批，财务人员也可根据上传的费用报销凭证等及时入账，实现商旅费用报销的即报即得。此外，商旅费用报销系统 APP 也能方便企业管理层监控业务费用从发生到最终报销的全过程，提高交易流程和费用报销的可视化、透明化。

(五) 云计算对传统财务共享服务的影响

1. 系统建设“云化”

财务共享中心利用移动互联网技术和云计算技术能够为客户提供“5A”服务，即任意客户（Anyone）、任意时间（Anytime）、任意地点（Anywhere）、任意财务信息（Anything）以及任意设备（Anydevice）。

客户即使在不知道财务共享中心地点和不清楚财务云业务处理流程的情况下，也可根据需要在移动端发起申请，财务共享中心根据申请内容为客户提供所需信息。故而大智移云背景下企业的财务共享服务将变得更加“云化”。

财务云是财务共享服务利用大数据技术、人工智能技术、移动互联网技术和云计算技术发展出来的产物。财务云将企业的财务共享服务平台与企业信息系统进行整合，使之成为企业信息系统的组成部分之一，并将各分子公司的 ERP 系统和财务共享中心迁移至云端，通过云平台共享企业之间的信息。

2. 组织架构“云化”

财务共享中心的组织架构随着云计算技术的发展逐渐演化为云端和客户端两个部分，且分别包含了不同的层次。云端的云计算服务器包含了网络服务层、数据管理层、应用支撑层和应用层四个层次。其中网络服务层向客户提供邮件、网址、认证等服务；数据管理层将数据分为元数据、基础数据、业务数据和决策数据四类并根据数据类别进行存储；应用支撑层为企业财务共享中心的统计分析、网站管理、权限管理等提供支持；应用层主要负责报账管理、集中核算管理、集中支付管理和影响管理。

客户端主要提供给客户使用，客户无须掌握财务共享中心的地理位置和运作流程，只需要一台笔记本电脑或一部手机或一部平板等移动设备便可向财务共享中心发送自己的需求，而财务共享中心则通过云端服务满足客户的需求。

3. 运作流程“云化”

财务共享中心的员工按照“云”的思维通过信息系统将业务数据传至云端，充分发挥云端的云存储功能，并从待审核的原始凭据中提取会计要素自动进行审核和生成凭证，进行账务处理并最终输出财务报表。以云计算技术为支撑的财务共享服务有三大主要运作流程，即云采集、云处理和云产品。

（1）云采集。财务云通过及时采集经济业务发生时的各类数据信息以反映经济业务的实质。财务云通过先进的信息技术将数据信息传至到云端，财务共享中心的员工将云端上的数据信息以经济业务类型为标准进行分类、提取和审核，对其进行流程化、标准化的账务处理，经过处理的数据信息也传至云端存储，方便后续的数据分析和数据挖掘等。

（2）云处理。云处理涉及将企业的业务数据进行筛选、分类、存储以及传递。在实务中为了减少人工干预的影响以确保能准确、完整、及时地处理业务数据，需要科学地设置云处理的工作流程、工作机构、工作环境等。企业利用云计算技术来进行数据挖掘，利用云存储的空间进行数据存储和备份，并充分利用防火墙、加密技术等手段保护企业的财务业务信息系统，防止企业业务信息、财务信息的不当泄露，保证企业数据信息的安全。

（3）云产品。财务共享中心完成云处理后会将输出的云产品传送给客户。云产品包括单据、会计凭证、简单会计报表等用于日常核算的简单会计产品，也包括个别财务报表、合并财务报表等用于满足企业经营管理需要和外部监管需要的复杂会计产品，还包括能为客户提供计算财务指标、经营指标并进行数据挖掘、数据分析、动因分析等功能的综合类产品。

（六）区块链对传统财务共享服务的影响

1.“去中心化”更安全可靠

区块链是由多方共同记录和维护的一个分布式数据库，该数据库通过哈希索引形成一种链状结构，其中数据的记录和维护通过密码学技术来保护其完整性，使得任何一方难以篡改、抵赖、造假。

区块链是分布式存储数据，各个节点共同实现系统的维护和保证信息传递的真实性，而没有通过某个中心进行集中管理，因此某一个节点受到攻击和篡改不会影响整个链条的健康运作。

财务共享是“去中心化”的典型例子，但传统的财务共享始终面临的一大问题便是信任缺失，而区块链恰恰又具有打造“诚信社会”的功能，引入区块链技术是对共享信息的准确性与安全性实现的一次升级。区块链任意两个节点之间不需要信任彼此的身份，便可进行数据交换，由于链条中的所有节点都可以扮演监督者的身份，因此不用担心欺诈的问题。

区块链任意节点之间的活动均受到全网的监督，并且数据库采用分布式存储，因此对于黑客来说，一方面无法伪装和进行欺诈活动，另一方面也无法仅靠攻克某个节点而控制整个链条。

2. 实现价值创造型财务共享

传统的财务共享模式下，企业价值链上的数据存储于不同部门，数据产生的时效不同，无法实现数据的实时共享，数据格式不同导致数据处理费时费力，效率低下，准确性也难以保证。由于各部门存储的数据很难实现溯源，也就无法从根源上找到问题的痛点、难点，无法有针对性地解决问题，从而使财务共享的效果大打折扣。运用区块链技术，企业内部可以建立基于管理会计的私有链，与商业伙伴可以建立联盟链，再结合相应的公有链，便将所有与价值链相关的数据全部上链，同一链条信息实时共享，从而打通企业内部各个分部门之间的信息孤岛，实现对传统财务共享系统的优化升级，实现对供应链、生产链、销售链的全价值链数据整合。通过对相关人员赋权，财务分析人员就可以一站式获得所需的全部数据，大大减少了部门间信息垄断、不一致带来的信息不准确的风险。由于整个价值链上的数据可追溯，从而信息收集、传输成本降低，信息处理效率提高，真正实现了数据实时共享，“业财融合”的广度与深度进一步拓展，财务对企业战略的支撑作用也将愈发突出。

五、财务共享服务的数字化转型

财务数字化转型是指企业在财务领域运用云计算、大数据等数字技术来重构财务组织、再造业务流程，提升财务数据质量和财务运营效率，从而更好地赋能业务、支持管理、辅助经营和支撑决策。大数据、云计算、人工智能、区块链和物联网等数字技术对财务共享服务产生重大影响，促使财务共享服务向数字化转型。

财务共享服务最初的目的是降低成本、加强集团管控，企业因此实现了管控模式从分散到集中的转变。但这个过程并不是所谓的会计集中核算，区别于传统的物理集中，它是一种逻辑上的集中，其特征可以概括为“集中的更集中，分散的更分散”，并由此带来财务内部的专业化分工，即划分出共享财务、业务财务与战略财务三个功能。其中，业务财务与战略财务主要针对的是没有进入财务共享服务中心的员工，也就是从会计核算等基础业务中释放出来的财务人员。这部分财务人员应按照业务财务与战略财务的要求从事经营决策服务、战略目标实现的价值管理等高附加值工作，但事实上，结果并不理想，而是产生了一定的期望差距。主要原因包括财务组织架构改革滞后、流程再造不彻底、财务人员能力有限以及当时的信息技术落后等。总之，传统财务管理的问题全部暴露出来，“一集就死，一放就乱”的弊端使得很多建立了财务共享服务中心的企业集团抱怨之声不绝于耳。

看上去很完美的财务共享服务中心仍存在诸多问题，无法充分发挥管理会计的价值。业务财务与战略财务则处于尴尬的境地，由于无法充分利用来自财务共享服务的数据，导致很多企业集团的业务财务与战略财务又回到原来的老路。此时，财务共享服务迎来了第二次大的迭代，即如何推进业财融合甚至是业财税一体化。在这一阶段，要求业务财务人员不仅要懂财务更要懂业务，把企业财务的神经网络融入业务流程中、打通业务与财务之间的壁垒成为主要任务。从系统来看，主要体现为财务共享服务中心如何与 ERP 系统进行有效的对接。这自然就要发挥财务的服务功能理念，深入业务，为业务过程提供数据参考依据，从而真正熟悉管理过程，为管理决策提供相关的信息支持。这时如何加强财务共享服务中心数据服务的能力成为重点。具体来说，可以将财务共享服务数据中心视为企业的大数据中心，至少是管理会计的数据决策中心。

那么如何运用连接、共生、协同、平台等理念，针对来自企业内外部的大量、完整、多类型、异构的数据，运用数据采集、数据加工、数据挖掘、算法、模型等方法进行数据的加工与管理，并进行数据的可视化展示，推动企业数据中台与财务智能化，就成为财务共享服务中心演进的目标。这也是财务共享服务数字化转型所要达到的目标。应该看到，数字技术的飞速发展使得财务共享服务的这种演进成为可能。

(一) 财务共享服务数字化转型的动因

1. 实现更广泛的数据共享

财务数字化转型始于共享服务，该观点主要源于对财务转型始于共享服务的认知，源于财务共享服务中心的优势——解决了企业集团存在的数据管理问题，并为财务数字化转型搭建了重要的数据基础、组织基础、技术基础与服务基础。作为企业拥抱数字化浪潮的“先行者”，机器人流程自动化（RPA）、人工智能、区块链等数字技术已经开始运用于财务共享服务中心。这些数字化技术的应用实现了企业内外部数据的连接和协同，不仅包括业务环节的数字化，还包括与客户、供应商、投资人、债权人等第三方连接的数字化，这是财务共享服务数字化转型的动因之一。

2. 进一步提高流程工作效率

财务共享服务中心的工作效率提升不明显，主要体现在工作流程和技术应用两个方面。

(1) 财务共享服务将核算等重复性工作集中后，其财务人员仍面临较大的工作量。一是，虽然财务人员只需通过查阅电子影像而无须查看实物进行核验，但仍需要进行大量的数据录入、审核判断等人工处理。二是，财务人员此时提供的会计数据类型单一、数据量较小，对管理会计的决策支持功能依然较弱，对企业的规划、决策、控制、评价以及价值创造方面的作用也不大。三是，从整体的角度来看，财务共享服务中心效率的提升还应带动企业整体运营效率的提升。事实上，许多财务共享服务中心的流程将原始数据录入等工作转移到业务人员，增加了不必要的工作，这与提升企业整体效率的目的显然是相背离的。

(2) 财务共享服务实施的过程中，其效率受技术应用的影响较大，而财务共享服务中心的建设时间以及管理水平又决定了财务共享服务中心的技术应用能力。常媛等 (2020) 通过对我国制造业部分企业的财务共享服务中心效率进行静态和动态分析，发现较晚实施财务共享服务中心的制造业企业拥有可借鉴的成功经验以及可应用的新技术，因而效率普遍较高。并且，企业的管理水平也会影响先进技术在财务共享服务中心的运用，如果只是简单套用现有财务共享服务的实施模式，则可能影响企业对新技术的应用，只能通过提高当前的技术效率来提高财务共享服务中心的效率。新技术的应用，特别是自动化与智能化技术的部署，成为提高财务共享服务中心效率、进一步释放核算资源的关键所在。财务共享服务中心需要考虑如何通过数字化转型进一步替代现有人工，通过自动化共享作业进一步释放劳动力，从而实现转型。例如，在审核环节引入机器学习引擎，实现对单据的风险等级判断，提高审核的靶向性，而审核后的结果则通过会计引擎完成全自动的记账核算。这样所构建的财务共享服务平台会减少大量低附加值的报账、审核、核算环节，使相关工作由智能化系统实时自动完成，使财务人力得到最大限度的利用。

3. 提高财务数据质量

从财务转型的方向上来看，财务共享服务中心并不能仅满足于对流程效率的提升；在集团会计数据管理现状和下一代财务的智能化思维中，还需要明确数据价值以及数据对财务数字化转型的重要性。为了发挥数据价值，企业需要建立采集数据的"触角"，并在管理数据的平台上通过对数据质量的控制，找到能深度分析和挖掘数据价值的算法与模型。财务要实现数字化转型，应及时、广泛地采集企业内外部数据，从企业的小数据集转化为大数据中心，借助经营预测、风险预测模型和工具为管理者提供服务。可以看到，获取和采集数据是利用数据的前提，然而在这一环节上，财务共享服务中心存在数据采集率低、数据颗粒度（数据集的最小单元）不够细致等问题，难以满足管理会计决策大数据分析的要求。受财务特殊的数据处理方式的影响，目前财务共享服务中心业务数据化程度仍然较低，所采集到的数据也仅是企业可利用数据的“冰山一角”，并且主要集中于结构化的财务数据。华为联合全球权威的咨询与服务机构 IDC 发布的白皮书指出，当前企业数字化转型数据仅涉及企业 10% 的管理数据，90% 的数据仍处于“沉睡”中。要推进数字化转型，能否采集物理世界的全量数据，能否将不同物理世界数据融合，能否将物理世界数据和现有管理数据融合是数据价值创造的核心关键点。同时，区分“业务数据化”与早已有之的“业务流程信息化”概念，有助于我们加深对业务数据化的理解，更好地指导实践。建立在信息化技术基础上的 ERP 系统是企业财务共享服务中心建设的重要支撑，而信息化建设主要以业务流程为核心，注重满足流程需求，而不关心数据之间的关系。例如，以财务管理为主导的 ERP 系统以及在此基础上建立起来的财务共享服务中心，大多只关心流程中的财务信息或货币化的劳动是否被记录，而忽视了采购、生产和销售等环节数据之间的逻辑关系，更没有采集详细数据。与此不同的是，业务数据化更强调从数据采集到数据应用整个环节来构建数据逻辑，避免信息化建设所造成的数据孤岛问题。因此，业务数据化将为财务共享服务的数字化转型特别是大数据的利用奠定基础。

（二）财务共享服务数字化转型的目标

正是由于财务共享服务中心的现实与最初设想的期望差距，它迎来了转型的重要时机，即数字技术产生的强大推动力所引发的财务共享服务数字化转型阶段。目前，关于财务共享服务数字化转型目标及趋势的观点并不多见，比较典型的是以下两种观点：财务共享服务智能化，通过业财税一体化沉淀数据打造企业数据中心。

1. 财务共享服务智能化

王兴山（2021）认为，未来财务共享服务将朝着智能化的方向发展。智能化意味着财务共享服务应当在新技术的作用下，推动管理会计的创新发展和大数据的落地，以互联、共享、智能的财务共享模式推动企业财务转型，使财务共享不仅支持当前标准化、规范化的工作，而且逐步向支持灵活性、可扩展性的工作转变，提供满足客户个性化需求的柔性流程。

2. 业财税一体化智能共享中心

贾小强等（2020）认为，财务共享服务将在“互联网 +”时代转型成为业财税深度一体化的智能共享中心，实现财务流程自动化、财务处理电商化和数字化、数据资产化、管理智能化；其本质是基于新一代信息技术，实现对更广泛业务（从记账、算账到报账、采购、税务等）的数字化，并对企业财务体系、业务流程、商业模式进行颠覆性的升级。陈虎、郭奕（2020）认为，财务共享服务中心应当为新兴技术提供应用场景，为实现从信息化到自动化、智能化、数字化的升级奠定基础。企业应通过流程再造、业务在线互联，实现数据生产的流程化、标准化，企业经营相关的信息、数据汇集到财务共享服务中心，可使财务进一步成为企业利益相关者的信息中枢和企业的数字神经系统；再通过财务共享服务中心的持续运营，不断提升财务专项能力、信息采集能力、业务支持能力，实现财务数字化转型，使财务在企业管理的转型升级中发挥最大价值。

目前谈论财务共享服务的智能化还为时尚早，没有数字化所带来的数据化，就不会有智能化。智能化的实现必须基于数字化所形成的海量数据，智能化是数字化的下一步行动选择。目前，财务共享服务数字化转型的目标主要是利用数字技术，通过连接、共生、协同、平台等理念，针对来自企业内外部的大量、完整、多类型、异构的数据，运用数据采集、数据加工、数据挖掘、算法、模型等工具进行数据加工与管理，释放数据价值，最后进行数据可视化展示，推动企业数据中台的建设，以此带动整个财务数字化转型，充分发挥管理会计的决策功能。

技术不仅是推动财务共享服务数字化转型的动因，也是实现转型的发力点之一，财务共享服务的数字化转型强调通过技术的应用来实现效率提升、信息系统整合以及数据服务能力提升等。从信息系统整合的角度来看，财务共享服务的数字化转型体现为财务共享服务中心与 ERP 系统的有效对接。在此过程中自然要发挥财务的服务职能，真正深入业务过程、熟悉管理流程，为业务过程提供数据参考，为管理决策提供信息支持。这时面临的一个重要问题就是：财务共享服务中心的数据服务能力如何加强。因此要将财务共享服务中心视作企业的大数据中心，至少是管理会计的数据决策中心。

（三）财务共享服务数字化转型的内容

财务共享服务数字化转型不可能独立于企业整体的数字化转型，企业整体的

数字化转型经验值得财务共享服务数字化转型借鉴。笔者认为，企业数字化转型并不是简单的新技术的创新应用，而是发展理念、组织方式、业务模式、经营手段等全方位的转变，既是战略转型，又是系统工程。企业财务数字化转型的内容主要包括以下几方面：

1. 制定数字化转型发展战略

面对数字经济环境，大多数企业并未对其战略进行根本性改变。而将数字化战略上升为企业战略，并且在清晰的自我认知下明确转型的愿景和目标，有助于企业探索属于自己的转型路线。麦肯锡的研究报告显示，如果企业未能将数字化战略和整体战略完全统一，在数字化颠覆的背景下至多不过是实现收支平衡。华为的研究报告也指出，数字化战略应当在高层次上面向未来，在方向性、全局性的重大问题上做出决策，其应成为企业总体战略的重要组成部分，以提高转型成功的概率。企业需要根据自身的数字化成熟度，并考虑领导力、运营模式、工作资源、信息数据、全方位体验等要素，进行愿景和目标设定，统一组织内部的思想、目标、语言和行动，提高数字化转型的整体性、协调性和可持续性。

2. 通过人才驱动数字化转型

"科学技术是第一生产力，人才资源是第一资源"的观念已经深入人心，通过人才驱动数字化成功转型的重要性不言而喻。华为携手德勤全球在2019年发布的《中国数字化转型人才培养顶层设计》白皮书中将数字化人才定义为三类：持续推进转型变革的数字化领导者；将新技术与业务模式融合助力转型的数字化应用人才；为转型提供核心技术支撑的数字化专业人才。这三类人才缺一不可，其中，领导者需要完成数字化领导力的转型，更新企业的决策模式，将数字作为决策的关键因素，引导企业数字化转型。不但业务运营人员需要提高自己的数字化运营技能，职能部门人员（如战略、营销、财务、人力资源部门核心人员）也要培养自己的数字化管理理念和技能。因此，企业首先应加强数字化战略人才保障，成立企业数字化转型战略研究团队，持续推进企业数字化转型研究和讨论；其次，应根据业务数字化发展需求对人员素质要求的变化，及时做好各个环节人员知识结构的安排，让数字素养成为各业务环节、业务人员知识要求的标配；最后，应加强企业数字科技创新人才保障，提高信息技术研发、集成应用和运维保障等领域人员的比例，增强信息服务部门的保障能力，以技术创新和先行应用引领企业数字化转型。

当前，数字化的管理和运营方式正在逐渐重塑组织的文化。在数字化时代，赋能将代替控制成为管理员工的重要手段。即使组织文化各有不同，但对于数字化人才的管理和培养都更加需要具有利他、赋能、协同和共赢特征的文化。企业需要有意识地培养管理者用数据来决策和管理的组织文化，敢于应对不确定性和自我颠覆的变革文化，以及勇于冒险、宽容失败的创新文化，这些都将是推进数字化转型的动力源泉。

3. 以组织保障推动数字化转型

组织架构转型作为实现企业数字化转型的步骤之一，在对数字化组织架构加深认识的基础上，还需要从如何利用组织架构来实现数字化转型的角度做进一步探讨。通过成立合适的数字化转型组织，明确转型责任主体，制定合理的组织业务目标和考核激励机制，协调业务部门和技术部门，可以更有效地帮助企业统筹推进数字化转型的落地。国际数据公司（IDC）提出，企业可以根据自身情况，选择数字化特别项目组、转型办公室、嵌入式数字业务组和数字化业务单元等形式来推进数字化转型。张庆龙（2020）等指出，传统企业进行数字化转型时，可以借鉴以下四种组织调整模式：

（1）分散模式，是指每个业务单位都建立数字化项目团队，负责本业务线的数字化工作。该项工作需要外部咨询和技术公司的支持，而 IT 部门仅负责现有系统的维护。

（2）IT 支持模式，是指业务单位负责本部门的数字化项目，IT 部门负责大数据、人工智能、云计算等基础设施的研究，各业务部门在 IT 部门建立的基础平台上开展数字化转型活动。

（3）IT 共享模式，是指数字化的资源和开发完全集中共享，便于专业技能的集中使用，在业务部门提出需求后，由 IT 部门建立数字化项目完成开发。这种模式需要 IT 人员对业务有很好的理解，能够快速提出方案并实施。

（4）混合共享模式，是指开发资源由共享服务中心负责提供，业务单元内常设部分设计和开发人员，数字化项目大部分的开发人员都是从共享服务中心的资源池中调配，项目完成后，开发资源释放回资源池供其他项目使用。

4. 利用数字技术重塑客户体验

数字技术对获取信息和通信能力较好的消费者的行为产生了重大影响，拉近了其与企业之间的距离，能够帮助企业更好地发现消费者的需求。这是众多数字化转型企业在确定具体实施路径时选择的切入点之一，我们称之为“客户体验数字化”。企业将通过动态的客户画像，借助数字技术创新产品交付与服务模式，更好地满足客户的多样化需求。王兴山（2021）指出，企业数字化转型的过程，就是新一代互联网技术对产业、企业进行数字化赋能的过程，也是客户的数字化体验与产品及服务的数字化价值接触融合的过程。技术的迭代升级可以对企业原有的工作流程和数据处理流程进行重新设计，并为深入挖掘数据价值创造条件。在数字化时代，业务流程设计的重要趋势就是开放，不仅要向上下游合作伙伴开放，构建生态系统平台，还要向客户开放，让客户更好地参与业务流程的执行，提升客户体验，实现客户意见的快速反馈。

可见，数字化转型的目的并不是新技术的运用，而是提升产品和服务的竞争力，让企业获得更大的竞争优势，其实质还是业务的转型。数字化转型是在充分利用数字技术的基础上，实现技术与业务双轮驱动，将技术的优势转变为业务价值。数字化转型不是对现有业务流程的 IT 化，而是对业务流程的简化、对客户体验和交互的互联网化。

5. 发展平台生态提供数字服务

数字化的本质就是要打破物理世界中空间和时间的约束，通过数字化平台跨越过去、现在和未来。数字化平台本质上是融合技术、聚合数据、赋能应用的数字服务中枢，体现了组织的数据服务能力，可以充分挖掘数据的价值。一方面，该平台可以面向全量、全生命周期的数据进行价值挖掘，将自身的最佳实践和数据模型进行沉淀；另一方面，该平台可以面向价值链提供数字服务，将沉淀下来的数字能力赋能于整体生态，通过整合与服务成为数据提供者和体验提供者。

统一的数字化平台往往会适应企业未来共享平台、去中心化领导的组织结构发展方向。企业要将业务系统和职能系统迁移到该平台，实现实时的数据分析和灵活的业务流程优化，大幅提高运营效率，解放更多的时间和智力资源用于战略性优先工作。数字平台能够充分发挥数字技术灵活、弹性、可试错和快速迭代的优势，配合业务创新、组织结构调整、工作流程变革和人员数字技能培训等工作节奏，可以更顺畅地帮助企业完成数字化转型。

（四）财务共享服务数字化转型的路径

1. 制定明确的数字化转型战略

与企业数字化转型一样，财务共享服务的数字化转型需要企业在衡量自身数字化程度的基础上，明确数字化战略，包括选择数字化转型开始的时机、转型模式以及数字化战略的关键方向。当前我国经济正处于整体的数字化转型阶段，数字经济已经成为我国落实国家重大战略的关键举措。大多数企业管理者已经意识到业财融合是数字化时代企业发展的必由之路，而企业数字化转型的第一步是实现财务数字化转型，此时进行财务共享服务的数字化转型应该是最佳时机。

从转型模式来看，主要有两种选择：颠覆式变革和渐进式变革。颠覆式变革意味着采取新技术、新管理思路和新商业模式等；渐进式变革的转型过程则相对稳定，进程较缓慢。IBM（国际商业机器公司）对领先的财务组织进行调查后认为，财务组织应当快速转变自身的成本结构，将更多的资源分配给数字技术和功能，转变对数据的看法和理解，整合数据，解决创新速度、数据的增长和复杂性等问题，以便尽快开始企业数字化转型。波士顿咨询公司的全球资深合伙人马丁·里维斯（Martin Reeves）也表示："成功转型最重要的一个因素就是他们是否能迅速开始。因为数字化颠覆发生得很快，而大多数财务指标都是滞后的。"

对于财务共享服务的数字化转型，不宜采用渐进式变革，而应采用颠覆式变革。这主要源于财务共享服务数字化转型的条件已较为成熟，具备了应用数字技术所需要的环境。而且，财务共享服务数字化转型是财务数字化转型的起点，财务数字化转型又是企业数字化转型的第一步，如何由此带动业务数字化与未来财务智能化将是财务数字化转型的关键方向。

2. 塑造转型文化与人才保障

优秀的组织文化可以促使组织成员认同并致力于比个体利益更高层次的事物，使得企业不会拘泥于传统，保持创新，进而推动转型战略的实施。在明确了财务共享服务中心的转型战略，不断推进技术与业务深度融合的过程中，财务组织及其人员应不断塑造自身的数字转型文化。对于财务共享服务数字化转型，最重要的是培养两种文化：第一，变革与创新文化。海尔集团"自以为非"的基因是变革文化的极佳体现，具体体现为拥抱变化、自我颠覆、持续变革的组织文化特征，也正因如此才创造出了海尔集团独特的管理会计体系。第二，数字文化。数字文化是指财务人员应积极拥抱数字化，通过数据来改变传统的记录习惯，形成数字化思维与工作模式，并习惯于用数据决策、用数据管理和用数据创新。

IBM 的一项调查表明，绝大多数领先的财务组织所采取的人才技能提升措施都包括打造数据驱动的企业文化。数据驱动的组织文化是财务组织发现、留住和培养人才，启动并推进数字化转型的重点。在人才保障方面，企业应针对财务共享服务中心的发展情况以及数字化转型的要求，完善现有人才评价标准体系，并有针对性地制定人才培养方案。熊焰韧等（2016）指出，企业设计的人才评价体系

必须具有前瞻性，不能仅考察财务人员的传统专业技能，还应重视新兴技能的培养与发展，如数据挖掘能力、信息集成和整合能力、数据可视化能力、信息展示能力等。这些技能是时代发展的要求，也是财务人员更好地服务于企业数字化转型战略实施的必然选择。

3. 实现基于服务的数据采集和连接

IBM 指出，采集、管理、动态同步互联数据并自动执行操作，是高管对数字化转型成果的迫切要求，实时获取数据有助于财务共享服务中心协助企业即时洞察经营状况，从而提高企业整体的响应能力，构建财务大数据中心。下面从如何获取数据和如何利用数据提供服务两方面进行具体论述。

（1）通过接入第三方系统实现数据采集与连接。当前许多企业的业务流程并不存在于统一的数据共享平台中，造成财务部门无法获取准确、完整的信息；而通过数据抽取、分析、展示的信息都属于事后分析，难以做到实时分析，也就无法利用数据洞察与控制业务。基于财务共享服务打造的采购共享、商旅共享和税务共享成为企业实现从会计数据到业务数据、从结构化数据到非结构化数据、从内部数据到外部数据扩展的重要手段，具体来看：第一，在连接和协同思维的启示下，财务共享服务中心的职能应当融入业务前端，通过财务共享与采购平台协同的模式，打破采购行为与内部流程之间的壁垒，使整个采购流程中的审批、下单、付款、发票管理、账务处理实现自动化、智能化。第二，在云计算技术的支持下，财务共享服务中心可以将外部的供应商与客户纳入企业内部的管理系统，通过商旅共享平台链接第三方“互联网 +”平台，如携程、京东、天猫、滴滴等；同时，利用智能化、移动设备等终端，通过设置控制的表单内容和形式，实现对有用业务数据的采集。建设商旅共享平台可以帮助财务共享服务中心获取大量细致、完整的会计记账数据、订单交易数据、发票完整信息等，其与采购共享平台一样，可使所有数据都取自交易前端，打通内外部数据以实现业财融合。第三，面对企业税务管理制度体系不完善、管理流程不健全的问题，以及由此导致的涉税风险，财务共享服务中心可以架构从企业内部税务活动到税务机关征管平台的税务信息共享路径，承担企业集团全税种、全主体、全业务、全流程的税务管理应用，实现低成本、高效率、低风险的税务管理目标。

此外，财务共享服务中心实现业务数据采集和连接的途径还包括基于物联网技术对生产、资产等业务数据的采集和连接。所有业务数据都直接从交易端或业务系统中自动实时地进行采集和处理，从而可在丰富、高质量的数据基础上展开分析。

(2) 通过提升客户的数字化体验赋能业务。当前，众多企业数字化转型的具体实施路径都以客户体验数字化作为切入点。不论是咨询公司还是实践企业，都不止一次地强调改善客户体验是数字化变革的核心。客户体验并非只是产品设计、销售等人员需要考虑的问题，在发挥会计服务职能的要求下，财务共享服务中心同样需要提高员工、客户的数字化体验。例如，财务可以通过对员工乘飞机差旅出行的时间、舱位、航线、航班等要素的分析，结合市场价格因素，为员工提供更加方便、实惠的差旅服务推荐。这样既能确保业务真实性，又能提高员工的满意度。对于其他业务，同样可以在广泛采集数据并连接的基础上，提供数字化的服务。服务是财务共享服务中心的根本目的，也是进一步获取数据的手段，能在数据采集与使用过程中保证会计数据的真实完整性，实现业财融合，提高财务服务于业务的能力，达到数据赋能业务的目的。

4. 提高财务共享服务中心的数据处理能力

财务共享服务中心应将大体量、多类型数据的存储和分析作为其运营的重要组成部分，但仅依靠普通硬盘或内部服务器这类传统的数据存储和处理解决方案很难满足运行的要求。数据湖技术以及云计算技术为财务共享服务中心提高数据处理能力提供了强大的技术支持。

(1) 运用数据湖技术提升存储和处理大量异构。数据的能力。数据湖与传统的基于数据仓库的数据存储处理机制相比，最重要的区别在于数据存储类型和数据处理模式。在数据存储类型方面，传统数据仓库中的数据以分层逻辑方式进行组织，具有明显的结构化特征。数据湖是企业的各种类型（如结构化、非结构化、半结构化）、各种来源（如企业内部的 ERP、OA、CRM、物联网设备等，以及企业外部的第三方、社交媒体、在线交易等）数据的载体，其中存储的数据并不采用任何预定的结构，可以迅速转化为任何需要的格式以供存取、处理、分析及传输，能够全量采集数据、支持任何数据来源，并基于数据标准化帮助企业统一数据标准层、数据结构层。财务共享服务中心在业务数据化过程中将面对大量的半结构和非结构化数据，显然数据湖技术可以使财务具备应对大量异构数据的能力。

在数据处理模式方面，传统方式是在加载数据到数据仓库之前，首先需要定义数据的存储结构或者模式，即“写时模式”（Schema-On-Write）。而数据湖只需要加载存储原始数据，仅在准备使用数据时才对其进行定义，即“读时模式”

（Schema-On-Read）。数据湖特殊的数据处理机制可以提高财务共享服务中心对数据模型定义的灵活性，满足更多不同上层业务尤其是用户需求灵活多变的高效率分析诉求。基于数据湖技术，构建能够满足大量异构数据存储和实时分析的大数据体系，有助于实现财务共享服务中心向大数据中心的转型。

（2）运用云计算技术提升数据计算速度和分析能力。大数据的关键在于挖掘数据价值而非简单的存储数据，如何提升计算速度以及对数据的分析能力成为挖掘数据价值的关键，而云计算技术为其提供了支撑。财务共享服务中心将内部设备转接到“云”中，使其具有高拓展性、同构计算节点可互换、动态负载平衡等特点，并赋予了其前所未有的计算能力，可以达到每秒10万亿次的计算速度，这为大数据在各类场景中的实时应用提供了可能。在计算速度的保证下，财务共享服务中心云平台更能适应自身企业的数据应用需求，通过数据湖、数据仓库、数据挖掘等技术识别财务数据类别，分析关联性、趋势、偏差、离散程度、规则特征、序列模式等，并按应用主题进行重新组织与归纳推理，从中挖掘符合企业自身特点的决策支持信息。

5. 形成自动化和智能化的技术应用场景

借鉴企业数字化转型的经验，有学者提出了财务共享服务推进数字技术应用的两个原则：一是多技术并举原则。除了大数据、云计算等技术在系统层面的部署，在业务层面也需要根据不同的业务场景，综合运用多种技术，加快数字化转型进程。二是技术与业务双轮驱动原则。技术总是和业务的痛点紧密相连，技术是持续进步和发展的，在不同时期会有不同的技术焦点，在正确认识各种技术的特点后，需要将技术优势与业务痛点相结合来解决问题，从而形成技术应用的场景。基于上述原则，结合下一代财务的智能化思维，财务共享服务中心应当通过自动化处理完成重复性、流程化程度高、附加值低的工作内容，运用数字技术实现自动化的二次升级，同时完成数据收集和处理的基础过程，最终实现数据驱动下的财务智能化，充分发挥数据的决策价值。具体表述为：

（1）利用RPA实现手工操作的自动化。当前被广泛讨论的财务机器人，是机器人流程自动化技术（RPA）在会计和财务领域的应用，其基于明确的流程规则，实现了部分业务处理的自动化。但是，RPA没有真正实现智能化，它只能通过固定的脚本执行命令，进行重复性和机械性的劳动，以外挂的方式部署在原有系统上来满足财务工作服务业务自动化的需求。在财务机器人出现之前，财务组织已经开始通过简单的宏工具或传统 IT 流程的部署实现自动化；面对财务转型的新要求，如果要迈入数字化乃至智能化阶段，就需要将多种信息技术进行组合使用，而 RPA 是其中的重要一环。

RPA 的运行原理是通过模拟人工作业的方式，将一些无法通过系统集成的系统手工操作进行自动化处理。例如，在应付流程中，RPA 可以协助企业自动化进行供应商信息更新、创建采购申请、查询物流信息、更新采购计划、收货确认提醒、三单匹配核对、价格核对、付款差异检查、信用检查以及银行对账等，从而提高了应付流程的执行效率和质量。可见，RPA 最大的优势在于能够实现跨系统平台的作业，有助于提高自动化作业在不同业务流程中的适应性，更好地实现技术与业务的融合。从数据管理的视角来看，RPA 能够实现对多流程自动化任务的统一管理，清晰地监控这些自动化任务的发生过程和执行结果，进而生成有关软件性能和流程的分析信息，有助于财务组织改善控制；同时，RPA 遵循规则、具备数据验证能力的特征可以提高数据的准确性，降低数据加工成本。RPA 在部署过程中，需要考虑以下两个问题：首先，在技术与业务双轮驱动的原则下，RPA 的实施并不仅仅是一个技术问题，其核心在于对流程的分析和梳理，并基于流程分析结果设计实施方案。可见，RPA 项目的开展不能脱离业务，必须依赖一线业务人员的深度参与。其次，应意识到 RPA 并不是万能的，其部署需要衡量投入与产出的效益。实践中，投入 RPA 后的企业很容易不断追加投入。但事实上，80% 自动化的业务可能只需要 20% 的开发时长，剩下的业务自动化则需耗费更多资源，因此并不一定要依靠 RPA 实现 100% 业务流程的自动化，更好的解决方案是实现系统的深度集成。可见，RPA 虽然在信息采集和执行操作上表现优异，但缺少能够支持决策或进一步执行的能力。

运用 RPA 更重要的是在与人工智能等技术结合的过程中，所体现出来的学习能力、推理能力，从而考虑如何为智能财务的实现提供帮助。未来，RPA 将呈现出智能化、工具化、交互化的特征，这类技术被称为“认知 RPA”，它使得流程自动化拥有了一定程度的可调空间，其应用范围得以大大扩展。升级后的 RPA 不再局限于简单的规则，而是作为“数字员工”与财务人员进行人机互动，甚至成为每个员工的助理，进一步解放员工在非生产性工作上投入的精力，使其更多地从事业务财务、战略财务方面的工作。随着 RPA 应用场景的增加，构建多流程、跨地域、多单位的集团部署架构并与人工智能技术结合，是未来 RPA 技术创新的重点。

（2）利用数据挖掘和人工智能构建智能财务决策系统。智能财务决策系统是在现代管理科学与信息技术的基础上，运用经济学、模糊数学、人工智能与数据仓库等技术，以计算机为工具，对财务管理中的半结构化和非结构化问题进行人机交互的决策活动，是一种集财务预测、分析、控制、决策于一体的智能决策支持系统。

智能财务决策系统的技术核心在于数据挖掘及人工智能技术。数据挖掘技术是从大量的数据中发现隐藏的、有价值的知识与信息。在扫描所有数据后，管理人员可利用数据挖掘过滤器，按照给定的标准和类别识别相关的财务数据和规则模式，其中要加入可以刺激直觉和帮助直觉判断的机制，或提供可能关注的重点问题的指引。结合人工智能技术，通过模拟专家利用知识与逻辑对复杂问题的求解和推理能力，可以实现会计信息系统从核算型转变成经营决策型，为管理与决策者提供有帮助的智能型人机交互信息系统。

构建智能决策支持系统本质上是为了发挥管理会计的作用。管理会计本身为决策者提供了前馈信息和反馈信息，但实践中因为决策者和会计人员不了解各类决策的信息需求，导致管理会计提供信息发挥的作用有限。同时，由于管理会计理论体系较为零散，工具和方法相对独立，导致管理会计信息系统常常被包含在 ERP 软件之中，管理会计信息化的建设并不成熟。为了发挥管理会计的作用，智能决策支持系统从大数据、模型化和多视角三个方面提升了管理会计信息化水平。智能财务决策系统在广泛的数据采集和连接的基础上，建立量化模型来模拟企业的商业模式和业务模式，在业财融合过程中逐渐将管理会计的工作细化到产品视角、客户视角、区域视角、渠道视角和部门视角，创造多种应用场景，实现财务对业务决策的支持作用。

总之，在数据采集与连接能力、数据处理能力和自动化能力提高的情况下，财务共享服务中心可以进一步基于数据挖掘技术与人工智能技术，构建智能财务决策系统，将数据与流程相互融合，形成财务服务于战略和业务的应用场景。

6. 构建以数字平台为基础的管理会计体系

企业数字化转型通常需要构建数字平台以提供数据服务，或利用数字平台获取数据服务。IDC 认为，企业数字平台以智能数据技术为部件、以数据为生产资源、以标准数字服务为产出物，可以帮助企业实现业务创新和高效运营，助力企业数据管理和价值挖掘、降低技术运营和技术管理的复杂度。财务共享服务中心可以在数字技术的支持下，基于数字平台扩展，提供数据服务、改善客户体验，并以此推动管理会计功能的实现。

管理会计工具作用的发挥需要以真实、完整的财务数据为基础，而基于财务共享服务中心的数字平台能够提供更全面、更真实的数据，将整个集团的会计核算工作集中到一个平台进行，实现集团公司数据的集合化。此时，对分、子公司的数据不再进行分散管理，避免了信息的割裂与各自为阵，这不仅大大降低了管理会计基础数据的获得成本，还提高了会计信息的可靠性，促进了业财税一体化。

同时，通过规范化、流程化的管理，财务共享服务中心可以确保所有的基础数据都遵循一个统一的逻辑规则，极大地减少了数据加工处理过程中遇到的数据转换、数据假设等问题，使得报告和决策支持在数据层面得以保证。在这样的数字平台上，财务共享服务中心可以采用“按需构建”的战略，结合其他数字技术揭示洞察，实时响应客户需求。

在数字化转型的过程中，数字技术的运用是一项非常复杂的工作。这种复杂性体现在两个方面：一是数字化需要解决信息化过程中的遗留问题，而解决的成本和难度都比较高。大型信息系统一般建设周期长、结构复杂，且受制于当时的技术条件，在维护过程中多是修修补补，难以做出较大革新，导致系统之间的整合和数据的打通较为困难。二是数字技术的运用具有选择性，能够达到目的的手段并不一定是最佳路径，可能只是暂时性的解决方案。例如，企业可以选择通过企业服务总线（ESB）来促成信息系统之间的交互、集成和协作，但这种方式成本较高，且效果不一定理想。

集团财务本质上就是一个复杂的信息系统，涵盖对集团财务组织所有职能的支撑以及与企业主价值链业务流程的无缝衔接。但在传统信息系统中，大量的功能和业务存在重复建设，核心能力分散，不同部门之间的数据互不相通，阻碍了企业数据资产的全链路管理，使得企业数据难以被全局规划与定义，组织灵活度降低。对此，财务共享服务的数字化转型需要能够对业务和数据进行抽象、对服务能力进行复用，构建起企业级的财务数据服务能力，实现业财税数据全域贯通、数据资产价值变现，以财务服务直接赋能业务发展。

近年来“中台”兴起，这是赋能服务能力、打通整合数据并实现数据价值变现的一种架构理念。企业互联网中台架构，简称中台。中台和前台、后台对应，指的是在一些系统中，被共用的中间件的集合，就是将系统的通用化能力进行打包整合，通过接口的形式赋能到外部系统，从而达到快速支持业务发展的目的。比如：业务中台，更多的是对业务的支持，比如客户信息，组织信息、产品信息等，这些都来自某一个系统，且分别支持多个系统的业务。提供给业务中台使用。

从技术角度，中台是为了搭建一个灵活快速应对变化的架构，可以快速实现前端提的需求，避免重复建设，这也符合敏捷开发理念。平台型组织的中台应有两种含义，即“业务中台”和“组织中台”。业务中台，多半是传统的成本中心，把后台的资源整合成前台打仗需要的“中间件”，方便被随需调用。典型的业务中台如阿里的数据中台、字节跳动的直播中台、腾讯的技术中台等。“业务中台”也被称为“有形的中台”，因为他们是有实体部门存在的。组织中台，是由财务、人力、战略等部门向前台派出的业务伙伴（Business Partner，BP）组成的团队。他们进入前台的小团队，用专业视角与他们共同作战，同时也代表后台高效配置资源和政策。“组织中台”也被称为“无形的中台”，就是因为他们没有实体部门。

财务共享服务的数字化转型并非财务数字化转型的全部，而要克服技术运用的复杂性、实现信息系统特别是数据的整合与打通，财务共享服务还需要广泛借鉴中台建设的理念，在向共享服务中心演变的过程中逐步向企业数据中台转变，实现财务数字化与迈向智能财务的中间连接价值。

第四章　财务共享服务中心的构建

一、财务共享服务中心建设目标

制定财务共享服务中心建设目标首先要明确战略定位，战略定位即企业自身的发展方向，战略定位决定了财务共享中心在企业中的整体地位。不同企业的财务共享服务中心的战略定位不同，同一企业的财务共享中心在建设的不同阶段也有可能有不同的战略定位。尽管每个企业建设财务共享服务中心的环境背景不同、实施方案不同，但总体目标大致相同。

（一）总体目标

1. 优化和整合财务管理模式职能

通过优化和改进财务共享服务中心流程配置，进一步地增强对于下属分、子公司的把控和监管，最大程度地发挥财务共享服务中心的运行价值。财务共享服务中心通过集中处理业务来解决财务机构分散、人员冗杂、分工不均、效率不高等一系列问题。集团可以通过构建财务共享服务中心有效整合和配置各下属单位的资源，特别是有限的财务资源，实现规模效应提升资源配置经济效益。同时，财务核算人员转型为参与企业管理的人员、有效提高集团总部对下属单位的监管能力和集团整体财务专业水平。

企业通过财务共享服务中心打破部门之间的信息壁垒，全方位加强各部门之间的联系与信息共享，进而促进财务职能整合，提高企业财务能力，形成以客户为中心、以流程为中心的管理模式。

2. 实现信息共享和规范业务流程

利用信息化系统平台，确保管理制度的准确落实与有效执行，优化流程，实现业务主流程规范化、标准化，优化资金的配置，提高财务工作效率，改善服务态度，促进企业以更低的运营成本稳步运行，提升员工对于企业的满意度与幸福感。

通过建立财务共享服务模式实现统一业务标准、再造业务流程、加强财务内控的目的，从而为企业创造利润提升企业价值。打破系统间、组织间、部门间信息孤立，一次性输入、数据充分共享。统一管理制度和政策、统一核算标准和业务流程。通过对现存的业务流程进行分析、筛选和优化，运用先进的信息技术，整合现有的财务信息系统，再造优化财务流程，将所有的财务业务集中到财务共享平台下按统一的制度和标准的流程处理，形成统一标准化财务作业流程管理。

3. 提升会计信息质量和管理效率

搭建数字化服务平台，促进财务共享服务中心批量处理业务的效率和正确率，支持集中核算和各类核算明细化数据的数据共享，提供相关业务部门财务数据查询、数据分析以及报表查询的便捷操作，满足企业的财务工作需求。

基于业务处理基本功能要求，结合前端业务人员的操作习惯，兼顾各方需求，建立操作便捷、数据标准化、界面友好接口，消除手工的冗陈操作，尽量避免人工参与，以信息化驱动工作效率的提高，保证核算的准确以及信息数据的质量。

通过财务共享服务中心专业分工，统一化、标准化、规范化，财务数据业务化、财务数据全程共享、财务流程模块化、业务财务集成化，避免大量人工核算，提高会计工作效率和会计信息质量。

通过财务共享服务中心运行减轻财务人员的工作量，让他们有更多的时间和精力投入到能为集团创造更多价值的管理工作中，确保会计信息能够及时、准确、无偏差地传递，促进财务职能由核算型向管理型转变，提升会计信息质量和财务管理工作效率，为企业创造出更大的价值，支持集团公司的发展战略。集团的工作重心应转向如何提高集团组织力、制度执行力和工作胜任能力上，将财务部门的职能从核算工作转变为战略管理。如此将财务部门的职能转变后才能促使集团的战略朝着提升企业价值的方向发展，从而增强企业的核心竞争力。

4. 实现集中管理和业务服务共享

财务共享服务中心是在传统的集中式财务管理模式基础上经过革新改良后产生的，注定这一管理模式具有集中、统一的特性。构建统一财务业务处理平台，实现集中、统一核算处理，确保数据的及时性、准确性、追溯性；实现业务单据集中化、可视化、影像化处理和管理；“三个统一，一个查询”，集中报账、集中支付、集中核算，全面、多维、及时财务分析报告。

由于集团经营规模较大，各直属单位按区域散布在全省各地，各子公司的市场发展机遇、存在的经营风险也各有不同。会计信息在向集团总部传递的过程中难免会产生错误和误差，而这些错误和误差就是导致集团整体财务管理效率下降的因素。因此，集团总部想要获取高质量的会计信息以做出促进集团战略发展的决策，就必须要能够实时获取各直属单位的财务状况，以实时的高质量信息为依据做出相对最优的判断。通过实施财务共享模式打造一个标准化和流程化的业务处理平台，简化并优化原有的业务流程进行流程再造，归集所有直属单位的财务信息按统一的标准处理，从而实现标准化的财务流程处理，同时运用财务共享平台直接汇总和分析集团所有的会计信息，去除了中间大量的低效率的业务流程，既提高了财务工作的标准化程度，也提高了财务工作效率。同时，财务共享模式整合了预算系统、报销系统、支付系统和核算系统，通过统一的平台将业务流程化繁为简。

(二) 具体目标

1. 促进财务转型

促进财务工作由业务操作型服务向财务管理型服务转变，支撑企业财务管理转型升级，发挥战略财务指导引领作用。对已有的财务信息数据进行深度挖掘、智能组合，为企业中高层领导提供个性化财务决策数据。

2. 业财深度融合

深入财务管理业务领域，强化专业性管控力度。通过业财深度融合建设，促进财务工作深入企业业务全价值管理领域，在风险管控、数据统一、决策分析等方面进行不断整合，从而提升财务决策信息质量与时效性、实现智能、人性、共享、精准的管理要求。以财务系统融合应用为基础，打破公司内部财务系统之间、财务业务系统之间、财会管理系统与行业财务管控平台的信息壁垒，对已有的财务信息数据进行深度挖掘、智能组合，为企业中高层领导展现财务决策数据。

3. 建设智能财务

紧跟信息技术潮流，以技术创新推动管理变革。结合企业财务管理特色，结合当前“互联网 +”新技术的应用和发展趋势，以自动化、精益化、智能化、共享化为财务管理提升方向，搭建智能财务管理系统。

通过搭建财务智能管控分析平台，依据不同阶层管理者关注的重点定制分析系统，打破决策信息和管理层之间的壁垒，跨越原有财务信息系统操作门槛，为不同的决策者提供清晰可视的决策信息；依据企业管理专业化领域不同，精准定

义与满足管理需求，为企业决策提供核算、预算、资金、资产及业务方面的预测、预警、风控、统计、多维分析等决策辅助信息；借助移动APP、短信、PC等多种信息终端，依据决策管理者不同的岗位与关注要点，采用主动推送、自动提醒、预警展示、穿透查询等多种方式予以展现，努力提高决策支持的精准度与信息分享的易用性。

4. 加强风险管控

聚焦工作痛点，促进核算工作提质增效。聚焦企业财务管理痛难点，打破系统与管理的信息壁垒，充分发挥信息的聚合效益；积极探索通过标准化、自动化、智能化、移动化等多种技术方式降低核算工作强度；引入财务共享服务理念，结合互联网+新技术、创新财务运行新模式，为管控财审风险、降低财务成本提供助力。

二、财务共享服务中心建设原则和步骤

(一) 建设原则

在财务共享服务中心建设过程中要坚持提升管理效率、统一流程标准、规范业务运作、提供决策支持、防范财务风险等原则。

1. 结合自身特点

企业在建设和实施财务共享时应该结合自身实际情况，找准企业定位，建立符合企业自身特色和条件的财务共享服务中心。不能完全照搬其他企业现有的财务共享服务模式，而是要根据企业自身条件和定位，结合自身经营特点，实现财务业务流程一体化。

每个企业都具有独特的经营特点，在参考其他企业的成功经验时要有选择地进行借鉴，但同时也要避免盲目照搬。企业在正式开展财务共享项目之前可以对其他已成功建立财务共享服务中心的企业进行实地参观考察，了解本企业在财务共享服务中心的建设过程中需要着重关注的地方以及可能会遇到的问题，结合自身特点，用最符合这个企业实际情况的方式来构建财务共享服务中心。

2. 统一流程标准

在构建财务共享服务中心时，必须采取“集中管理、统一核算”的模式，对集团的财务资源进行重新整合和分配，进行专业化分工，建立一个独立的财务管

理平台，通过科学的功能模块划分，实现财务的集中统一管理，打造效率优化的财务运行模式。标准化是自动化的基础、自动化是智能化的前提；实现财务基础核算工作的标准化自动化，可为智能化和智慧财务的建设奠定坚实基础。在当前正在运行的财务信息平台基础上，对现存的业务流程进行分析、筛选和优化，通过引进更先进的信息技术，整合现有的财务信息系统，再造优化财务流程，将所有的财务业务集中到财务共享平台下按统一的制度和标准的流程处理。同时尽量保持现有的业务运行体制，确保业务正常运行。

3. 规范业务运作

构建财务共享服务中心，必须统一资金支付规则，统一费用核销标准，统一业务操作流程，规避了传统财务管理模式中容易出现财务作假、舞弊的环节，加大对财务风险的监管力度。通过财务共享服务中心及时有效地控制会计信息从直属单位向集团总部传递和处理的过程，不但完善企业的内控制度，并且能够增强企业对财务风险的承受能力。

4. 提供决策支持

构建财务共享服务中心，必须强化业务与系统集成，实现业务间端对端的无阻碍信息传输，打通多套业务系统，避免形成“信息孤岛”，给企业信息的传递造成困难。实现多个业务模块间的有效联通，及时准确把控集团的财务信息，推进财务对业务的决策支持能力。以信息的快速传递为主要渠道，实现业财的一体化，为企业政策制定以及业务的开展提供科学的决策依据，给企业的战略提供支持性反馈。

在传统的财务管理模式下，集团总部很难及时掌握直属单位的财务信息，造成管理层在做重大决策时，容易造成一些偏差。而财务共享服务中心能提供及时、准确的财务信息，有利于企业制定正确的战略决策。在高效的财务管理基础之上，企业可以获得更多的竞争优势，不断增强企业核心竞争力。

5. 防范降低风险

财务共享服务中心建成后，企业集团财务信息数据大幅增加，集团各直属单位对财务信息的访问、交换以及处理、分析等各种业务的处理量明显增加，而且基于财务共享模式下的集团财务业务处理也相对集中，在增加财务信息数据安全风险的同时，也增加了因产生和处理大量财务数据导致的信息通路拥堵风险。

在财务共享服务中心模式下，部分经济业务（如支付业务）在办理后是存在财务风险并且不可逆的，进行有效的监督和控制，发挥内部财务监督的作用，可以

有效降低财务共享模式下的企业财务风险。

(二) 建设步骤

财务共享服务中心建设过程通常包括以下几个步骤:

1. 项目启动与调研论证

首先要明确财务共享服务中心建设的必要性及重大意义，充分调动相关人员的工作积极性，达到统一认识、凝聚力量的目的。除公司领导、公司总部各部门负责人、各分公司负责人及全体财务人员参与调研论证外，还要在整个企业范围内做好宣传解释，有利于后续项目实施团队工作的正常开展。

2. 组建项目团队

项目团队可由领导小组和实施小组两部分组成，项目领导团队成员包括公司的领导层、软件公司项目经理、咨询公司项目经理等，要求其必须具备系统性的全局意识，并能够从公司的战略目标出发对建设过程中关键事项 (如新子系统的开发、项目延期、费用调整等) 作出决策。财务共享系统建设的实施团队包含公司内部人员 (财务人员、IT 人员、审计内控人员、行政服务人员) 以及外部咨询顾问、软件开发程序人员等，不同类型的人员在建设过程中相互配合发挥协同作用。

3. 选定建设地址

选址的成功将会为财务共享服务战略的成功实施迈出重要的一步。

关于财务共享服务中心的选址，业界一般考虑的因素大致包括：环境因素、人力资源因素、成本因素、基础设施因素。环境因素的影响表现为员工的生活工作环境及生活氛围，人力资源因素主要体现在人员工作素质以及用人资源情况，成本因素体现在中心成立后产生的运营成本，基础设施因素则体现在选址地的办公设施落实情况，一般包括通信设施的发达程度和通信费用；劳动力的成本、质量和数量；税收政策和法律法规；与最终客户之间的距离；办公地点的租金成本和可选择的范围；关键管理员工和职员的工作意愿等。

这方面的效益主要通过减少人员数目和减少中间管理层级来实现。如果共享服务中心建立在一个新的地点，通常成本的降低效果更显著，原因是：通常选择的新地点，当地的薪资水平会较低。在中国，一方面存在东西部地区收入差距极大的事实，而一般大中型企业总部均设在北京、上海等发达城市，同时财务共享服务中心也设在这些城市。这些发达城市人工成本极高，员工通过财务共享服务中心的模式达到降低 50% 人员的目标却因为这些区域人工成本 200% 于西部城市，反而增加了人工成本。另一方面，中国人工成本相对于其他成本来说仍然很低，财务共享中心的一台普通影印机往往够原财务人员一年的薪水。

根据《2018年中国共享服务领域调研报告》，外资企业侧重于考虑可接受的人力成本（50.7%）和接近服务对象时区、语言、文化（49.3%）。如IBM、西门子等，主要考虑人才供应以及语言、时区和文化等，力求在提升效率、质量的同时，降低运营成本。而中国企业更多地考虑靠近公司总部（70.8%）或公司办公场所（56.7%），便于总部管控。据已获得的资料来看，约94%的中央企业将财务共享服务中心建立在集团或下级单位所在地，便于依托公司后勤保障等综合资源。

4. 制定建设方案

建设方案是企业的顶层设计文件，系统性地说明财务共享服务中心建设的最终目标、各期建设进展、共享中心组织机构设置、总体费用预算等。包括基础数据的采集、费用报销影像扫描、银企互联、工程物资管理、工程预算管理、税企互联等系统，以及CA认证（Certificate Authority，即电子认证服务，是指为电子签名相关各方提供真实性、可靠性验证的活动。）和手机APP等功能模块。组织机构、岗位的设置要与建设进展相匹配，随着共享任务的逐步展开、完善而进行相应调整，在财务共享服务中心人员少的情况，可在岗位不相容的原则下实施一人多岗。同样机构的设置应覆盖共享中心的全面业务。费用预算包含硬件投入和软件投入，硬件投入主要包含购置电子设备（如双屏电脑采购、服务器的采购、扫描仪）、办公设施，软件投入主要包含咨询费用、财务共享服务中心软件系统开发费用、其他软件的接口开放费用等。硬件投入在各期建设过程中呈现递减的趋势，主要是在一期投入较多，而软件投入在各期都处于平稳状态。

5. 实施建设方案

财务共享涉及信息系统的更新升级、业务流程优化梳理、组织框架扁平化、人才结构及培训方向变革等情况，企业管理模式的变革必然会带来管理层的变革，导致很多不稳定因素的产生。管理者的支持对企业集团财务共享服务中心的构建起决定性作用，它决定了企业集团是否选择变革，变革程度、变革方向以及变革的作用，只有在领导层的支持关注甚至直接参与下，财务共享服务中心建设方案才能顺利有效实施。

6. 开展人员培训

建立财务共享服务中心后，财务人员的职责定位也随之改变，必须采取各种措施提升财务人员的综合素质。可以针对财务共享服务中心构建的不同阶段持续

开展不同的专业培训。

第一阶段的培训是在财务共享服务中心建立初期，以简单、基本的系统操作为主，培训重心是提高财务人员对财务共享模式的认识，使其能尽快了解新模式以便尽快进入新模式下的工作状态，同时能够初步认同财务共享服务中心的优势。在这个阶段的培训，针对财务管理人员，通过专题授课或平台自学等方式，培训财务共享服务中心的概念、各类业务流程和管理制度；针对业务处理人员，通过集中封闭授课或岗位实操等方式，培训具体业务处理流程操作、管理制度以及单据档案业务处理流程。通过这一阶段的培训，使财务人员对财务共享服务中心的概念有足够的了解，能加快财务共享服务中心的实施进度，让财务人员能够使用财务共享平台处理经济业务。

第二阶段的培训是在财务共享服务中心构建基本完成后，通过开展这个阶段的培训，让财务人员不但能够独立处理各种基础性操作，而且还能够理解各项操作流程的基本原理。管理人员通过外部交流学习、课程培训以及内部知识共享等方式提升专业知识和综合技能；业务处理人员通过小组定期培训、综合授课和业务考试等方式学习更新的业务流程、掌握熟练高技效能的业务技能。完成这一阶段的培训，财务人员已经比较熟悉财务共享服务中心的各项业务操作，甚至可能发现财务共享服务中心运行过程中存在的问题，针对问题提出合理的改进及优化建议，推动财务共享模式不断完善。

第三阶段的培训是通过学习高级管理技能将财务人员培养成为战略管理型人才。为财务人员从事企业运营管理、战略决策支持等岗位开展优化业务流程、再造业务流程、信息系统管理、内控制度建设、财务考核与监督等方面的培训。这一阶段的培训为财务人员提供了一个能极大提升综合素质能力的平台，也是财务人员发展成为财务骨干及中坚力量的有效路径。

7. 系统运行测试

财务共享系统在建设的过程中要对各个模块进行反复测试，整体配置完成后要经公司财务人员、技术人员进行初步测试，检测系统能否正确运行。在系统正式投入运行前还要在其全部服务范围内也就是整个公司内进行运行测试，试运行的时间一般至少为1个月，在这段时间内，由全公司人员实际运行系统功能与性能，全面考察财务共享系统的稳定性、可靠性和操作性，发现项目存在的问题，从而进一步完善建设内容，确保项目顺利通过验收并平稳移交。在试运行阶段，既要将原各分公司和总部的费用报销、合同支付、薪酬、保险等业务集中到财务共享服务中心处理，同时也要按原来的方式进行处理以便核对检验，同时要建立健全财务共享系统的运行操作规范和系统维护规范，为系统的正式运行与后续完善提供实际运行数据和依据。

8. 系统正式运行

系统正式上线运行标志着财务共享服务中心建设项目已经满足设计需求，符合项目最终验收条件，也标志着财务共享服务中心已经建立起来开始运营。这既是建设过程的终点也是新阶段的起点。系统的正式上线后，原各分公司和总部的费用报销、合同支付、薪酬、保险等业务将集中到财务共享服务中心处理，业务审批流程缩短，业务处理效率提升，公司员工对财务的满意度应该得到提升。由于在设置各级审核节点时已融入内控要求，同时利用信息化技术进行控制，对不同部门、职级人员的设置不同的查看、查询功能权限，风险防范能力得到提高。在数据共享支持方面，系统设置了对所需数据的提取、执行数据的反写推送和功能强大的统计功能，各项成本费用数据能够及时、准确统计得出，为市场开拓、商务谈判、预算管理等经营决策提供强大的数据支持。

三、财务共享服务中心的基本框架

财务共享服务中心的基本框架包括四个方面，分别是组织架构、系统平台、业务流程和运营管理。组织结构影响财务共享中心的资源配置，系统平台为财务共享中心的运行提供技术支持，业务流程从本质上影响财务共享中心运作能力，管理体系规范了财务共享中心的管理，这四个方面相辅相成，缺一不可。

(一) 组织架构

财务共享中心的组织架构决定着企业资源的配置，是企业实现战略目标的重要保障。财务共享中心一般有两种组织架构：一种是设为与财务部平级的、独立的部门，这种结构有利于建立标准化的工作流程，但是不利于实现大财务的协同；另一种是设为财务部的下属部门，这种结构可以较好地实现财务工作的整体协同，但是不利于财务工作流程标准化的推进。企业组织结构的设计要考虑自身的战略目标、经营现状、管理水平、高管意愿等因素，设计出来的组织结构应有利于充分发挥财务共享服务的作用，提升企业的财务管理水平，强化集团的风险管控力度等。

按照财务共享服务中心实施方案的要求重新优化企业的组织架构，财务人员的分工由每位员工负责多项业务调整为每人专职负责一项业务模块，使财务人员对该模块业务处理的专业性、熟练度更高。对于工作量较多的业务模块，可以配备多名财务人员成立业务小组，设立小组长负责管理和监督整个业务模块运行，减少财务经理的工作压力。同时，可以成立行政支持小组来支持各个业务小组和业务人员工作的正常运行。该小组的人员负责财务共享服务中心的前端外部衔接业务（如接收、扫描、装订和邮寄）和后台综合支撑业务（如系统维护和会计档案管理），并协助财务经理持续优化改进财务共享服务中心。

1. 组织设计

合理的机构设置是财务共享服务中心稳定运行的前提条件，根据财务共享服务中心的职责设立业务部门，各业务部门根据分配的职责处理具体经济事项。通过具体的职责分工，明确各业务部门和各业务岗位的职责，可以将责任落实到具体个人，保证有专人负责财务共享服务中心的信息安全，为集团财务共享服务中心提供安全保障，以此确保财务共享服务中心的稳定运行。

财务共享服务中心根据功能模块，具体设置资金管理、总账和报表、费用稽核、资金结算、往来、税务管理、运营管理等岗位。根据共享中心组织设计原则，共享服务中心运行之后，各子公司财务需要与共享服务中心密切配合确保信息高效传递，各成员单位还需设置与共享服务中心对接的岗位。

2. 职能分工

资金管理岗位负责建立健全公司财务管理体系，参与公司的经营管理，为公司发展提供支持。统筹规划资金计划，根据经营需要合理筹集与调配资金。

组织编制板块年度财务预算，并分解至各月实施；统一负责各三级子公司及上市公司日常会计核算、各类财务报表编制及年度决算工作；负责公司税务工作，指导各子公司税务事项；统一管理财务类印章、财务类档案及资产档案；指导、监督和服务各子公司财务工作，参与财务人员的管理及培训。

各子公司负责本公司的银行账户维护、变更以及注销，年度和月度资金项目计划，纳税申报，处理各类银行柜台事宜，维护与本公司所属地政府和税务的关系等职能，在影像系统上线后还要负责单据扫描、单据粘贴、单据邮寄的职能。

3. 人员配备

企业财务共享中心人员的来源分为外部招聘和内部迁移两种。构建初期，管理人员和业务专家需求较多，为保持有效能力和延续性，应优先考虑内部迁移和培养。到后期时，对于业务操作人员的要求增多。在 FSSC 建设的中后期以及未来的持续运营阶段主要以外部招聘为主，逐步实现市场化用工。

在 FSSC 规划阶段，此时管理人员和业务专家及专业类人才需求量较大，此时所聘任人员的工作重点即为盘点企业内部人力资源现状以及宣导财务共享服务理念，为组织与人员变革奠定基础；对所聘任人员的企业发展战略理解和承接能力有基本要求，并且，在此阶段对人员的财务专业知识有一定要求，另外，还需要有较强的变革意识与推动能力；根据对 FSSC 初期规划阶段对人力工作内容及核心能力要求的分析，工作人员从企业的财务骨干中内部选拔更为合适，选拔 FSSC 管理人员和财务业务专家。在 FSSC 落地阶段，此时需要兼顾财务共享服务中心建设的方方面面，所需的人才也开始多元化，在此阶段，需要管理人员、财务业务专家、适量的操作员以及一定量的运营支持的专业技能人员，工作重点由盘点人力现状及宣导理念向财务人力资源整合、分流以及广泛的培训和按照新的财务人力资源配置情况进行必要的招聘，要求任聘人员有扎实的财务专业能力，必要的项目管理能力以及较强的变革执行力和推动力与运营有效的承接力。

就招聘渠道而言，集团可以在原有保留的规划阶段从企业的财务骨干中内部选拔的人员中择优录用，运营支持和部分操作员要通过外部专业人才招聘方式实现。在 FSSC 运营阶段，集团所需人员的业务种类同落地阶段一致，但因工作重点与核心能力要求有所差异，所以在人员配置上需要有所调整。工作重点转为日常运营的管理与绩效的跟踪，对财务管理方式、流程及信息系统不断优化提升。在核心能力要求方面，首先要有与建设阶段有效的承接能力，另外要求工作人员具备良好的个人专业素质、作业品质，最后，必须具备对企业业务改善的参与和分析能力。鉴于此，对于 FSSC 在运营阶段的人员配置应减少管理人员、财务业务专家以及运营支持所占比例，提高操作员所占比例，操作员一般通过内部人才培养及外部招聘方式获得。

4. 人员素质要求

财务共享服务中心建设对人员的素质要求主要包含以下几方面：

(1) 系统意识和全局观念。财务共享服务中心不是单一的系统，是需集合公司人力资源系统、合同管理系统、办公系统、资产系统等全方面相关系统数据，因此在制定财务共享服务中心整体目标时，必须有系统意识和全局观念，从公司的战略目标出发高屋建瓴地制定。如果制定目标不考虑公司的整体性，那建设出

来的财务共享系统就不能达到各项数据的共享，只是财务系统的单机版，与公司快速成长需要的大数据融合不符，容易形成财务信息孤岛。

（2）前瞻性思维和信息处理能力。前瞻性不仅指所运用的技术知识有前沿性，还指目前开发的系统必须为后续升级留有余地。当今 21 世纪，科技发展的速度超过了以往任何一个时代，互联网为代表的 IT 技术飞速发展，为人类方便、快捷、安全收取各种信息提供了有效通道。财务共享服务中心的诞生也是基于 IT 技术的迅猛发展，它是将传统的单据传递、会计记账、报表填制等与现代 IT 技术的有效融合，因此财务共享服务中心建设过程中，需要采用新的技术（如影像扫描、智能化审批、手机 APP 等）来提升系统的可操作性、简便性、智能性。企业的业务活动随着企业发展呈现越来越多样性，内控机制也随着企业发展逐步调整完善，企业管理的精度也越来越细，公司任何一个管理系统都必须随着企业发展进行升级换代，财务共享系统也逃不脱这样的命运，因此在建设财务共享系统过程中，要在容易改变的子系统中为后续升级改造做好预留准备，避免短期内进行大的改造。

（3）及时解决问题的能力。及时性主要是指员工反映的问题需及时解决，员工对财务共享系统的满意度的高低是从运行过程中的评价取得的，满意度的高低主要是从使用该软件系统带来的工作效率是否得到极大提高、系统是否易于操作、系统数据是否安全、系统的维护效率是否及时以及与其他业务系统接口建设满意等方面进行评价，S 公司财务共享系统试运行期短，并且是新系统，与其他系统关联紧密，对新使用者来说存在一定的困难，财务共享服务中心应对使用者遇到的问题建立流畅的反馈机制和回复解决机制，从提升维护效率方面来提高满意度。相关调查研究表明，如果反映的问题在 1 天内不能得到解决或满意回复，满意度至少下降 20%，因此及时性对财务共享系统的客观评价非常重要。

（4）健康的身体素质。前文提到的流程梳理环节要求覆盖公司全体业务活动，并且要求流程审批节点合理、合规，基础数据不仅要满足现阶段需求，同时需要考虑适应后期升级改造需求等，耗时耗力的工作内容、“997”的上班模式等一系列高标准、高要求，要求参与共享系统建设的人员需要具备健康的身体素质作为先决条件，以保证过程工程的顺利开展。

（5）对政策的敏感性。近年来国家层面为完善市场经济体制出台的各项法规层出不穷，如推行的营业税改征增值税、减税降费政策，都对企业的经济效益产生了巨大影响，同时国家实施金税三期建设，对企业的偷税漏税行为进行了严厉打击，财务共享服务中心人员应对国家出台的此类政策要有敏感性，努力通过系统来规避防范风险。

企业人员（含领导层）的流动和职责的重新分工影响着财务共享系统中流程审批节点的调整，在审批节点的人员调整时，财务共享服务中心运营板块人员要关注已发起但未关闭的流程进展情况（通常情况是审批节点人员以流程发起时为准，中途的调整不会影响原审批节点人员），特别是审批节点人员的辞职，需要及时提醒和跟踪该部分流程（在做此项工作中，费时费力，也要有统筹安排），避免人员辞职导致的审批流程无法继续进展。

（6）有创新能力的复合型人才。在财务职能方面，财务共享服务的模式将促进财务人员对财务职能的产生全新的理解和认知。在财务共享服务模式下，各岗位更倾向于精细化作业，模式的变化让财务共享中心对任职员工财务知识的需求不需像传统财务模式下的全面性，而是更加侧重于对信息技术、运营管理的复合型人才的需求和培养，注重员工在组织策划、学习推广、协作方面具备相应的能力，因而共享中心财务人员的职能将向多元化趋势发展。

在财务共享服务中心建设实施过程中，财务人员作为团队的核心，负责全公司业务流程为核心的相关设计，因此在进行财务人员选择时，应注重公司总部与基层的相互结合，既要选择公司总部的财务骨干人员又要选择各子公司或分公司基层财务工作人员，公司总部财务部人员能够站在公司的高度去整体性考虑项目问题，各子公司或分公司财务人员由于基层工作经验丰富，能充分发现各项业务潜在的问题和风险，实现优势互补。

（二）系统平台

系统平台是指能够提供财务共享服务的信息技术系统，平台支持是实施财务共享模式的重要保障。统一信息系统是企业实现财务共享的重要内容之一。财务共享系统平台的搭建一般基于原有财务核算系统进行开发，也有的企业会选择新的财务共享系统平台完全取代之前的财务核算软件。如果企业集团内部各个子公司原来未使用统一的会计系统，选择财务共享系统平台后，各个子公司均需取消之前所用的所有其他的会计系统，重新建设一套先进的、完整的、集中度高的信息系统，助力企业提高数据质量和流程自动化水平。

财务共享服务中心通常包括基础核算、决策支持和战略规划三方面主要业务，也有可能针对不同企业集团和特殊要求提供价值评估、控制风险、内部审计等专业性更强的财务业务。其中基础核算是最主流的服务内容，对相同业务和种类进行分类建立不同模块进行核算，如工资支付模块、税务发票模块和固定资产模块等。完成对日常会计核算业务后，在期末时需要提供资产负债表、利润表及现金流量表等财务报表，向税务和审计部门提供财务分析，对企业集团进行各方面的财务汇总和汇报，根据企业发展需要对预算进行适当调整，对集团管理层的重大决策提供支持，对税收筹划和发展战略提供专业分析。当进行更为专业的财务业务时，一般企业集团会组建涉及领域专业能力较强的团队，利用专业技能和经验来为企业做出最优规划和决定。

运用财务共享服务平台能够彻底纠正之前独立支付、独立报账、独立出表的现象，将账务处理、费用稽核、应收应付款支付的审核都集中于财务共享系统，统一由新的公司财务部来运营，这种集中型管理能够最大限度地加强对子公司的管控程度，根除采购、销售、费用三个环节的腐败发生率，降低风险发生概率。

财务共享服务中心可以包括多个模块，如应付管理、应收管理、费用管理、资金管理、总账管理、固定资产管理、成本管理、税务管理、影像管理、档案管理、共享管理等，不同企业的财务共享服务系统平台功能模块不尽相同，但通常会包括资金管理、影像管理、网报 / 费控、管控分析等核心模块。

1. 资金管理模块

资金管理模块以影像技术为支撑，与网络报销系统连接，是财务共享服务中心系统平台的重要组成部分，能够及时解决支付问题，提高使用效率，资金管理系统得以有效运行的保障来自“银企直联”业务在银行和企业间的相对接，在FSSC 平台上资金管理系统起了至关重要的作用。该系统通过连接银行，总部可以实时获取分、子公司的账户信息，随时监控下属公司的资金变动情况，以实现集中高效的资金支付和调拨功能，使其在企业中实现有效配置，降低运营成本。

资金管理模块的主要职能是：对外负责资金统一收付、对内负责资金统一调配、投融资管理。加强总部对资金的管控以及合理调配，促进集团整体资源优化配置。资金管理模块依托于自身的资金管理系统与商业银行直接对接的，通过系统充分实现资金收支的自动化，提高资金支付的效率，同时提供子公司及时查询网银余额、付款、到账情况的功能，实现对子公司资金的及时监控，能够大幅的增加资金使用效率和更大程度地规避风险。

资金管理贯穿于整个财务业务流程，包括对资金来源和资金使用进行计划、控制、监督、考核、资金管理模块对营运资金使用的整个流程进行管理，负责账户与资金的监管，也负责各子系统的结算管理。在一些功能复杂的资金系统中还会包括资金计划管理、资金池管理、票据管理等功能。通过网银系统进行银企互联，实现与银行的直接连接，实现对账户资金的实时控制与调拨。在向银行提出账户资金变动请求时，也能接受银行账户的资金流向信息，并实现银企自动对账，在提高信息传递质量的同时，有效减轻财务人员的压力。

2. 影像管理模块

影像管理模块是实现流程运转的基础，实现实体资料到系统的传递。影像管理模块的主要作用功能是将纸质票据转化为电子票据，将原始票据的调阅难、流转烦琐、容易损毁等问题一一解决。不仅可以实现无纸化审批和会计作业来降低办公室的管理费用，还可以解决项目部员工到总部审批来回跑的地域问题，不仅能够降低票据丢失风险，还节省员工大量的时间以用于工作中。

基本流程为用影像扫描系统将纸质文档扫描转成影像文件，随后自动上传服务器，以供业务人员调阅。设计文件扫描子系统，以客户端方式安装在集团业务部门及 FSSC 本地计算机中或通过控件在 BS 端扫描，并建立影像文件与原始单据编码之间的机械对应机制，从而完成异地财务数据凭证的高效真实传递。此外，在单据量过大时，对于应付类发票，可以先进行 OCA 识别，可以优先处理金额较大单据，提高工作效率；影像管理子系统中，建立系统单据与电子影像文件之间的对应关系，安装应用扫描软件，然后根据具体项目，设置每个项目的内存设定。

(1) 票据实物流转，一般通过邮寄方式，业务部门通过在纸质票据上粘贴条形码的方式来避免票据丢失和保证业务处理时效。通过影像管理系统扫描的条形码可将票据信息自动上传至浪潮 GS 系统中，保证了票据的高效性流转，且将原始票据及时归档，以免丢失。

(2) 查找原始凭证，对于原始凭证调阅的烦琐、费时等问题，也算是财务部门的老大难问题，引入影像管理系统正好可以很好地规避这一现象的发生。纸质的会计凭证被扫描至电子档案管理系统保存后，企业管理层和其他相关人员可以随时调阅，快速便捷。

(3) 提高员工的业务处理效率，使其不必在日渐冗杂烦琐的日常业务中浪费过多的精力，将更多的时间投入企业财务指标的分析中。对比传统的管理模式，单据在同一情况下仅可在一人手中使用，无论从处理速度和使用效率来讲利用率都非常低。而在引入该系统后，电子票据可以有效地跳过时间和空间的阻碍，实现多个不同业务人员同时利用同一个单据的现象。

以员工采购与付款为例，采购人员进入线上系统填写付款申请单，同时在线下也同步提交纸质付款单据和发票等，将粘贴好的原始单据利用影像扫描系统上传至共享服务中心平台，财务共享服务中心的相关审核、复核人员接收到单据并审核无误后，在系统中登记凭证，完毕后网银系统自动接收付款指令，而后由银企直连系统反馈支付结果，这一系类流程结束后，最终将此次付款的详细信息上传至管理层，便于管理层监督检查。

3. 网络报销模块

网络报销模块也是财务共享系统平台的核心模块，与管控分析模块连接，将预算贯穿于预算、申请和发生整个费用报销的环节，对费用项目进行全面的控制；同时网报系统可以通过互联网引入专业订票网站等的服务功能，提供订票等服务并与企业签订合作协议，减少员工出差垫资、票据验真等问题，甚至可以直接导入电子票据进行处理。

网络报销模块依据预算控制对集团各项目及日常运营业务的预算标准对费用发生的整个流程进行干预，诸如对人力资源费用、服务费用等费用的全面管控。费用的控制从三方面来实现：①事前规划。核心系统是预算管理系统，项目实施前，对计划实施的项目根据项目规划蓝图，对每一步骤流程、涉及的每一环节产生费用进行预算管理。②事中控制。根据事前计划以及项目进程或者日常运营的具体情况，根据过程中出现的变动或者疏漏，及时修正预算计划，并全面、严格把控全程的费用。③事后考核分析。通常在项目完成或者业务发生后，结合项目推进过程中对全过程的把控，根据事前的预算规划，对项目的费用出评价考核。

通过对报销的原始单据进行影像化，提升审批效率。将电子发票接入报销系统，实现电子发票在报销系统的在线验伪和防重（防止重复报销），管控财务风险。利用手机 APP、云端推送等手段，对报销的审批、资金支付进行远程审批和实时反馈，实现预算审批和支付结果的可视、可查。逐步实现一站式报账服务，打通从申请、审批、报账、支付、核算、报告所有环节，实现数据不落地，全线上应用，全程管控。根据企业管理需求，逐步融入标准化、自动化应用和定额管理应用，财务报销规则预警等机制，提升企业风险防控能力与生态链融合力度。

具体做法是，提前录入企业员工基本信息，需报销的相关业务部门的员工，直接在报销系统中填写报销单，不再需要前往总部领取报销单，也不需要进行单据粘贴，而是在影像管理系统中进行扫描上传，系统自动核对员工身份信息，成功后自动提交管理层由相关领导进行审批，完毕后单据自动返回财务共享服务中心核算中心。由相关工作人员链接银企直连系统进行付款申报，随后报销金自动划拨至员工相对应的工作卡里。中心财务人员在收到付款单据反馈后，在账务系统中自动生成记账凭证。

应用网络报销模块，克服了纸质票据在企业日常业务办理流转过程中使用效率低、高风险、容易破损等缺陷，减少了纸质票据单据的利用，也就节约了办公室纸质用品的浪费，进而降低了管理费用。最重要的是网络报销模块将提交上来的单据自动生成记账凭证，不仅节省人力物力，更是使工作效率翻倍。

有的企业建立财务共享中心时设计的是费控系统（模块），其功能与前面所述网报模块大多重合，只是更加突出强调费用控制功能。

费控系统对进行票据报销处理的工作流程大概为：单据在审批完后，进入费用管理控制系统的作业池，随后对单据以叫号取单或者系统推送方式进行派工。另外，在对单据的管理系统中，系统会自动对凭证进行一系列操作。除此以外，费控系统中需要建立支付管理功能，能够对所有支付记录进行统一管理，区分待支付状态、已支付状态、支付失败状态等；影像调阅等职能。

费控系统的具体功能包括单据制作、预算管理、会计处理、查询管理、状态通知、单据审批、系统管理、质量管理、绩效管理以及预算查询分析等，通过与其他模块连接进行数据接入、派工、费用报销业务处理、特殊处理、总账业务处理等。其中：单据制作包括草稿管理、实物票据号管理、单据封面打印、单据在线录入、单据号管理、报账单撤回、离线导入功能；预算管理具体包括预算检查、年度预算汇总表、预算申请进度、预算调整单查询、预算调整单、日常查询报表、月结查询报表、财务分析报表的功能；会计处理包括财务审核、准凭证处理、准凭证导出、单据关闭功能；查询管理包括代办查询、单排查询功能；单据审批包括审批管理、审批授权功能；质量管理包括质检计划、质检执行功能；状态通知包括待办事项通知、单据状态通知功能；系统管理包括系统维护、系统帮助权限管理、工作流管理及其他接口；绩效管理职能包括时效统计与工作量统计。

会计核算原本是财务系统最根本的功能，建设财务共享服务中心后各子公司的会计核算、账务处理、财务报表等业务被集中到共享服务中心，通过对重复性、程式化的业务进行集中处理，会计核算的功能基本由系统自动完成。这样统一处理推动了标准化进程、提高了财务工作效率。实现业务处理标准化，将要素进行系统固化，有效管控人为因素，降低财务风险；标准化、自动化建设将成为财务共享模式建设的重要领域，将大量重复性核算工作交由系统处理，减少人工工作量。

4. 管控分析模块

通过设立财务共享服务中心搭建核算自动化引擎平台，将财务人员从基础工作中解放出来，加速了财务会计向管理会计转型，FSSC 必然要承担起管理会计的各项职能，加强业财融合，强化财务预测、财务决策、财务计划、财务控制、财务分析等管控职能。

通过搭建财务智能管控分析系统平台，依据不同阶层管理者关注的重点定制分析系统，打破决策信息和管理层之间的壁垒，跨越原有财务信息系统操作门槛，为不同的决策者提供清晰可视的决策信息；依据企业管理专业化领域不同，精准定义与满足管理需求，为企业决策提供核算、预算、资金、资产及业务方面的预测、预警、风控、统计、多维分析等决策辅助信息；借助移动 APP、短信、PC 等多种信息终端，依据决策管理者不同的岗位与关注要点，采用主动推送、自动提醒、预警展示、穿透查询等多种方式予以展现，努力提高决策支持的精准度与信息分享的易用性。

（三）业务流程

财务共享服务中心建设的核心内容是业务流程再造，即对业务流程进行优化设计。业务流程再造是实施财务共享服务中心建设的起点，以业务流程为起点可以梳理出所需建立的基础资料、流程分类及审核节点、与其他软件的关联等，如费用流程，根据资金流入还是流出分为收款流程和付款流程，再根据双方是否签订合同或协议划分，收款流程分为日常收款和应收合同系统，付款流程分为费用报销系统和应付合同系统等，直至无法继续划分程度为止，在根据最末级流程分析所需的基础资料、不同流程的审核节点等。

企业应根据自身财务共享服务的特点来优化重组业务流程，提高企业的运营能力和竞争能力。在业务流程优化重组的过程中，要避免业务流程梳理的泛化，企业可以根据“二八法则”识别出重要的业务流程，尽管这些业务流程在数量上可能只占到整体的 20%，但却在 80% 的程度上决定着整体的业务流程。财务共享中心的流程优化基于对流程实施的可行性分析和持续监控，并结合对财务共享中心流程运作的成本、时效、质量、服务数据等方面的考虑，在对流程进行持续跟踪和评估的过程中不断校正优化方向，希望从流程优化中获取最大收益。业务流程再造花费时间多、难度大，需要与相关各部门（含公司总部各部门和各分公司）沟通，对流程审核节点的决定需要依据公司管理程序或领导的决策，特别要注意梳理出来的流程应覆盖企业全部业务。

业务流程主要包括采购应付流程、费用报销流程和集中支付流程等，通过设计处理费用报销、资金支付和业务核算等具体业务的三个关键流程，再造优化流程，提供财务信息给管理者提供决策支持，最终达到提升管理水平的目的。

1. 采购应付流程

招标部门电子采集采购合同发送给归口管理部门，归口部门采购经办人根据合同在财务共享服务中心中录入采购订单，业务经办人收到对方单位开具的发票后，通过扫描设备扫描发票原件传递到财务共享服务中心，启动财务审批和账务处理流程。财务共享服务中心收到发票影像资料后自动提取发票信息生成对应报销指标的应付单，经财务人员审核采购发票抬头、发票类型、数量金额无误后生成付款单。归口管理部门收到货物后验收入库，提交入库单，财务共享服务中心自动比对付款单和入库单，核对无误后提交网银付款给供应商费用报销流程报销人在企业门户端填写报销单，发起报销申请并上传影像附件，详细录入报销的经济事项和金额等指标，录入完成后，平台将报销申请邮件自动传送给相应的审批人员。各级审批人员在企业门户端或邮件系统中对报销单进行审批，包括审核报销事项是否真实，报销申请金额是否合理。如果负责人审批通过，系统将报销单及影响附件提交财务经理审核，并自动发送邮件通知报销人审批结果，报销人在企业门户或邮件系统中打印报销单，粘贴单据并投递到报销单据收集箱。财务经理在报销管理中审核报销单影像附件和报销单据收集箱中的原始附件，审核费用报销单填写是否完整准确，报销授权审批是否完整，实物单据与电子影像是否一致，附件粘贴是否合规等。审核通过后发送到网上报销系统发起网银支付，同时生成会计凭证。财务经理审核凭证无误后打印。财务共享服务中心的财务审核人员审核应付单或报销单无误后，填制付款凭证并将付款信息导入银企互联系统中。资金划拨人员生成电子支付单。财务复核人员复核电子支付单，如果审核不通过则退回，如果审核通过并在权限内则进行付款确认，如果审核通过但超越权限则提交上级领导审批后进行付款确认。付款后结果将自动返回报账平台，如果付款失败则退回重新发起流程，如果付款成功，打印凭证并取得银行回单后归档会计凭证。

2. 费用报销流程

报销人在企业门户端填写报销单，发起报销申请并上传影像附件，详细录入报销的经济事项和金额等指标，录入完成后，平台将报销申请邮件自动传送给相应的审批人员。各级审批人员在企业门户端或邮件系统中对报销单进行审批，包括审核报销事项是否真实，报销申请金额是否合理。如果负责人审批通过，系统将报销单及影响附件提交财务经理审核，并自动发送邮件通知报销人审批结果，报销人在企业门户或邮件系统中打印报销单，粘贴单据并投递到报销单据收集箱。财务经理在报销管理中审核报销单影像附件和报销单据收集箱中的原始附件，审核费用报销单填写是否完整准确，报销授权审批是否完整，实物单据与电子影像是否一致，附件粘贴是否合规等。审核通过后发送到网上报销系统发起网银支付，同时生成会计凭证。最后，财务经理审核凭证无误后打印凭证并归档。

3. 集中支付流程

财务共享服务中心的财务审核人员审核应付单或报销单无误后，填制付款凭证并将付款信息导入银企互联系统中。资金划拨人员生成电子支付单。财务复核人员复核电子支付单，如果审核不通过则退回，如果审核通过并在权限内则进行付款确认，如果审核通过但超越权限则提交上级领导审批后进行付款确认。付款后结果将自动返回报账平台，如果付款失败则退回重新发起流程，如果付款成功，打印凭证并取得银行回单后归档会计凭证。

采购到付款业务流程、费用报销业务流程、资金结算业务流程、固定资产核算业务流程、总账到报表业务流程一直是财务共享中心系统构建的基础，是财务共享中心初级阶段的常规路径。

(四) 运营管理

财务共享服务中心上线并不是终点，建立完善的运营管理体系，才能使其保持良好的运营，促进企业财务转型。世界一流企业更关注共享服务中心的运营管理，采用多种管理工具进行评估、优化。GE 采用六西格玛管理、精益管理以及 FastWork（GE 根据精益创业的思想开发的快速工作法，其核心是敏捷试错与快速迭代，适用于产品的推出、新模式或新策略的规划调整等。）等对共享服务中心进行运营优化，全面提升服务质量。由于运营时间较短，很多企业财务共享服务中心现阶段的主要目标是提高效率和服务水平，尚未构成完整的运营管理体系，但部分企业逐渐开始关注运营管理的优化。

企业应当根据实际的运营情况来建立财务共享中心的运营管理体系，并确定统一的评价标准。企业在建立财务共享中心运营管理体系的同时也丰富了自身的管理手段和管理工具，运营管理体系的建立能使得管理手段更加多元化和管理活动更加规范化，从而提高管理效率、改善管理效果。财务共享中心的运营管理体系包括目标管理、信息系统管理、标准化管理、制度管理、质量管理以及服务管理、人员管理、知识管理、绩效管理等方面。其中，目标管理是财务共享中心运行的导向，也是开展其他管理活动的基础。信息系统管理、标准化管理、制度管理、质量管理以及服务管理共同对财务共享中心的运作流程进行统一和规范，提升了财务共享中心的运营效率。人员管理、知识管理、绩效管理是为了保持财务共享中心员工的工作积极性以及保持共享中心的组织活力。

1. 业财深入融合

业务审批和会计核算的标准要一致，财务制度、科目设定和核算办法也要一致，财务、业务流程关键节点及重要程序要规范。

财务人员要积极主动与相关业务部门沟通衔接好财务监督工作的标准和要求，将财务共享服务中心涉及的财经法规和内部控制制度传达给相关经济业务部门，从源头上规范经济业务事项，业财深入融合，提升财务工作的效率和质量。

2. 统筹管理与监督

针对财务共享服务中心的新业务流程制定相关制度，规范各流程的具体职责和操作标准。整合财务内部控制制度，将以前相对独立、分散的制度通过整理统一到共享平台上。搭建交叉型稽核制度，通过财务共享服务中心随机选取财务人员审核事项，审批后再以差额审批的方式对审核通过或未通过的事项进行复核，确保审批事项的审核客观公正。

建立完善财务监督体系。财务监督在管理中可分为刚性监督、指标监督和合理性分析。将经济业务分级审批流程等刚性监督纳入财务共享系统中进行日常管理，减少人为操作的因素；将各项财务绩效指标监督纳入财务共享系统中进行定期管理，实时跟踪各项财务绩效指标的开展进度，及时调整进度未达预期的各项指标；重点选取关键绩效指标纳入财务共享系统中进行日常监督，在大数据的支持下发现并改善经济活动中存在的问题。

3. 建立科学的人才培养机制

针对财务共享服务中心的人员需求制定专业的人才培养制度，不仅仅是针对财务知识技能的培训，还包括对业务前端的学习。健全财务共享服务中心人员考核办法，不同种类的人员设置不同的绩效考核办法。建立财务共享服务中心人员轮岗制度，针对财务共享服务中心的业务类型设置不同的业务岗位，在多层次、专业化的财务队伍中定期轮岗。

培养专业的财务监督人才。设置人员专职负责财务监督职能的履行，财务共享服务中心在进行流程再造设计时，可以将财务监督岗位独立出来，对经济业务按类型进行监督，针对不同的业务类型分别设置成本核算监督、资金收支监督和税收管理监督等岗位对财务工作进行监督。同时将相关监督岗位的财务人员培训转为以财务监督内容为主的发展方向，把法律法规、内控制度和业务流程控制等内容作为监督岗位人员学习的重要内容，在学习、研究的过程中对财务共享管理模式的内部监督提出积极的管理建议。

还要通过制定合理的激励制度，提高员工的工作积极性，并形成不断进取的文化。

4. 健全信息安全管理制度

财务共享模式下，海量的商业信息存储在财务共享服务中心，必须健全信息安全管理制度，为财务共享服务平台提供安全的内外部环境抵制信息安全威胁，避免出现商业机密泄露等信息安全隐患。设计科学的系统权责分配制度，制定严格而科学的系统访问控制权限，一方面可以保障信息数据的安全性，另一方面通过设定不同的访问权限开放相应模块功能。

通过优化现有的财务信息系统安全制度，完善财务共享模式下的信息安全体系，结合纲领性的管理办法等规范性文件，补充制定运行方面、监管方面和技术方面的信息安全管理制度和规范，完善企业的安全性管理机制。优化管理流程和操作规范，根据系统运行过程中可能出现的财务共享信息安全威胁点，建立新的财务共享流程，完善操作手册、技术标准和操作流程等指南文件，改进现有流程中存在的风险点。建立入侵防御系统，运用入侵检测技术、漏洞扫描技术和隐蔽职能网关，将各个安全技术融合，建立财务共享服务中心安全整体解决方案。加强数据安全管理，充分考虑实体方面、系统方面、数据方面、通信方面、运行方面和管理方面的安全因素，保证财务共享的信息的安全性。财务共享服务中心设备所处的物理环境也是一个尤为重要的安全因素，制定合理的机房管理制度可以保证安全的物理环境，满足财务共享平台的数据存储和备份需求，以此确保财务共享服务中心数据库的安全。

四、财务共享服务中心的类型与运营模式

企业采用何种财务共享服务中心类型或运营模式与企业实施财务共享服务的目标、战略定位及驱动因素息息相关。这是因为，在某个特定时点，企业财务共享服务中心的建设目标和战略定位不同，会使得企业实施财务共享服务的需求有所差异，而企业的需求，即企业设立财务共享服务中心的动机和目的，将会决定此时财务共享服务的最佳运营模式应该是哪一种。换句话说，不同的企业实施财务共享服务可能会选择建设不同类型的财务共享服务中心，并选择不同的运营模式，从而体现在实施财务共享服务的关键因素的具体设计上有所不同。

(一) 财务共享服务中心的类型

国内学者主要是按照中心的建设目标和战略定位对财务共享服务中心进行分类，战略定位决定了企业集团实施财务共享服务是为了解决什么问题，即实施财务共享服务想要达到的目标。财务共享服务中心按照建设目标和战略定位可分为成本控制型、风险管控型和价值增值型财务共享服务中心。

1. 成本控制型财务共享服务中心

企业集团设立成本控制型财务共享服务中心的实施动机主要是降低财务运作成本，提升财务管理效率。这类财务共享服务中心负责的业务范围主要是会计核算。由于具有重复性高、发生频率高的特点，会计核算的集中处理和其他职能相比更容易发挥规模效益从而降低成本。同时，对于业务流程的调整和简化能够保证集团内部会计核算工作的标准化和规范化，从而提高会计业务的处理质量和效率。概括来说就是，以降低财务运作成本为目标、提供基础性财务服务的财务共享服务中心是成本控制型财务共享服务中心。

成本控制型财务共享服务中心的特点是，成本控制型财务共享服务中心通过会计核算集中处理可降低财务运作成本，提高财务管理效率，提供基础性财务服务。成本控制型财务共享中心与集团财务部门同级别，财务职能进行非常清晰的划分，二者财务工作侧重点不同，财务共享重核算，集团财务部门重管理。在财务共享服务中心业务流程设计上尽量考虑将服务中心与集团财务部、业务单位财务部门的程序简化。财务服务中心对会计技术要求不高，工作流程较为简单，工

作量稍大，所以对需要配备的工作人员专业要求不是很高，对工作效率和出错率相对要求较高。财务服务中心的技术配备上也较为基础，必要的传输设备和网络环境即可完成，如影像管理系统、财务核算系统等。

在组织结构的设计方面，成本控制型财务共享服务中心在企业集团的组织架构中平行于财务部门，与集团内的财务部门不存在上下级的隶属关系。这种组合是按照职能划分的，承担会计核算职能的财务共享服务中心相当于会计核算中心，而原先承担其他财务职能的总部财务部门相当于财务管理中心，两者一个重核算一个重管理，财务职能的划分非常清晰。

在业务流程的设计方面，成本控制型财务共享服务中心负责的会计核算流程设计主要关注的就是中心与总部财务部、业务单位财务部或者业务部门在一项完整的工作中如何分配执行人和职责，从而将流程尽可能地简化，降低成本。例如，原始凭证的初审是应该由业务单位的财务部进行审核，还是由财务共享中心审核。

在人员配置的设计方面，成本控制型财务共享服务中心对岗位能力要求较低。会计核算具有工作流程简单、节点少，容易标准化，技术难度低，专业要求不高，工作量大的特点。这样的岗位一般不需要配备的员工必须具有很高的教育程度和很强的专业背景，对员工的要求主要在于操作的熟练度、工作效率和差错率，从而决定了中心的劳动力成本会比较低。但是，由于这类人员的收入水平较低，流动性可能会较高。

在信息平台的搭建方面，成本控制型财务共享服务中心对信息系统的要求比较基础，只需要保证财务共享服务中心正常运营的财务核算系统、影像管理系统、网络报销系统、银企互联系统和电子档案系统等能够有效衔接即可。

成本控制型财务共享服务中心降低财务运作成本的目标可以通过以下几个方面实现：首先，将财务共享服务中心的业务范围限定在会计核算。会计核算是最基础的财务工作需求，基数大，最能够通过集中处理和流程简化产生规模效益，降低成本。其次，将会计核算流程细分，交由不同的责任主体负责，选择成本效益最大的职责归属方式。例如，阳光保险的会计核算职能是放在财务共享服务中心中处理的，但是对整个会计核算的流程进行了拆分，中心只负责记账凭证的审核，而账务处理部分则外包给外部处理。而且该中心并未指定账务处理的负责主体，采用按件计价的方式购买服务，外部的服务提供商可以随意抢单，这样的做法不仅对成本进行了有效的控制，而且还能加快财务核算的过程，提高效率。

成本控制型财务共享服务中心适用于业务量大，交易频繁，业务扩张迅速，在原来集团总部和分支机构需要大量会计核算人员的企业。即财务交易频繁、会计核算占用的人员占整个财务人员的比例偏高、具有同质业务或不断进行业务扩张的企业集团适合建设成本控制型财务共享服务中心。

成本控制型财务共享服务中心的主要建设目的是在确保企业正常运营的情况下，最大限度地降低企业的财务运作成本。纳入此类中心的业务范围多为重复性高、易于标准化、与企业决策相关程度低的会计核算业务。这主要是因为会计核算业务通过流程的优化，能够提高会计业务处理效率，并且会计核算工作经过标准化和规范化后容易实现规模效应，降低财务运营成本。尤其是当企业新设立业务单元时，不用相应设立会计核算岗位，财务共享服务中心的灵活性和规模效应会更加显著。因此，本类型财务共享服务中心适用于不断进行业务扩张的、具有同质业务或者财务交易频繁、会计核算占用的人员占整个财务人员的比例偏高的企业集团。

2. 风险管控型财务共享服务中心

企业集团建立风险管控型财务共享服务中心的目的在于加强总部对下属单位的财务管控，提高防范风险的能力。因此，这种类型的中心的业务范围相较前一种模式会更加宽泛，除了基本的会计核算，其他有利于企业加强管控的辅助型的事务性工作也被纳入财务共享服务中心的职能范围中，例如资金管理、税务管理等。同时，流程的简化通常会带来两面性，即成本降低和风险控制的冲突。因此此类财务共享服务中心通常会把风险管理和防控的职能内化在程序中，进行控制，以实现集团对其下属单位或部门的实时监控，提高集团的综合掌控能力，有效地控制和规避风险。概括来说就是，以加强管控和防范风险为目标、提供财务服务和内化控制措施的财务共享服务中心是风险管控型财务共享服务中心。

风险管控型财务共享服务中心的特点是，风险管控型财务共享服务中心比成本控制型业务相对增加，把有利于企业加强管控的辅助型事务也纳入工作范围，如资金管理、风险管理等，此类服务中心有利于集团对下属单位的监控和掌握，可有效控制和规避风险。

风险管控型财务共享中心隶属于集团财务部门，集团财务部门的部分职能划分出去，除了基础的会计核算还有部分财务管理。在财务共享中心构建时除了考虑内部和其他企业财务部门之间业务流程，同时会更加关注如何通过业务流程设计来实现加强管控。在人员配置上，工作人员除了设置基础会计岗，还要有财务分析、预算、财务管理等岗位，其中管理岗位除了具备财会专业知识外更要掌握

内部控制和风险管理技能，充分发挥控制作用。在信息平台构建上除了基础设备，需要额外加入预警平台，将内部控制和风险管理手段嵌入系统。风险管控财务共享平台的建设关键点是风险控制点的置入，通过分级授权或节点控制手段规避徇私舞弊行为，降低财务风险；同时平台信息系统对财务异常现象发出警示，提取指标，及时提示相关部门。集团财务可对风险管控型财务共享服务进行有效监管和风险控制，提高整体抗风险能力。

在组织结构的设计方面，风险管控型财务共享服务中心在企业集团的组织架构中隶属于集团的财务部门。原先在总部财务部中的部分财务职能转移到共享服务中心，使中心承担的财务职能更多，除了基础的会计核算，还包括一部分财务管理职能，例如资金管理、预算管理、风险管理、税务管理等。

在业务流程的设计方面，风险管控型财务共享服务中心在对会计核算和财务管理流程的调整和简化的同时会更加关注如何通过流程的分割和设计来加强管控，以及在一项流程中选择那些关键节点来设置预警指标，从而对财务业务活动进行风险控制。

在人员配置的设计方面，风险管控型财务共享服务中心对岗位能力要求适中。需求的岗位除了基础核算岗，还包括财务分析岗、资金管理岗、预算岗等管理岗位，这些岗位上的人员的日常财务工作都需要遵照流程的安排进行，而其中的一些岗位是关键的控制节点，需要在岗人员能保持独立性的原则，严格按照制度行事，根据企业的相关政策规定进行审核和判断，避免徇私舞弊的情况，充分将流程的控制作用发挥出来。因此，除了具备基本的财务专业技能，还要求配备在岗的人员能够对内部控制和风险管理有一定了解，从而坚守好自己的职责。

在信息平台的搭建方面，风险管控型财务共享服务中心需要加入预警管理的平台技术。由于信息化技术的应用，日常工作的操作需要借助信息系统执行，通过将风险控制的制度和内容内嵌在程序设置中，能够有效地进行风险控制。

风险管控型财务共享服务中心增强管控、控制风险的目标可以通过以下几个方面实现：首先，将风险控制点固化入流程，分级授权，节点控制。例如，中铁建的审批流程中，提交单据的业务人员无权进行审批签字、低权限的人员无法越级审批签字，从而规避了营私舞弊行为，以此强化内部控制、降低财务风险。其次，通过系统统一流程，嵌入制度由系统自动控制。最后，通过平台实行信息共享与分析预警一体化。例如，中铁建的财务分析及预警系统具有预警监控的业务功能，针对财务相关的各项风险，提取相关指标，运用多种手段进行综合评价，监控重点业务、关键指标、预算完成情况等，及时发现财务风险提出预警，传达至相关业务部门，通过预警反馈了解处理情况，并持续关注相关指标监控处理结果，提高整体抗风险能力。

风险管控型财务共享服务中心适用于业务量大但是种类繁多、财务人员相对较少或对外并购、变革频繁的企业集团。即人员少、业务量大，业务类型多元或重组、并购、变革频繁的企业集团适合建设风险管控型财务共享服务中心。

风险管控型财务共享服务中心的建设目的是通过财务共享服务增强管控能力、防范风险。该类中心的业务范围不只是会计核算职能，还包括一些财务管理的职能，例如财务分析、资金管理等。将财务管理的部分职能分离出来进行集中处理，最直接的效果就是效率的提升以及财务管控能力的增强。而该类中心纳入的风险管理职能，通过嵌入流程和信息系统，能够有效地监控企业的财务、业务流，提高集团的综合掌控能力，防范风险，从而有效支撑企业集团多元化的发展战略。因此，本类型财务共享服务中心适合于人员少、业务量大，业务类型多元化，重组、并购、变革频繁的企业集团。

3. 价值增值型财务共享服务中心

企业集团建设价值增值型财务共享服务中心的最终目标是企业价值的提升。这种情况下的中心提供的财务服务不仅能满足企业集团内部的各部门和分支机构的需求，还能有能力为外部企业提供财务服务或财务咨询服务。通过推动管理成果输出、财务管理咨询实现增值服务，为企业创造新价值。概括来说就是，以提供价值增值的财务服务为目标、提供财务服务或财务咨询服务的财务共享服务中心是价值增值型财务共享服务中心。

价值增值型财务共享服务中心的特点是，价值增值型财务共享服务中心以提升企业价值为目标，在满足企业自身财务需求的情况下对外部企业提供财务服务或财务咨询，为企业创造更大的价值。增值型财务共享服务中心在构建初期就定位为独立的组织机构，可以以子公司形式独立经营，除了会计核算、管理阶层同时还具备咨询服务职能。由于价值增值型财务共享的独立性和具有财务咨询业务，要求工作人员要有较高的专业素质和工作能力，最好具有相似的咨询工作经验。信息平台也要考虑业务需求，对平台系统搭建不同应用模块，如基础应用、高级应用等，满足不同客户的需求。

在组织结构的设计方面，价值增值型财务共享服务中心在企业集团的组织架构中独立出来，以更大的组织形式，例如分子公司进行独立经营。它可以从企业集团的共享中心分化出来，也可以在成立之初就定位于独立经营的共享服务机构。这种中心的业务范围更广泛，除了基础的会计核算、财务管理职能和风险管理职能，还具备咨询服务职能。

在业务流程的设计方面，价值增值型财务共享服务中心的流程比较复杂，经过的节点较多，因此该类中心流程设计的重点就是服务经过节点的分配。

在人员配置设计方面，价值增值型财务共享服务中心对岗位能力要求较高。由于该类财务共享服务中心的职能范围除了会计核算、风险管理，还包括多种专业的咨询服务。每种职能需求的技能不同，难度也各异，例如咨询服务岗位的员工除了专业技能外还要求比较过硬的素质水平，包括教育程度、专业背景、工作能力甚至是相关的工作经验。在这种情况下，该中心的劳动力成本会比较高，但是有竞争力的收入和发展的空间也会使得人员的流动性降低。

在信息平台的搭建方面，价值增值型财务共享服务中心的信息系统更关注业务的协作性，对于不同的内部系统包含的职能按照功能的基础程度进行分类，划分为基础应用和高级应用，从而更好地满足不同类型分子公司以及客户的业务需求。

价值增值型财务共享服务中心提升企业价值的目标可以通过将财务管理成果转化为咨询服务的内容对外输出以获取财务收益，为企业创造新价值。例如，四川长虹将实施财务共享服务的各方面作为服务内容提供咨询，包括业务流程咨询、财务信息化建设咨询以及企业数据中心服务的咨询。这使得财务共享服务中心从原先的成本中心向利润中心转变。

价值增值型财务共享服务中心适用于财务共享业务已经成熟，并可以独立出去作为企业集团新的增值项目。即财务共享服务已成熟运营并意图将财务服务用于为企业创造价值的企业集团，适合建设价值增值型财务共享服务中心。

价值增值型财务共享服务中心的主要建设目的是实现财务价值的提升。财务共享服务中心的职能局限于集中会计核算时，财务职能只是作为一项辅助职能，用来支撑核心业务。而将财务共享服务中心的会计核算职能作为一项服务独立收费，财务共享服务中心由成本中心转为利润中心，财务职能的作用也转变为价值增值。由于将财务职能作为一项服务来独立运营必定需要一定的基础，如一定的客户和生产能力，因此价值增值型财务共享服务中心在基础的财务共享服务中心发展到一定阶段后才能实现，即适用于财务共享服务已经成熟运营的企业集团。

(二)财务共享服务中心的运营模式

目前关于财务共享服务的模式主流观点是将财务共享服务中心按照其市场化程度划分为基本模式、市场模式、高级市场模式和独立经营模式这四种模式。这四种模式为层层递进的关系。

1. 基本模式

基本模式认为财务共享服务中心作为一个职能中心，主要是为了给企业内各个业务单元提供专业支持。通过把企业基础会计核算工作集中起来来实现规模经济，最终达到降低成本、规范操作程序的目的。

基本模式下的财务共享服务希望通过建立标准化、规范化的流程来达到提高财务处理效率、降低财务成本的目的。它利用规模经济的原理，由财务共享中心负责集中处理企业日常性、重复性的财务工作。

在企业实施共享服务模式时，必然要涉及一般性事务处理和行政管理工作的整合。这种模式通过合并和整合财务的日常性事务工作，实现规模化处理和规范化、标准化、流程化的目标。在基本模式下，通过合并和整合例如“应付工资”“应付账款”“差旅费”等日常性的事务，实现规模操作。以此类业务为切入点，能够最快实现预期效益。这一模式下的共享服务中心，更加侧重人员优化、地址选择、工作量化等要点。这种模式与集团财务集中管理的工作模式相比，是将内部基础工作和管理职能进行了区分，对基础工作进行共享服务。

在德勤于2013年发布的《中国企业财务共享服务现状与展望》中提到，在此次调查中，大部分受调研企业在应收账款、应付账款、总账、员工薪酬、费用报销和资金管理流程方面的财务共享使用率超过60%，使用比例最低的是固定资产管理流程。目前我国大型企业集团中实施的共享服务模式基本上都属于这个阶段，基本模式下的共享服务中心为集团内部的统筹操作，对集团内部其他部门而言，没有选择权，强制性地只能采用该服务，缺乏竞争，长此以往会存在发展质量堪忧的问题。同时，基本模式往往不能将其职能内部的基础运营与决策权相割裂，因此不具备独立经营的决策权。

2. 市场模式

市场模式是由基本模式进一步发展而来，它不再把财务共享服务中心看作企业内部的一个职能中心，而是作为一个独立运营责任主体存在。在这一模式下，财务共享不再是托管式的服务，部分管理和决策职能有了初步的分离，更专注于服务职能，以提升客户满意度、提高服务水平为目的。

市场模式下的财务共享服务的目标是提高服务水平和客户满意度，原因在于市场模式下的客户可以根据自身需求决定是否购买服务以及购买何种服务，财务共享中心因此需要不断提升服务水平来吸引和留住客户。

该模式是在基础模式上，进一步分离企业职能内部的基本运作与决策权后产生的模式。这种模式下，财务共享服务中心不再只是依附于集团内部其他部门而存在。市场模式下，财务共享服务中心分离了其控制、服务的职能，采用收费模式，进而做到半自主管理。在这种模式下，共享服务中心也将提供专业咨询建议服务，例如财务顾问、人力资源、法律等。由于这些服务具有特殊性，企业集团内部部门不再强制性要求接受该项服务，而可以根据自己的需求和意愿自主决定是否接受，这也就意味着决策权在内部部门的手中。共享服务中心在这样双向选择的竞争条件下，就要不断提升自身的专业实力和服务质量。除此之外，还需要开始提供基于基础信息所提供的专业顾问，才能带来价值增值。与此同时，享受此类服务的内部部门客户还需要支付相应的费用，以此来支持共享服务中心的自主运营。在这种模式下，企业总部不再需要对共享服务中心进行完全控制管理，共享服务中心将拥有自己的管理团队，集团总部将共享服务中心视为一个独立经营体，不需要过度干涉，共享服务中心因此也更加灵活。

在市场模式下，共享服务中心的职能和运营方式发生改变，已不再是依附于集团内部的服务部门，同时对提供的服务进行收费。而且此时的集团内部客户拥有了一定的决策权，也不再强制性要求被动接受共享服务中心的服务，他们可以自愿选择是否接受。在这种模式下，共享服务中心为了营销自己，需要不断提高自身的专业能力，提升服务水平。共享服务中心经历一段时间的成长，咨询服务水平有了巨大的进步，由此可发展为高级市场模式。

3. 高级市场模式

高级市场模式是市场模式的进一步发展。它引入了竞争机制，客户有权对自己的财务服务提供者进行选择。客户的自主权扩大，财务共享服务中心所面临的外部竞争也随之增多。

在高级市场模式下，企业可以自主选择由内部的财务共享中心或者外部的服务机构向其提供财务共享服务，同时允许企业内部的财务共享中心在保证自身信息安全的情况下为外部客户提供服务。

在高级市场模式下，客户享有更大的选择权和决策权，甚至可以从外界选择适合的机构提供服务。而相应地，内部的共享服务中心经过一段时间的成长，也能对外部的客户提供服务，收取费用。此时的市场竞争已经比较充分了。

4. 独立经营模式

独立经营模式是财务共享服务模式发展过程的最高阶段。这一模式强调财务共享服务中心的独立性，定位是外部服务提供商。在这种模式下，财务共享服务中心和外部咨询、服务机构开展完全竞争，以利润最大化和企业价值最大化为目标。

经过前三个阶段的发展，共享服务中心已经可以作为一个独立的经营实体来运营，甚至已经有实力与外部的服务机构进行竞争，此时的市场竞争已经呈现出完全竞争状态。为了能在市场上存活下去，这个阶段的共享服务中心必须提升产品和服务水平，创造稳定的收入和现金流。

独立模式下的财务共享中心是一个独立的经营实体，自主经营，自负盈亏。它凭借着高新技术和人才为客户提供专业化的服务，并在市场上与外部服务商开展完全竞争。

在构建财务共享服务中心前，企业可以结合自身需求与实际经济状况、行业特点及战略定位等选择合适的类型和运营模式。

企业在选择哪种共享模式时的影响因素，主要与企业的发展要求和定位密切相关，例如战略规划型企业，由于这类企业的管理权、控制权高度集权于总部，因此使用管控模式更适合。目前，基于我国的数字化水平与企业的商业模式特点，我国企业集团自主构建的 FSSC 大多选择市场模式或者基本模式。

五、财务共享服务中心的局限性与风险

(一) 财务共享服务中心的局限性

从财务共享服务的发展趋势以及实际应用情况的效果，我们可以看到，财务共享服务的发展方兴未艾。财务共享服务通过构建财务共享服务中心来实现，随着社会的发展，现如今，超过 90% 的世界 500 强企业都先后成立了专门的财务共享服务中心，但同时，我们也发现财务共享服务中心也并非完美。

段培阳 (2009) 认为很多企业在建立财务共享服务的过程中存在盲目性。由

于管理水平和信息化程度跟不上，导致离预期的目标越来越远。马克·桑切斯（Mark M. SancheZ，2016）在对西方发达国家财务共享失败案例的研究分析后指出，部分企业不能及时准确判断未来市场前景，在财务共享服务中心建设过程缺乏管理层的有效、持续性的支持，尤其是在对于东亚地区的开发过程中，对于中国、日本、韩国等主要国家的文化的了解不够深刻，在战略目标制定上缺乏针对性。

财务共享服务中心的局限性主要体现在以下几方面：

1. 运营管理体系不完善

财务共享服务中心是一种创新的财务组织模式，需要建立完善的运营管理体系，确保业务规范执行、保持组织健康活力。目前很多企业财务共享服务中心运营管理活动相对简单。特别是中央企业下属单位众多，内部信息系统多样。如果信息系统不统一，数据的共享与利用、财务工作效率都会受到制约，进而影响企业财务数字化转型的进程。如果不能建立完善的运营管理体系，针对不同建设阶段选择性关注重点维度，持续评价并改进业务流程，财务共享服务中心未来的发展将受到重大影响。

在实施财务共享时，有些企业过于注重财务共享范围和服务细节，而在集团财务管控方面的关注度不够，财务端和生产业务端的联动性差，这会给企业的日常生产经营带来许多问题。尽管财务共享的首要目标是降低企业成本，但是这并非长远目标，标准化和加强企业财务管控才是财务共享服务实施的核心动机和价值所在。如果过于强调降低成本和提高效率，会使企业的财务共享服务中心局限在规模、效率和服务这三个方面，弱化了整体的财务管控，使得财务共享服务中心的财务端与生产业务端相互分离，最终无法完全地体现出财务共享服务中心的效果。

有的集团公司涉足的行业较多，有制造业、互联网、科技行业，但是选调到财务共享中心的财会人员并不一定都熟悉这些领域的财务操作，在构建初期容易出现各业务操作不流畅的现象，同时又缺乏标准化的财务流程指导，由此增加了管理上的难度。

2. 财务共享服务范围受限

财务人员脱离业务，可能沦为辅助岗位。财务人员不再与公司的销售人员直接接触，面对的仅仅是一堆冰冷的数字，这些数字往往无法确切表达公司所面临的各项财务状况。财务共享服务中心人员对企业的生产过程不熟悉，了解不透彻，会大大影响财务人员与生产人员的及时有效沟通，财务人员在涉及生产流程的费用核算时通常依赖于传统的财务经验，而无法及时得到生产部门发生的材料非正常损耗、废品损失等有关信息，最终影响到产品成本方面的核算准确性。从长远的角度来看，对财务管控的忽视定会影响企业的日常生产经营活动，不利于其健康发展。

尽管从趋势上来看，财务共享服务蓬勃发展。但就目前应用财务共享服务的实际情况的调研来看，财务共享服务的设立仍是属于大型公司的专属特权。这主要是受限于财务共享服务的规模效应限制，仅有大型公司通过财务共享服务中心的设立，才能达到成本节约的效用，因此，诸多中小企业面对财务共享服务时均是望而却步。同时，出于财务信息安全等考虑，目前的多数财务共享服务中心也仅仅是用于内部服务，其服务对象非常单一局限。

尽管近些年来，越来越多的大中型企业开始思考探索财务共享中心的设立问题，但受限于上述诸多因素，财务共享服务中心的道路并不平坦，更重要的是，受限于规模效应的影响，财务共享服务中心始终无法为众多的中小型企业提供相应的服务便利。

3. 人员流动性增大

财务共享管理模式将财务业务流程细化分解，程式化、机械化的工作内容多，好比财务数据流水生产线，每天重复相同的工作，从业人员业务能力提升与职位晋升空间十分有限，不利于员工个人职业发展，导致新进员工任职时间短，离职率高，流动性大。财务共享服务中心几乎集中了企业所有的财务业务，导致员工的工作强度较高，压力较大。另外，由于财务共享服务中心的员工每天从事的工作具有机械性、重复性的特点，工作单调枯燥，无法像传统财务会计那样发挥应有的职能，员工的职业技能难以得到应有的发挥和提升，工作积极性受到打击，人员流动率大幅度提高。受以上各种因素的影响，财务共享服务中心的员工在工作一段时间后就容易产生厌倦感，对工作的热情减少，积极性下降，这也导致了企业财务人员的流失率增加。

财务共享中心人员流动性大不利于财务管理工作的开展，特别是这些人员长期接触到集团公司的关键财务数据，特别是高级财务管理人员，若是离职则会为运营带来较大的机密泄露隐患。而新加入的员工由于对财务共享这一新模式的不熟悉和不适应，不了解企业的业务及情况，难以在短时间内胜任财务共享服务中心的工作，导致工作过程中的错误增多，无法很好地为企业战略服务。

财务共享服务通过业务流程来开展日常业务，受限于高度细化的职责分工，会计人员过分关注于自身的业务流程，视野必然受到局限，业务的敏感性会降低且容易忽视客观实际的变化，无法从公司整体价值链的角度看待问题，难以满足客户的需求。

4. 构建成本高昂

在共享中心的构建初期，需要考虑办公位置选址的问题，并进行必要的装修工作，同时还要妥善安排好集团公司内各财务人员的安置工作，若是人员不够还需要花费时间进行招聘。此外，构建基于财务共享中心的信息管理系统，要统一各业务数据接口以及软硬件配置的问题。若总部与子公司在数据接口标准方面出现兼容性的问题，则需要花费一定的资金配齐必要的硬件、软件。还要特别注意的是，财务单据的管理，要统一电子发票、财务文档的形式和标准。为了更好地整理和使用各类财务数据，需要花费一定的时间进行财务单据扫描工作。为了保证财务共享中心的运转质量，还需要对财会人员进行针对性培训，协调好各岗位、各部门的关系。为了满足财务共享中心的需要，必须指派专人负责设计财务共享中心的信息管理模式及提升信息系统管理功能，这些花费都非常巨大，甚至给企业造成严重的负担，更有甚者因为盲目推崇昂贵的国外大型信息系统而导致破产。

财务共享服务中心在建立初期，相关体系的建立并不完善，流程设计不够完善，为了更好地使各分、子公司将自身原有的独立处理的财务业务与财务共享服务中心的业务处理模式相融合，很多公司采取了逐步建立实施的方式，先在各个分、子公司仍然保留其原有的财务工作人员，负责处理日常前端的业务，而财务共享服务中心负责核实真实性、登记备案等统一的业务处理。导致出现管理成本居高不下、营业收入下降、信息质量差、业务流程繁杂且效率低等问题。

5. 缺乏有效创新

目前的财务共享服务中心，往往将其工作战略焦点聚集在流程化及标准化上，但没有考虑技术发展带来的创新及改变。财务共享服务模式在组织、流程设计上的基本前提假设是：公司的业务内容、运作模式和流程不存在结构上的巨大改变，只是在现有流程的基础上进行革新和优化。换一句话说，企业投入巨大的人力、物力和财力是对现有企业资源计划（ERP）流程的再造和组织再造。而当企业的经营模式发生巨大变化或有新的业务要求会计及时支持时，财务共享服务模式的适应能力将受到巨大的挑战。

很多企业甚至没有结合自身的特点以及实际发展情况，期望通过“拿来主义”

以及单纯的跟风照搬，即可解决所有管理问题，而不是根据内在需求有所创新。最后往往导致设想非常美好，但具体实施后完全无法达到预期的效果，并且，随着技术的发展和时间的推移，财务共享服务中心在效率上也逐步呈现出滞后的发展状态，从而成为整个集团的累赘。

(二) 财务共享服务中心建设的风险

1. 系统性风险

在会计集中核算管理模式下，企业对于流程、系统的依赖性大大增强，因此在整个数据链的单一业务环节出现错误，会对整个数据流造成影响，以致会放大整体信息失真的风险。在全面整合系统中，各个业务环节的关联性大大增加，单一业务环节的错误会对整个数据流造成重大影响。以关联方公司交易为例，在高度集成化的服务系统中，一般采用客户订单先导的流程体系，这样客户的订单会催生出备货，企业向客户发送货物，与相关联销售公司产生关联方交易。这种关联方交易以客户订单为基础，系统会自动产生关联方采购订单，根据发货产生关联方应收账款，而根据关联方自动采购订单和发货，系统会自动确认应付账款。关联方交易会计在整个环节的任务是确认应收、应付的入账和关联方对账的匹配。而当货物的基础信息出现问题，比如关联方之间的转移价格不合理时，关联方会计是难以发现的，而且系统也没有这方面的设定。这样，虽然公司在合并会计报表层面造成会计信息失真的风险较小，但在各个子公司独立的会计报表上就会体现巨大的差异，拿跨国并购来说，会造成本土各子公司存在不合规的问题，如转移定价的方式、盈利或亏损的确认等。在各国所得税率不一致的情况下，这样的问题会更突出。

财务共享服务中心打破原有的组织结构，带来人事变动和权责的重新划分，存在内部分支机构管理层认可度低以及抵触情绪，业务推广困难。业务模式由从前分支机构的财务部门自行处理全部业务，改为财务共享中心与分支机构共同承担，两者权责难以分清，财务人员的相应职责难以界定，相互推诿扯皮，影响整体工作效率。

财务共享服务无论是理念还是运作模式对企业来讲都是新的，它将会对企业原有的管理流程、决策方式、企业文化甚至利益分配格局形成冲击。因此，在推行初期，一部分人必然会采取消极态度。根据变革管理理论，一项大的管理变革在推行初期，一般有 20% 的人支持，20% 的人反对，60% 的人持观望态度。变革

成功的关键在于能否使60%的观望者持转变态度。因此管理层要认识到这种管理变革带来的风险，在企业内创造出管理变革的舆论氛围，形成变革的紧迫感，促使持观望态度的管理人员和员工转变观念。

2. 合规性风险

财务共享服务模式在是否符合本土法律法规方面存在着一定的风险。财务共享服务中心所覆盖的区域中的各个国家和地区在法律、法规和税务政策上不尽相同，这将会造成服务中心在业务处理上需要照顾到各个国家的特殊情况，尤其是服务中心所在国家的法律合法规。财务共享服务通过建立本土团队，可以在一定程度上满足本土合规性的要求，但并不能做到全部符合制度要求。比如，公司在处理通过关联方公司内部采购的固定资产时，一般以全球统一的成本加成的方式来计价，但是在海关报关时，则是以经营所在国市场公允价值通关，则报关单和企业的账簿出现不一致。在外汇处理中，对外付汇采用流水账的方式，并不会做到付汇与报关单的一一对应。公司会有大量的报关单不会用于付汇，也不用外汇核销。

合规性还带来税务风险。由于财务人员不再直接接触子公司及分支机构所在地税务局，不便于及时了解地方性的税收优惠政策和地方性法规要求，对税务风险的敏感性会极大地降低，增加违反地方性法规的违规风险。同时，为了满足税务人员的约谈、询问、审计等工作而疲于奔命。由于税务人员与公司财务人员的沟通不畅，导致各项税收优惠政策申请的困难程度不断加大，使得企业不能享受到税收优惠政策的机会成本增加。

3. 人员配置风险

企业转型升级离不开人员的积极配合和观念转变，人员问题容易引发企业内部矛盾，涉及员工观念的转变、转岗及离退人员的安置、员工职业发展通道的设计等问题。能否妥善处理人员的问题，关系到共享服务中心推进顺利与否。

企业建立财务共享服务中心，要进行业务集中、流程再造等系列调整，从而带来人员岗位、工作内容、工作地点等一系列变化。合适胜任的员工是财务共享服务中心顺利运作的关键要素之一。然而，在实际运作中，由于财务共享中心的诸多服务属于流程化流水线性质的重复性工作，其针对人员数量有一定的要求，一方面，针对新人员工如何提供持续高效的培训，对共享服务中心的培训部门有较大的压力，另一方面，由于工作高度重复机械化，部门有想法的员工在工作一段时间之后，往往会出现职业规划迷茫，不愿意继续做同一岗位的问题，从而导致在招聘人员时出现较大的压力。

财务共享服务组织由于成本降低的压力，可能实行向下拓展策略，即以低级别员工取代高级别员工，从而降低成本。但是这样做，对于财务共享服务组织而言，会产生一定的风险，因为会计服务是一项知识服务，需要会计人员具有基本的会计基础和专业判断能力，一味地为降低成本而大量地使用新员工，或缺少有经验的员工，会降低会计组织的能力，最终无法为企业提供有效的服务，也无法为企业业务变革给予支持。

4. 信息技术风险

与财务共享服务中心的实施和长期运营相关的信息技术包括基本信息技术、一般目的的信息技术、共享服务流程特有的信息技术。在信息技术的使用过程中存在的主要风险在于存档、可测量性、产能、安全性、接口、标准、反应度、可用性等方面。目前的财务共享模式多采用的是远程集中服务，各分支机构处在不同地区，财务信息在由各分支结构传递到财务共享服务中心时，存在沟通不畅，信息理解不对称、不完整等现象，以及由于信息系统本身的缺陷，造成数据丢失等信息安全问题。

财务共享中心能够高效地处理会计数据，但是与此同时财务数据的安全性也受到一定的威胁，而企业集团的内部控制对信息风险的控制力度不足，导致风险影响范围扩大，增加企业的压力。财务共享中心以信息管理系统为媒介，收集和处理企业以及下属公司的财务数据，并且自动生成电子凭证和报表，之前企业的财务管理是通过负责人签字确认的方式记录和修改会计信息，但是财务共享中心则是负责人可以直接通过信息管理平台线上修改会计信息，这种方式极大地提升了工作效率，但是也存在一些弊端，比如修改无痕迹、管理平台权限设置易人为操纵等，对会计信息的准确性造成不利影响。财务共享中心的信息管理平台依托于互联网，信息的传输共享都在公开的网络环境下进行，由于企业财务共享中心信息平台的抵御能力不足以应对强力的外部攻击和木马病毒，导致财务共享中心运行过程中容易出现信息丢失、篡改等情况，财务数据的安全无法保证。

5. 沟通策略风险

任何变革的成功实施都有赖于沟通策略的有效配合，沟通策略包括沟通渠道、沟通信息、沟通时间、沟通场所、沟通对象等。如果缺乏有效的沟通渠道，沟通策略的实施必然存在极大的风险。在财务共享服务中心实施过程中，有可能由于缺少面对面的沟通和交流而导致服务缺乏人性化。绝大多数员工的阻力源于

员工对不好的变革结果的不安全感，或者是由于财务共享服务中心与企业内部主导文化的不适应，因此尽早、尽可能与员工进行坦诚的沟通非常关键。此外，跨国公司还会存在文化差异风险，主要体现在价值观差异、传统文化差异、宗教信仰差异、语言和沟通障碍等方面。

6. 业财分离风险

财务共享服务中心建设初期和过渡期，由于财务组织的深度变革，大量的会计核算人员集中到财务共享中心，财务触角收缩，远离业务前端，由此可能导致对经济事项真实性、合规性的管控程度相对削弱。此外，由于财务共享服务不仅涉及财务职能调整，也会影响到其他业务部门原有的工作流程和行为习惯，财务变更与业务变更能否形成良性互动，这对业务部门来说也是全新的挑战。

由于财务核算职能上移至财务共享中心各核算处室，若没有信息技术的支撑，基层各部门人员提交的会计核算文档及纸质支持文件需要在基层部门与财务共享中心之间进行两地传递，这种传递不仅会影响财务人员的业务处理效率，也会造成纸质会计文档在两地传递过程中造成信息遗失的风险，导致会计核算信息审核效率的降低。

第五章 财务共享服务中心建设典型案例

一、中兴通讯财务共享服务中心建设

(一) 中兴通讯简介

中兴通讯股份有限公司（简称中兴通讯）是全球领先的综合性通信制造业上市公司，是近年全球增长最快的通信解决方案提供商之一。1985年，中兴通讯成立。1997年，中兴通讯A股在深圳证券交易所上市。2004年12月，中兴通讯作为中国内地首家A股上市公司成功在香港上市。2006年，中兴通讯主营业务收入超过230亿元，其中，国际收入达44%。2006年，凭借优异的全球业绩，中兴通讯跻身美国《商业周刊》“中国十大重要海外上市公司”和“中国最佳品牌20强”，成为唯一上榜的中国通信设备企业。

作为在香港和深圳两地上市的大型通信制造业上市公司，中兴通讯以满足客户需求为目标，为全球客户提供创新性、客户化的产品和服务，帮助客户实现持续赢利和成功，构建自由广阔的通信未来。凭借有线产品、无线产品、业务产品、终端产品等四大产品领域的卓越实力，中兴通讯已成为中国电信市场最主要的设备提供商之一，并为全球160多个国家的运营商提供优质的、高性价比的产品与服务。

(二) 中兴通讯财务共享服务中心的建设背景

在中兴通讯发展过程中，形成了基于集团外派的分散式财务管理模式。这种分散式的财务核算及管理模式在中兴通讯发展初期发挥了重要的作用，但随着规模的扩大以及业务模式的不断创新，分散式的财务核算和管理模式也面临了巨大的挑战。

1. 分散的独立财务组织效率低下、成本高昂

所谓分散式的独立财务组织，是指在各个研究所、代表处及子公司分别配置一套完整的财务人员，包括财务经理、会计和出纳。这些独立的财务组织按各自的意愿、标准行事，相互之间没有经常性的沟通。

分散式的财务组织无法在不同单元实现负载均衡。当一个业务单元工作量突发加大时，其他单元的闲置能力无法进行及时的支援和补充，同时，由于无法形成专业化分工，每个人要求掌握全面的技能，对人员素质的要求相对较高。产能不均，以及对人员素质的高要求带来了必然高昂的成本。

2. 缺乏对业务的支持和战略推进能力

分散式的财务组织一方面必须面对低效和成本的压力，另一方面也严重地制约了其本应发挥的业务支持和战略推进能力。

这种能力的制约来源于无法摆脱的基础业务。由于会计核算等基础业务是由当地的财务团队自行完成的，他们一方面要面对集团总部，实时学习最新的制度政策，按时出具各项报表、报告；另一方面基层业务单位的报销、支付都必须经过当地财务团队实现，他们必须面对频繁的点对点沟通。这种情况下，有限的能力和精力被频繁重复的琐碎事务所占领，深入业务进行业务支持和协助集团进行战略推动变成一句空话。

在这种内外交困的局面下，彻底地摆脱基础业务，释放基层财务人员的能力和精力才能够发挥他们本应发挥的作用，实现真正的财务与业务一体化。

3. 集团缺乏对基层业务单位及子公司的监控能力

分散式的财务组织削弱了集团对基层业务单位及子公司的监控能力。分散式财务组织形式下，基层财务团队具有相对的自主性和灵活性。集团的政策下发到各基层单位是否能够得到有效的落实和执行成为一个值得怀疑的问题。对基层业务单位而言，财务人员与其长期共同工作，当地的环境和人际关系会对其造成潜移默化的影响，当集团政策和基层业务单位意愿发生冲突时，财务人员会陷入一个两难的局面，而很多时候，他们会选择向基层业务单位妥协。对子公司而言，由于它本身是独立法人，具有自主经营、自负盈亏的法律地位，它甚至拥有对财务人员的考核和薪资发放的权力。这种情况下，要求财务人员坚定不移地落实集团政策显然存在极大的困难。这些因素，也最终导致集团对基层业务单位及子公司财务管理、财务监控能力的下降或丧失。

(三) 中兴通讯财务共享服务中心的建设目标

中兴通讯2005年正式成立财务共享服务中心，也是我国第一家构建财务共享服务中心的企业。和许多大型企业集团一样，伴随着业务领域的不断扩张和自身所处的行业特点，中兴通讯也形成了基于集团外派的分散式财务管理模式。随之带来了基础核算工作的重复、机构的冗余、政策制度执行标准的多样、总部控制力度不足、财务价值创造较小等突出问题。这些在一定程度上制约了企业的快速发展及核心竞争力的进程。中兴通讯构建财务共享服务中心的目标主要有以下几点：

1. 落实成本领先战略

成本领先战略是中兴通讯的主要战略之一。中兴通讯历经20多年发展，公司规模逐步扩大、组织结构日益复杂，无论是总部还是各分（子）公司的财务人员都在急剧增长。但与人员增加相对应的却不是服务和效率的提升，而是业务流程冗长，人员效率低下，财务运营成本不断增加。

2. 控制公司战略执行中的风险

随着分支机构的增加，各分支机构采用统一标准执行总部政策的难度有所增加：各分支机构可能由于信息的层层传递对政策产生误读，或者对同类单据采用不同的处理尺度。这将影响公司战略在一线的执行力度及后续数据分析运营。同时，由于财务人员和业务人员处于同一物理位置，财务人员较多地受当地业务部门的影响，可能产生财务舞弊行为。

3. 促进公司财务转型，聚焦财务价值创造

随着产品线和外部分支机构的增加，每个分支机构都需要配备财务人员处理费用审核、付款、会计凭证管理等基础业务，财务经理无法集中精力聚焦公司的战略落地和业务支持。成立财务共享服务中心将会使一部分财务经理从基础的核算工作中脱离出来，将更多的精力投入到业务支持中。

4. 全球化业务促使全球财经管理模式形成与财务共享服务业务拓展

自1998年获得第一个国际大单合同、2004年登陆香港资本市场至正式成立财务共享服务中心，中兴通讯在全球运营的道路上已走过十六年。但是在业务全球扩张的过程中，其缺乏完善的全球统一风险预警与防控机制应对筹资、融资、汇率等财务风险；全球分支机构的财务信息透明度较差导致公司高层难以做出战略决策；对当地业务、政策了解度不够，无法制定全球统一财务制度规范也增加

了集团统一管控的难度。这时，以财务云为基础的全球财经管理模式的形成与财务共享服务中心业务的全球化拓展相伴而生。

（四）中兴通讯财务共享服务中心的建设与运营

1. 财务共享服务中心的组织定位

中兴通讯本身是跨国公司，这一特征决定了其财务共享服务中心需要服务全球分支机构。中兴通讯财务共享服务中心以统一的政策、统一的流程、统一的系统平台，为中兴通讯全球107家分支机构提供财务服务。目前中兴通讯已经形成了包括战略财务、业务财务、共享财务、专家团队互相协同互相支持的四位一体全球财经管理模式。

（1）战略财务。战略财务服务于公司战略规划，行使参谋中枢的职能，在集团总部层面参与公司经营管理并提供战略决策支持、策划战略的推进和落实。战略财务牵头经营管理计划与业绩管理，实现资金管理和资本运作，同时最重要的是理解公司的战略意图，将公司战略转化成政策，并安排计划详细实施下去。

（2）业务财务。业务财务担任业务单位合作伙伴的角色，充分利用深入一线的优势，推动组织公司战略在业务单位落地实施，与战略财务形成完美互动，及时提供业务单元信息，将公司战略要求在业务单元上推进、落地；业务财务会分析业务单位的财务支持需求，为业务单位提供培训、咨询、决策支持等服务，协助业务单位提升经营管理能力，促进公司战略目标和经营计划的达成。

（3）共享财务。共享财务提供标准的流程和系统，通过强大的数据支撑，支持财务组织实现财务核算集中化、财务管理专业化、财务业务一体化的组织结构再造；整合企业分散重复的业务，通过集中化、标准化、端到端的流程管理，低成本、高效率地为全公司提供最佳用户体验和服务。

（4）专家团队。专家团队作为财务的核心能力，是由战略财务、业务财务和共享财务中的专家组成的高精尖财务管理人才资源池，采用项目化运作的方式，集中精力研究和突破财经管理重大专项问题，对实践工作提供专业的指导意见。

2. 财务共享服务中心的业务范围

基于财务共享服务中心成功运营的经验和云服务的概念，2011年中兴通讯将公司其他基础业务进行整合成立了全球云服务中心，下设财务云（财务共享服务中心）、人事云、会议云和呼叫云。

其中，财务云的业务范围涵盖海外子公司核算、全球AP、海外资金、全球档案管理、全球数据管理以及全球商旅服务。随着业务的不断创新与知识的逐步积累，现已成为业内领先的管理咨询、信息技术及外包服务提供商。中兴通讯财务云拥有300多名员工，组织架构上按照业务流程及业务模块进行分工，包括全球核算中心、全球AP费用中心、全球资金中心、管理数据中心、全球档案管理中心、运营管理中心、商旅服务等，分别负责中兴通讯全球分支机构的核算与报表、全球分支机构的费用处理与入账、集团管理分析报表、财务档案的收集整理及保管、财务云各运营管理维度的支持、商旅服务等具体业务。这种专业化分工的组织架构模式，为后期实施财务共享的企业带来很高的参考价值。

3. 财务共享服务中心的建设与运营进程

在财务共享信息平台技术发展方面，早在1999年互联网兴起之初，中兴通讯就已经开始探索费用报销网络化。2005年1月中兴通讯自主研发的第三代网络报销系统——Web版财务在线FOL上线。

2005年，中兴通讯的财务共享服务模式首先在数据事业部展开试点，将数据事业部的费用报销人员全部集中，报销单据集中处理。项目成立之初，中兴通讯就成立了包括方案人员、IT人员、实施团队等为核心的项目组。财务共享服务中心各事务负责人及时与其他相关部门进行沟通。通过日报、周报、定期汇报的形式及时沟通项目进度与计划及项目中的风险与困难。

2006年，中兴通讯实现国内财务核算人员的全部集中，财务共享服务中心在深圳正式挂牌建立。随着财务人员集中到深圳，各地区的报销票据需要邮寄到深圳服务中心，实物流转严重影响业务处理时效，且极易丢失，为此中兴通讯自行研发影像扫描系统，实现了纸质凭证电子化，方便调阅与审阅。此后，中兴通讯又创造性地使用条形码解决网络信息与实物信息对应的难题。网络报销系统和影像管理系统，与财务核算系统（ERP）、资金管理系统及电子档案系统共同组成了财务共享服务核心系统平台。中兴通讯的自主技术研发能力与创新能力，为其财务共享信息平台的建设带来了极大的优势。

2007年，基于人员成本、办公场地、地方政策、基础设施、人员素质、当地环境及公司内部因素等方面的考虑，财务共享服务中心迁址西安。

2008年，接入多家子公司业务，流程持续优化，并开始咨询业务的开拓。

2010年，业务范围持续扩大，咨询业务呈现规模化发展。

2013年，财务云启动对海外107家分子公司提供基础财务核算共享服务工作。

截至2015年6月，中兴通讯已实现对海外80余家分支机构的基础核算业务

和100多个国家资金业务的共享服务，建立全球第一家以中国本土为总部的，为集团海内外分支机构提供标准规范服务的全球财务共享服务中心，支持全球财经管理模式，并形成一套完善的系统、流程、制度和组织管理体系。

2018年1月，中兴通讯在深圳成立了深圳市中兴新云服务有限公司（简称“中兴新云”），助力工信部和“中石油”“深圳地铁”“中信银行”等进行财务共享服务中心的建设。中兴新云凭借在财务转型、共享服务、信息技术等领域的领先实力，引领了财务共享服务在中国的发展。基于多年实践经验与创新理念，中兴新云将知识和能力外化，向企业提供管理咨询及信息技术解决方案。

4. 财务共享服务中心的实施效果

（1）成本降低。中兴通讯成立财务共享服务中心后，业务处理成本显著下降。通过制度、流程的标准化，改变了以往各业务单位“各自为政”的财务运营模式，人员复用率提高。尤其是，后期通过财务云业务范围的拓展，有力地支撑了全球四位一体的财经管理模式的搭建和有效运行，进一步提升中兴通讯的财务价值创造能力。

（2）效率提升。借助信息技术，通过操作标准化，中兴通讯的账务审核工作变得更简单规范：每个财务人员只需完成整个审核账务处理中的一个或某几个环节，大量工作将由系统自动完成，在极大地节省人力成本的同时，保证了业务效率和质量的可靠。

（3）财务信息更加透明和准确。在统一的共享服务系统平台中，前端的业务系统得到了充分应用，业务系统与财务系统实现数据对接和校验，保障了数据的准确性和一致性；业务流程中，相关的审批与复核均通过系统自动流转完成，将实物信息转换为系统中的信息流，保证了信息透明可查。

（4）减少人为舞弊。基于流程和业务分工的财务作业模式使单据随机分配到每个财务人员手中。财务人员和业务人员可能的联络被彻底切断。业务人员面对的不再是固定的财务人员，串通舞弊的可能大大降低。此外，所有的业务处理对集团彻底透明，任何一笔业务均可以通过系统进行查阅，对及时发现问题提供了有力保障。

（5）形成大数据仓库，对决策形成支持。财务共享服务实现了数据来源与数据处理的标准化，利用统一的系统平台，对各种来源的数据进行抽取与转换，形成数据仓库。数据仓库中的基础数据可用于即时查询、统计报表及数据分析，从而应用于决策支持、管理支持及经营业务支持。

(6) 创建全面的运营管理体系。为了保证财务云的稳定运行，中兴通讯创建了全面的运营管理体系。例如，通过绩效看板实时反映运营数据，动态显示实时业务量，便于财务云管理者及时了解业务运营情况。通过设立质量管理团队，运用科学管理方式进行质量管理。通过制定绩效考核机制，对于业务处理时效、业务处理质量情况进行绩效考核，有效地激励工作业绩突出、综合表现优秀的员工。通过培训管理与知识体系的搭建对财务云员工进行定期培训的体系，给员工创造学习、提高专业技能和综合素质的空间。此外，中兴通讯财务云还十分注重人文关怀，定期组织集体活动，增进员工之间的交流，增强人员凝聚力、向心力和对公司的归属感。通过建立运营管理体系，促使财务云的管理手段实现多元化，使得财务共享服务中心的管理更加有序规范，从而带来管理效率和管理效果的提升。

(五) 中兴通讯财务共享服务中心建设的启示

中兴通讯作为最早一批走向全球并成功落地的中国企业，同时也是第一家建立财务共享服务中心的中国企业，至今拥有本土财务共享 16 年建设和运营经验。

1. 全过程规划实施财务共享服务中心建设

首先，建立财务共享服务中心需要考虑战略目的，即是要建成一个全球性的还是区域性的，是某一个方面的还是全业务的，是像“简伯特公司”一样对外盈利还是单纯的集团内部服务机构。其次，需要考虑组织人员，即共享服务中心与财务岗位的设置。再次，需要考虑业务流程的规划，即所有的业务信息如何与共享服务中心进行交互，共享服务中心内部如何进行业务流转，共享服务中心如何把信息加工传递出去，这些过程包括信息的收集流程、加工流程和发布流程。最后，需要考虑信息系统的架构如何搭建，这涉及共享服务中心日常运营管理过程中需要考虑的人员培养培训、知识管理、质量控制、内控、标准化等诸多问题。

2. 关注财务共享服务中心建设中的阻力与风险

财务共享服务的实施是一项重大的企业变革，必然会遇到或大或小的阻力，如人员的转移和转型、组织的重新定位和归属、对过渡期业务产生的冲击。实施的成功依赖于人、财、物各种资源的保障和不同单位、团队的协作与配合，以及严谨的过程控制。实施过程包括实施方式的明确、财务共享服务中心的选址确定、创建策略选择、人员招聘及转移、流程和系统改造等工作。同时，企业还需要时刻保持谨慎，关注实施过程中可能出现的各种预料中及预料外的风险，重

视过程和质量控制，尽量减少不可控因素的出现，最终确保财务共享服务中心的成功。

3. 逐步积累全球范围内财务共享服务中心建设经验

16年的共享服务中心建设经历，让中兴通讯形成了自己的四位一体全球财经管理模式，财务云的业务范围也已涵盖国内外子公司核算、全球AP、海外资金、全球档案管理、全球数据管理、全球商旅服务、管理咨询、信息技术及外包服务提供商，并在海外业务回收与处理的过程中积累了丰富的海外服务经验。在这10年中，中兴通讯也在不断总结这些经验，并与其他中国企业分享。如果这些经验能为更多的中国企业所了解、掌握，那么未来中国企业的海外扩张之路将变得更加稳健。

4. 以财务云搭建财务数据中心

在财务共享服务迈向“智慧财务”的步伐中，以云计算、大数据为代表的新兴技术的应用成了财务创新的催化剂。作为企业的财务服务平台，各类业务数据涌入财务共享服务中心。随着数据数量的汇集，数据的管理和分析工作变得格外重要。数据的价值正在成为企业成长的重要动力，它不仅提供了更多的商业机会，也是企业运营情况及财务状况的重要分析依据。大数据技术的发展，使财务共享服务中心可以对大量碎片化的数据进行有效管理，实时进行收集、整理、分析及报告，满足企业财务监控、投资者关系、财务规划及战略决策的需要。

5. 依托财务云为客户提供5A服务

依托于云计算技术，财务共享服务中心能够为用户提供最佳的客户体验，中兴通讯称之为“5A”服务。“5A”实际上是五个单词的缩写：Anywhere、Anytime、Anyone、Anything和Any device。也就是说，当任意一位用户（Anyone）需要相关财务信息（Anything）时，他可以在任意时间（Anytime）、任意地点（Anywhere），借助任意设备（Any device），提出需求。用户并不知道财务共享服务中心身在何处，也不知道内部处理流程，但是只要输入他的请求，财务共享服务中心就可以为用户提供其所要求的输出。

6. 财务共享经验总结与分享

作为最早一批“走出去”的中国企业，中兴通讯积极致力于财务共享、管理会计等领域的研究和实践，完成了对于全球财务知识的积累，输出了《中兴通讯海外CFO教材》《中兴通讯全球财务共享手册》和《中兴通讯管理体系研究》等一系列文档库，并不断持续更新。同时，中兴通讯也致力于在自身全球共享服务中心成功运营的基础上，向其他企业分享成功经验。中兴通讯多次接待财政部、国资委的参观，承办财政部、国资委举办的财务共享服务讨论会、财务信息化交流会。截至2015年12月，中兴通讯财务共享服务中心完成了包括中国广东核电集团、金蝶集团等30余家企业的咨询方案，百余家企业的信息系统建设；出版了《财务共享服务》《财务共享服务案例集》《财务共享服务行业调查报告》三本专著，共发表相关学术论文30余篇。中兴通讯基于财务共享服务实现了财务转型，为中国大型企业集团的财务转型提供了可以借鉴和参考的思路。以“建立全球标准规范的共享平台”为目标的中兴通讯始终遵循着简单化、标准化、智能化的运转革新原则，并将财务共享服务中心引向市场化运作发展，引领国内企业财务共享服务行业的发展。其特色主要体现在“首家、财务云、自主研发、全球财经管理平台搭建”等。

中兴通讯财务共享服务在20年本土实践基础上，2018年成立中兴新云，实现了向全球提供财务共享服务的飞跃。中兴新云作为中国财务数字化领域的创新先锋，凭借在管理创新、共享服务、信息技术等领域的领先实力以及对中国企业跨国发展的深入研究，将知识和能力外化，向企业提供管理咨询及信息技术解决方案。

至2021年，中兴新云已为国家工信部、中国石油、一汽集团、华润集团、中国旅游集团、中信银行、招商银行、中广核、华侨城等200多家大型集团企业及政府相关机构提供财务变革、财务共享服务及财务信息系统整体解决方案，引领财务数字化在中国的发展。中兴新云作为中国第一家以中国本土为总部的全球共享服务中心，负责全球上百个国家或地区的会计核算、报表出具、资金管理及税务管理等工作，服务语言20余种，提供建立全球财务共享服务中心的解决方案，以及在海外搭建财务共享服务中心的全套解决方案。

二、四川长虹财务共享服务中心建设

（一）四川长虹简介

四川长虹电子集团有限公司（简称四川长虹，长虹集团）成立于1958年，公司前身国营长虹机器厂，是我国第一个五年计划期间156项重点工程之一，是当时国内唯一的机载火控雷达生产基地。历经多年的发展，长虹完成由单一的军品生产到军民结合的战略转变，成为集电视、空调、冰箱、IT、通讯、网络、数码、芯片、能源、商用电子、电子部品、生活家电及新型平板显示器件等产业研发、生产、销售、服务为一体的多元化、综合型跨国企业集团，逐步成为全球具有竞争力和影响力的3C信息家电综合产品与服务提供商。2005年，长虹跨入世界品牌500强。

四川长虹坚持“科技领先、速度取胜”的经营理念，协同全球优势资源，依托国家级长虹技术中心，公司建立起了开放式的自主技术创新体系，充分融合全球信息产业技术，提升自主研发能力，与众多全球产业主导企业建立战略合作并设立联合实验室。在发挥集成电路、嵌入式软件和工业设计等三大核心技术创新优势的同时，成功构建起完善的全球消费类电子技术创新平台，使公司由传统的家电企业向3C融合的信息家电企业转型，并成功构架跨越广电网、通讯网及互联网的3C产业体系。

2015年6月，四川长虹电子集团有限公司变更为四川长虹电子控股集团有限公司（简称“长虹控股公司”）。长虹集团旗下拥有四家上市公司：四川长虹、长虹美菱、长虹华意、长虹佳华。还有长虹民生、长虹能源、中科美菱以及格兰博四家新三板挂牌公司。

2018年12月，世界品牌实验室编制的《2018世界品牌500强》揭晓，长虹排名第286位。2019年，四川长虹入选工业产品绿色设计示范企业（第一批）名单。2020年，公司通过2020年复核评价的国家技术创新示范企业。2021年7月，2021年《财富》中国500强排行榜发布，四川长虹电器股份有限公司排名第118位。

（二）四川长虹财务共享服务中心的建设背景

居高不下的应收账款一直是家电上市公司存在的主要问题之一，长虹集团也不例外。在营业收入连年增长的背后，应收账款也在迅速增加，而当时长虹的财务系统比较低效和昂贵，有限的财务人员要处理诸多繁杂的会计工作，人员的工作压力大，效率也十分低下。2004年，长虹集团发生应收账款危机，此时，长虹集团才意识到财务管理模式出现严重问题，于是决定引进财务共享服务管理模式，从此踏上了财务共享服务之路。

1. 传统财务管理模式下的弊端

四川长虹是一家计算机、通信和其他电子设备制造行业的领军企业，它具有广泛的经营范围，其中包括家用的电器和汽车的电器，还有电子产品和零配件以及通信设备、机械设备、信息技术服务、集成电路与软件开发及销售等。各个业务如果都按照其本身的业务程序进行财务处理，将给整个企业带来巨大的管理成本。同时，总公司对各个分支机构的管理难度大。繁复的业务流程导致总公司不能使用某一个标准对各分支机构进行业务评价，无法对各分支机构进行有效的绩效评价以及监督，从而无法对各分支机构实施公平有效的奖罚措施，这对总公司的公信力是极大的挑战。此外，传统财务管理模式下不利于企业集团财务数据的收集工作，总公司制作报表时，需要各个分支机构层层上报到上级单位，最终在总公司汇总，这种工作方式极大地降低了公司的工作效率，也极大地限制了企业的日后发展以及市场扩张。因此，制定一套标准的适用于各个经营板块的业务处理流程以及财务处理流程是四川长虹非常迫切的任务。

2. 国际化发展战略的要求

四川长虹电器股份有限公司是一家全球化综合型科技企业，主营“以电视、冰箱（柜）、家用空调、洗衣机、扫地机器人、智能盒子等为代表的家用电器业业务，以冰箱压缩机为代表的部品业务，以 ICT 产品分销和专业 ICT 解决方案提供为代表的 ICT 综合服务业务，以电子制造（EMS）为代表的精益制造服务业务以及其他相关特种业务”等。公司秉承“产业报国、开放创新”的价值传统，坚持以用户为中心、以市场为导向，强化技术创新，夯实内部管理，沿着智能化、网络化、协同化方向，构建强大的物联网产业体系，不断提升企业综合竞争能力，以便更好满足全球不同地域、不同文化、不同类型的用户和客户需求。

四川长虹作为大型的跨国企业，业务范围很广。面对广阔的市场前景，长虹在中国 30 多个省市区成立了 200 余个营销分支机构，拥有遍及全国的 30000 余个营销网络和 8000 余个服务网点。在广东、江苏、吉林、合肥等地区建立了数字工业园区，在深圳、上海、成都等地设立了创研中心。同时在美洲、澳洲、东南亚、欧洲设立了子公司，在美国、法国、俄罗斯等 10 多个国家和地区开设了商务中心，经贸往来遍及全球 100 多个国家和地区。

如果财务部门能够在经营区域内的各个分支机构建立起来，并对其进行的财务核算是分散式的，财务处理效率极低。一方面，需要人工成本去处理发生的经济业务，同时占用大量的办公区域，对于整个企业来说是巨大的资源浪费；另一方面，不利于总公司对分支机构的监管，分散式管理模式很容易导致各分支机构发生财务造假、员工私自挪用企业财产等事件。集团总部需要耗费大量的精力在分支机构的财务监管上。因此，四川长虹建立财务共享服务中心十分必要。

四川长虹财务共享服务中心于2006年成立，总部位于四川省绵阳市，网点分布在全国47个主要的中心城市。四川长虹的财务共享服务中心采用先进网络技术，建立了广泛分布的财务共享的服务中心网点，实现跨区域财务共享的服务。公司目前拥有500多名员工，并为近20家客户提供了财务共享服务以及业务流程外包服务，年销售额超过100亿元的客户有1家，年销售额超过10亿元的客户有3家。伴随逐渐成熟起来的经营模式，财务共享的服务中心将从财务领域渐渐扩展至人力资源和行政后勤还有信息服务等领域中，渐渐变成支撑集团战略以及集团业务发展的重要平台。

(三) 四川长虹财务共享服务中心的构建过程

财务共享服务模式在四川长虹的应用进程可以大致划分为四个阶段，萌芽期(2000—2005)、初创期(2006—2008)、发展期(2009—2013)及开拓期(2013年—至今)。目前，基于十多年财务共享的经验，四川长虹建立了“互联网+”财务共享的云平台，以云计算和云存储及移动互联网等的IT技术和手段为基础，试图将内部财务共享模式转向社会化的服务模式。

1. 论证期

四川长虹在2000年将各个产品单元的财务核算的部门取消了，并修改为由总公司进行统一的核算，建立了财务管理的平台，使集团管理和控制信息化得以实现。到目前为止，四川长虹已建立了统一标准以及规范，并对其子公司进行统一的核算管理，为以后财务共享服务中心建设奠定了坚实的基础。2005年，实现财务管理与集团财务服务相分离，财务部门被细分成管理中心和服务中心。财务管理中心给总公司核算，财务服务中心为子公司以及分公司核算。借助财务共享和标准化完成从分散式管理到统一集中式管理的过渡。正式提出财务改革构想，通过结合企业战略规划，现状诊断分析，选定战略合作企业等方法，检查远景、使命和目标。此时是四川长虹实施财务共享服务的论证期。

2. 初创期

2006年，正式启动财务共享服务中心建设项目，开始财务共享服务模式的应用。总体采取先试点、再推广的策略。主要采用锁定共享范围、优化业务流程、财务信息化建设等方法。2008年，进一步深化改革，将财务服务中心转变为独立于公司的内部财务共享服务中心，能够实现独立核算，并且将财务支持服务提供给外部企业。与此同时，通过其独立核算、业务流程的优化、服务水平协议的签约、服务的计费、接受公司的考核等多种手段，强化服务理念及市场化运营机制。

3. 发展期

2009年，四川长虹财务共享服务中心深化改革，从内部流程开始梳理，拟定标准操作手册以及对内部其他相关流程进行规范化。该金融流程再造项目实现了业务和财务数据的整合，长虹共享服务中心协同长虹信息管理部门完成两大平台（ERP平台和WEB平台）和三大系统（财务核心系统、财务协助系统和业务协作系统）的财务信息化体系建设。集团内部持续进行财务共享服务推进，截至当年底，纳入财务共享范围的子公司达15家，集团外部，与合肥美菱就其销售分部财务核算外包达成协议，并协助泸州老窖进行财务共享服务中心的建设。

2011年，通过信息技术实现整体综合实力和效率的提高，建立基于市场化模式的客户关系，并向客户收取财务共享的服务费以及咨询费。另外，公司业务的完善、分工的合理化、IT系统的研发、自身管理模式的不断优化、业务运营的成效和客户满意程度的不断提升，实现了财务共享服务中心的完全独立。

4. 开拓期

四川长虹于2013年提出以“智能、网络、协同”为核心的“新三坐标”的智能战略。四川长虹财务共享服务中心凭借十余年丰富的财务共享经验以及对互联网思维方面的认识，以全新理念打造了一款财务相关的云产品，云中心以财务共享的经验为依托，以云计算和云存储及移动互联网为基础，并且在IT技术的帮助下，建立了以“互联网+”为依托的财务共享方面的云平台，并尝试将财务共享的服务模式从集团内部转向社会化的服务。长虹的财务云中心在原有共享服务中心基础上，财务云的建设项目随之启动了，希望通过数据标准规范化、对单据模板进行梳理、对业务规则进行嵌入以及借助IT等手段，使得规范化的数据、高效采集、脱敏业务、自动对其处理、对其进行智能化输出得以实现。通用的智能财务平台在大数据的支撑下，有力保证了集团内部可以随时随地或者是在多种终端上对业务进行提交以及财务的处理、数据的查询、对决策进行分析。与此同时，云中心的经验来自于超过200家集团公司所提供的十多年财务服务，也希望广大的中小企业在财务云建设下能够有便捷高效并且高质量成本低的财务云服务，因而形成产业新的发展。

(四) 四川长虹应用财务共享服务模式的成效

四川长虹采用的财务共享模式在完成各项业务流程、操作和交接的标准化设计的同时完成了 ERP 平台和 WEB 平台的建设，同时也形成了科学的财务体系，具备系统化的核算和协作能力，并且实现了财务信息化。这个模式——财务共享服务中心，使得本集团在财务信息的收集和处理更加科学，核算也更加精准。同时加强了集团的风控能力和配置资源的有效性，在公司组织架构中承担了重要的角色。此外，集团还随之形成了系统规范的综合金融网络，该体系可以在远端实现基础的金融服务供给，也可以使有关财务信息更加公开清晰。总的来说，集团之所以建立该中心，是为了使得成本最小化、经营效率最大化及加强企业管控水平。

1. 优化了财务组织架构

（1）集团财务组织架构。四川长虹在财务共享服务模式的应用过程中，将传统的财务组织架构重新梳理，划分为战略财务、业务财务和共享财务三部分，形成和谐统一的“三位一体”财务管理体系。① 战略财务。战略财务在财务管理体系中是“大脑司令部”的角色，主要负责资金的保值增值，以及投资工作，还在战略层面上帮助集团做出更有利的决策。该组织中的职工，不仅要负责整体运行、促进制定有利的战略决策、促使决策尽快落地，还要做一些宏观的财务工作。比如确定采取何种财管方式、相关财务成员的薪酬管理、财务工具的引进和创新、保证资源合理分配等。② 业务财务。业务财务人员是财务系统的一线冲锋员，他们被派往各个业务单位，主要负责咨询工作和有关内部控制以及为业务单位的决策提出有效建议等，因此，业务财务可以帮助业务单位的运行有效，利于集团整体计划的落实。以前线工作为重点，与业务部门密切合作，共同实现公司健康运转。③ 共享财务。共享财务作为三个组成部分之一，不仅服务于其他两个模块，还可以处理那些日常的财务活动。它的显著特点是采取了会计工厂的形式，这样做的优势在于可以把公司财务里面零散和交叉的工作集中在一起，同时又利于标准的判断和执行，端到端的模式又大大提高了工作效率。综上，共享财务有助于集团财务相关业务的简洁化、效率化、标准化。

（2）财务共享服务中心组织架构。公司在建立财务共享服务中心的时候，重构了中心的组织架构，健全了内部体制。做到完全独立于集团，形成了会计核算、风险控制、咨询服务、行政人事“四位一体”的组织架构。四个部门协调合作，完成财务共享服务中心的各项工作，保障其顺畅、高效地运行。会计核算部主要负责财务共享服务中心基础业务的处理，主要包括核算业务、报表报告及税务处理等。风险控制部主要负责财务共享服务中心及整个企业的风险把控。一方面，通过制定和完善风险管理体系从制度上进行约束；另一方面，与信息技术部合作提高信息系统的安全性，防止系统被入侵带来的风险。咨询服务部一方面是负责财务共享服务中心的业务咨询；另一方面是针对企业如何更有效地建立适合企业自身发展的财务共享服务中心，以及建成财务共享服务中心之后如何使得财务共享服务中心的效益最大化提供咨询服务。行政人事部的主要职责是各部门之间的协调和综合协调，制定并监督检查各项工作和计划。

2. 梳理了核心业务流程

四川长虹在财务共享服务中心内部一直强调一个核心观念——业务驱动的价值管理，并把这个核心观念贯穿到中心内部运转全过程，主要体现在对内和对外都有标准的业务流程。对内的业务流程划分的统一标准集中在工作流程清晰、规范的实践文件以及交接的标准化等环节。另外，客户服务水平协议则清晰地展示出对外的业务标准，具体而言有三个标准化：其一，如何受理共享服务和受理的范围是标准的；其二，该服务的内容划分和外延也是标准化的；其三，对外业务工作流程、共享系统输出（入）的信息也有具体的标准。如果从业务模块的角度来看对外标准化，它通过认真分析每个业务节点并把它们重组的方式，在划分六大业务模块——采购、销售、核算、结算和综合的基础上，制定了67个标准的工作流程，在这个过程中同时又关注了重点环节的风险，明晰权责，进而提高业务实践的风控能力。四川长虹财务共享服务中心在国际领先的信息技术支撑下，建立了ERP、影像扫描管理、银企互联和电子档案票据管理等系统。在整个标准化流程中，财务业务还是集中在应收、应付以及费用业务。一开始就是应付账款，因此本文以具有代表性及特色的应付账款流程为例对具体业务流程进行详细介绍。

四川长虹云财务共享服务中心在应付账款流程环节，特意成立一个科室——应付账款核算管理科，这个科室的主要作用是负责往来应付账款项目，特别是下面200多家子公司之间以及和集团之间的。当标准流程开始运转，相关主体就开始了信息的共享，购买方、供应方、第三方能够使用同一个平台，处在相同的信息环境当中，信息不对称随之消失。如果出现相关资产负债的变动，比如原料、资金等的变化，应付账款核算管理科的系统就会自动处理，由此，物和价值的流动就对应起来了，实现了同步变化。

3. 建立了“2+3”模式的信息系统

2009年长虹财务共享服务中心进行了深化改革，以ERP为核心，将信息化的进程从财务管理扩张到人力资源、生产物流、供应商关系、营销、设计、军工业等领域，打造了一个全产业链的信息化平台，实现了企业的精细化管理。同时，经多方面支持，建立了“2+3”模式的信息系统：2是ERP和WEB两个平台，3是指财务核心、财务协助、业务协作这三个系统。ERP平台可以帮助集团管理业务更加科学规范，比如通过建立集团的结算平台、管理库存变动、控制预算和人力资源管理等方式，不仅使得业务更科学，更加使业务和财务紧密结合、同步联动，从而管理更加精细化。同时，在“2+3”模式的信息系统里面，获得授权的单位在网上就可以报销，远程操作，大大减少了成本。而且，该系统将会逐渐把票据影响功能和过程绩效管理纳入进来。

四川长虹ERP财务管理系统采用的是SAP，该平台中含总账、客户管理、供应链管理、存货管理、绩效管理、人力资源管理等多个管理单元。这些单元组合构成了长虹财务共享服务中心的财务核算系统，所有的日常经济业务处理都在该平台上进行。财务核算系统虽然非常便利，但是对于经济业务的会计核算业务有一定的劣势，这时候就需要财务协作系统了。这个系统主要由费用管理、银企互联、凭证复核、票据和发票管理5个系统，这些系统体系可以帮助核对原始单据以及复核等。而业务协作系统就负责生成经济业务、订单追踪记录交易进展，进而触发会计核算。

4. 完善了风险管理与内控制度

财务信息的云端化对集团而言存在巨大的风险，一旦遭遇系统侵袭，财务数据将全盘攻破甚至丢失。其次，由于财务和商业机密息息相关，所以客户是否选择财务外包取决于系统的保密性。那么，集团要是希望通过财务共享实现增加收益的目标，就对风控能力提出了较高的要求。四川长虹通过完善内控制度、优化内控反馈系统、建立应急机制等方式不断完善企业的风险管理与内部控制制度，提升风险管控能力及水平。

（1）制定标准化业务操作流程。首先，建立基本的业务操作系统，对业务操作流程实行统一的标准，进而构建标准规范的管理结构。这样就能够精简掉烦琐不必要的流程，提高学习效果，实现规模经济，这对集团的整体竞争力至关重要。例如，四川长虹将实际工作中的业务处理要求降到最低，使业务流程更加清晰、简单。在各业务流程，特别是关键节点，发放给员工科学的实践文本，操作指南，告诉他们标准流程，进而使得职工自学也能熟练地掌握工作过程。同时，要依据效益最大化、成本最小化设立好项目变更的要求，如果根据实际情况，流程必须随之改变，之前设立的要求就可以随时作为依据，使得决策可以更快捷。

（2）建立过程控制反馈系统。虽然财务系统可能带来一些风险，但是这里面的有效又系统的数据和信息，便于整理分析，可以为管理层面做决策提供有力的支撑。基于这一目的，建设过程控制反馈系统，加大透明程度，成为集团首选。另一方面，该系统的建立可以从最初的源头预防或解决问题，主要方式有对最初文件的检查和控制、对关键业务的质检、下属机构反馈、拓宽投诉渠道等。这样的话，如果出现运行问题，即使出现问题，过程控制反馈系统就可以快捷处理，及时止损。此外，这些系统的建立还可以使企业所处的财务环境更加健康，具备更精确、科学的财务信息。最明显的表现在管理资金的时候，把零散的相关业务流程集中化，采取统一付款，这样使得本来的部门与私人为利益相勾结的行为得到遏制。在费用报销过程中，通过信息技术的应用，减少影响集团利益事件的发生概率，如在过去的报销过程中对字体的错误审批。这些都是过程控制反馈系统带来的好处，使得公司内控更加有效果，集团内部勾结的行为也大大减少。

（3）建立突发性应急体系。突发性应急体系保障财务共享服务中心健康有序地运行。对于任何组织，特别是成长中的组织，应急响应系统都能确保在紧急情况发生时，及时冷静地解决这些紧急问题，企业可以正常运转，工作流程顺畅有序进行。如果出现紧急情况，突发性（绿色专项）应急体系可直接对事件进行处理，通过简单的程序直接与领导沟通，避免事态恶化。例如，四川长虹集团建立财务共享服务中心之初就出现了紧急状况。当时，集团由于关于绩效的考核制度不完善，相关能力薄弱，直接导致了大量文件积累在系统得不到解决，工作效率骤降。基于这个情况，集团立刻专项解决这个问题，着重解决绩效考核效率低下情况，同时设置了积极的计件工资浮动制度，以此来激励员工。主观客观双管齐下，很快提高了业务处理能力及工作效率。

（4）成立风险控制部。业务风险方面，风险控制部能够根据系统反馈的信息，发现会计核算过程中出错率比较高的业务种类或流程，针对系统反馈的信息，风险控制部门可联合会计核算部门商讨应对策略降低系统在工作中的出错率。当财务共享服务中心需要对外承接外包业务时，风险控制需要对预备客户调查分析其业务内容，评估项目风险，有效地控制这个过程中可能出现的风险。建立实时监控的体系，利用互联网建立网络防护网，保证财务共享服务中心网络信息安全。

5. 提升了企业整体管理水平

通过建设财务共享服务中心，打破原有分散的财务管理形式，把下属的子公司、分公司的零散的会计核算，统一交由财务共享中心进行该类工作，又方便、又标准，打通组织壁垒，实现跨组织端到端的流程整合，实现规模效应。一方面减少财务人员的规模，另一方面通过业务流程梳理将非增值业务最小化、增值业务最大化，不仅可以有效降低人力成本，还可以加强集团的组织运营能力。本文收集了四川长虹在有财务共享服务中心和没有该中心时候的数据，深层次研究后，可知在人力成本、费用控制、业务处理效率等方面都得到了显著的提升。

（1）业务处理成本大幅下降。四川长虹一直不断完善自己的财务共享服务中心，从而业务处理分工越来越明确，各个分、子公司的财务人员数量开始慢慢减少。普通的中小型子公司只需要配备一个出纳岗和处理原始单据等基本业务的会计人员就足够了，大型子公司财务人员数量也减少至原来的一半。其次，自动化的全面应用大大减少了人工需求，收集信息是自动的，监控财务信息、财务计划的抽检、记账结算拨付等也都是自动的，还可以自动生成动态数据报告，由此带来的是管理成本及人力成本的大幅度下降。

（2）企业运作效率显著提高。财务共享服务中心通过信息技术的应用、业务流程的梳理，消除不增值环节，实现流程最优化。其次，通过岗位职责细分提升岗位工作效率。如记账时甚至不需要财务人员输入任何信息，系统通过自动识别原始凭单就能够进行记账。财务人员只需要在系统自动识别原始凭证并且完成记账之后审核系统编制的记账凭证是否正确。相比传统财务人员的工作方式，财务共享服务模式的应用不仅大大降低了财务人员的工作量，而且标准化流程下的核算方式也极大降低了失误率，会计记账效率及质量都显著提高。

（五）四川长虹财务共享服务中心建设的启示

四川长虹应用财务共享服务之所以能够取得成功，主要有下面这几个关键因素。

1. 企业战略目标的即时调整

所谓战略目标指的是企业的愿景，经过合理的分析，企业在未来的经营里面可以达到的目标。它在整个模式应用的过程中充当导向作用，奠定大方向，对项目的成功运行起着至关重要的作用。战略目标并非一成不变，而是需要随着企业所处经济环境的变化适时调整。四川长虹集团正是懂得根据内外情况的变化及时调整财务共享服务中心的战略目标，使得它和企业经营状态相适应，相辅相成，才顺利地走出发展低谷。从2005年起，企业的战略目标一共作了四次调整，正是这四次科学调整，使得集团可以从财务共享这个决策中获得长足的进步。第一次的战略目标是降低成本，在2005~2006年，集团的发展特点是分公司数量规模快速扩张，由此引发了快速增长的财务管理资本需求，成本骤增。这时候最重要的就是降成本，方便快捷、整合高效的财务共享就走入集团管理层的视野，于是第一阶段的目标促进了财务共享平台的产生。第二次的战略目标是风险控制，在2006—2009年3年间，企业的主要矛盾是风险给生产经营带来了很大的损失。于是，在财务共享服务中心的建设方面，集团着重于精细化管理，把财务服务抽离出财务管理，增加内控和风控能力。第三次的战略目标是财务转型，在2009~2012年，这一阶段四川长虹的财务共享已经初具规模，为企业带来了很多收益。此时企业的主要矛盾转变为如何让客户更加满意，怎样做出更好质量的服务以获得长期发展，以及如何把财务需求变得更富有弹性。第四次，优化提升阶段。从2013年到现在，集团一直致力于优化提升财务共享中心的结构和职能。为了跟上时代的步伐，集团要求财务要智能化，要联网互通，也要能够互相协作发展，基于这三个发展战略重点，集团开展了财务共享的进一步建设——财务云建设。这个决策主要受云计算的潮流趋势影响，具体开展流程如下：其一，云采集阶段。关键是使用ERP系统收集到相关的基础工作数据并且把这些信息传到云端。其二，云处理阶段。此时，就是在云端把上传的数据拆解、审查、多层次全方位地处理和分析。其三，云生成。这就是根据处理结果，生成规范的财务文件、报表。

2. 核心业务流程的持续优化

流程管理作为财务共享服务平台的特色，在财务共享模式下起着举足轻重的作用。它的主要对象是那些分散的、但是有集中前景的业务，做法是把这些业务整合到一起，通过专业的流程设计，经实践和调整，形成有效的标准化的流程，有效减少工作量，降低成本。流程管理的意义还在于自动化带来的“去人化”，减少人工成本，加大运转能力，提高供给质量。与此同时，对于任何企业来说，重点业务以及流程管理都对自身成长至关重要，流程管理自然就成为财务共享模式建设的重难点。

（1）成立专业管理团队。流程的重新设立涉及很多方面，整个过程很繁杂，需要多部门各机构配合。同时也关系到各方，重新设计的流程直接关乎企业财务共享建设的成败，如果这个新流程和企业实际经营情况不适应，非但不会提高效

率，还会给企业带来很大的负面影响。这就要求一个专门的团队来进行流程管理。四川长虹在这方面做得很好，在进行流程管理之初就组建了专门的管理团队负责相关工作。工作内容主要有财务共享平台业务内容的确立、把会计工作和财务管理工作分隔开来、拟制实践指南、确定各方面标准、分析防控重点环节等。增设信息和协作系统，使得三大系统有效合作，协同运转。加大培训力度和强度，明晰权责，提高人力资源质量。

（2）关注流程与分子公司的适应性。流程再造在带来一系列好处的同时，也会出现因突然改变的流程导致业务员主观上接受度不高，或者客观上学习效率低这些情况，所以关注新流程和公司的适应性十分重要。其次，争取高层的大力支持也是必要的，这可以在物质上更便利，精神上也会减少很多抗拒心理。与此同时，设计新流程的过程当中，需要关注子公司的适应能力，这就要求下属公司的有关人员加入设计过程，方便把他们的需求和问题纳入重造环节，确保最后的结果是和宏观发展相适应的，这也正是四川长虹在流程再造的时候一直都十分关注的问题。

三、中国平安财务共享服务中心建设

（一）中国平安简介

中国平安保险（集团）股份有限公司（简称中国平安、平安保险、平安集团）于1988年诞生于深圳蛇口，是中国第一家股份制保险企业，至今已发展成为融保险、银行、证券、信托、投资等金融业务为一体，核心金融与互联网金融业务并行发展的个人金融生活服务集团之一。中国平安致力于成为国际领先的个人金融生活服务提供商，坚持“科技引领金融，金融服务生活”的理念，通过“综合金融＋互联网”和“互联网＋综合金融”两个模式，聚焦“大金融资产”和“大医疗健康”两大产业，围绕保险、银行、资产管理、互联网金融四大板块，为客户创造“专业，让生活更简单”的品牌体验，获得持续的利润增长，向股东提供长期稳定的价值回报。在用户、客户及迁徙方面，持续以客户为中心，为客户提供完善的金融服务，以实现“一个客户、一个账户、多项服务、多个产品”为目标，积极推进用户、客户间的迁徙。核心金融业务方面，向客户提供专业的一站式金融服务，并利用互联网升级综合金融模式，扩大服务范围，提升服务效率和体验。在互联网金融业务方面，围绕用户的“医、食、住、行、玩”需求，不断完善线上平台，提供多种服务和产品，将金融嵌入线上生活服务。

2019年，中国平安列《福布斯》全球2000强第7位，蝉联全球多元保险企业第一，在中国众多入围企业中排名第5，全球金融企业排名第6；《2019年BrandZ最具价值全球品牌100强》排名第40位；Brand Finance“2019全球品牌价值500强”榜单位列全球第14位。在“2019全球最具价值100大保险品牌（Brand Finance Insurance 100 2019）”排行榜荣列榜首；2019中国服务业企业500强榜单排名第3位；入选2019中国品牌强国盛典榜样100品牌，中国品牌发展指数100榜单，中国平安排名第20位。2020年入选2020年全球品牌价值500强第9位，中国企业500强榜单排名第六，《财富》世界500强排行榜第21名。2021年《财富》世界500强排名第16位。

2021年前三季度，平安集团实现归属于母公司股东的营运利润1187.37亿元，同比增长9.2%；年化营运ROE为20.3%；归属于母公司股东的净利润816.38亿元，同比下降20.8%。集团总资产首次突破10万亿元，近10.08万亿元。

（二）中国平安财务共享服务中心的建设背景

伴随近代金融的发展，金融业在组织形式和业务运营方面发生了巨大的变化，强调规模经济（扩大规模导致平均成本降低）、范围经济（扩大生产或经营范围导致平均成本降低）及信息优势的大型金融服务集团成为金融业发展的重要趋势。金融服务集团具有组织结构一体化、经营战略多元化、内部管理多线式的特点。通常其集团的定位为投资中心，拥有相对庞大的财务体系，一方面要满足公司法人治理要求，另一方面要防范集团风险，对集团整体的财务管理提出了不容忽视的挑战。

1. 集团风险管控压力巨大

金融服务集团包含若干业务个体，在发挥协同效应的同时，相应承担作为一个有机整体的风险和压力。这些机构中一旦有一家机构因风险管理不善而发生风险事件，这一风险事件可能会影响到集团旗下其他金融机构。从财务角度来讲，财务风险的控制对金融服务集团的财务管理至关重要。

2. 多元化与一体化存在矛盾

金融服务集团一方面追求业务多元化，另一方面又强调集团一体化经营，二

者之间存在着很难调解的矛盾，使得财务政策的落实难以严格统一。而多条线的内部管理，又容易使财务信息出现不透明、不准确的现象。

3. 企业集团自身内在需求

平安集团旗下子公司包括平安寿险、平安产险、平安养老险、平安健康险、平安银行、平安证券、平安信托、平安大华基金等公司，业务范围几乎涵盖所有金融领域，已发展成为中国少数能为客户同时提供保险、银行及投资等全方位金融产品和服务的金融企业之一。此外，在互联网金融业务方面，集团已布局了陆金所、万里通、车市、房市、支付、移动社交金融门户等业务，初步形成“一扇门、两个聚焦、四个市场”的互联网金融战略体系。面对如此庞大的集团组织和繁杂的业务，如何在降低成本的前提下管控风险以支持目标达成，促使众多分子公司在讲究效率的同时执行同样的标准呢?

21世纪初，平安集团确定了引入共享服务的理念、实施后援集中的战略设想。即建立统一的后台共享服务中心，以实现组织、人员、信息和系统等方面的集中运营管理，达到标准统一、成本节约、效率提升、风险可控的目的。2004年，马明哲董事长表示：“推进后援中心建设和大后援体系的流程再造是仅次于IPO的重大战略项目。”同年6月香港上市成功后，中国平安正式启动“全国客户服务及运营技术中心（简称运营管理中心）”建设项目，并于2006年5月正式投入使用。运营管理中心位于上海张江银行卡产业园区，总建筑面积达18万平方米，可同时容纳12000人办公，是中国平安后援集中运营的大平台，也是全国第一家大型综合性后援中心，总体规模位居亚洲首位。新建成的运营管理中心，将集团产、寿险两个子公司所有分支机构的后台作业和服务进行了集中整合，从根本上改变了传统后援的分散运作模式。

平安集团的集中整合实质是信息化系统的再造与流程变革，也就是将原来产、寿险子公司分散的资源和信息全部交由集团的共享中心来统筹处理。通过这种集中整合，中国平安保险的前台业务与后台操作实现了分离，二者也承担起全新的职能。具体来说，一方面，公司的后台，即运营管理中心致力于建立一个高效率、以客户为中心的运营平台，为公司前台提供全面的、标准化的技术支持，并通过资源集中与共享为客户实施综合金融服务计划；另一方面，后援集中也使得公司的前台，即各分支机构变成了“柜台”，专注负责公司的业务拓展以及其他与客户面对面的服务。中国平安这种前台和后台有效分离的直接结果，带来了服务的标准化程度提升、成本的降低及风险控制的加强。

运营集中是中国平安信息化系统再造和流程变革的一个重大战略措施，其目标是实现“以客户为中心，以产品和服务为核心”。它通过整合客户接触界面、共享的作业、集中和专业化的核心运营、第三方服务网络，建立了利用影像、工作流、客户关系管理等最新科技的IT平台。整个平台的流程及系统设计以内外部客户需求为驱动，工作流管理和过程监控为要素，体现高程度的网络化、自动化、标准化，并且突出强调了安全性、实时性、便捷性和高效性。

（三）中国平安财务共享服务中心的建设与运营

1. 财务共享服务中心的组织定位

平安集团对企业内部各独立公司的后台服务职能进行集中整合，建立了统一的后台服务共享中心，以实现组织、人员、信息和系统等方面的集中运营管理。后援平台承担着对前线的业务支持，同时协助集团后台发挥运维管控职能。在集中共享的背景下，平安集团将财务活动中较为标准化、操作性强的业务剥离出来，集中到财务共享服务中心，发挥统一标准、管控风险的职能，让子公司财务更专注于财务管理、财务战略与决策支持。

2. 财务共享服务中心的业务范围

平安集团财务共享服务中心建设之初仅负责费用审核和报销，此后逐步将服务的范围延伸到资金收支及核算、总账核算、账户开立变更、投资交割、固定资产的新增统计和报告、税金远程申报等业务，甚至还扩展到投资产品的估值核算。财务共享服务中心已经成为整体服务价值链中不可或缺的重要环节。目前，针对集团内部的一些小规模公司，财务共享服务中心还尝试推动全委托模式，除承担现有的会计核算、资金往来业务外，还涵盖了预算编制、会计报表编制、日常税务申报、出纳、审计等工作，提供整套财务管理服务。

3. 财务共享服务中心的建设过程与运营管理

2004年，平安集团在上海张江的后援中心开建，2008年，安第一个财务共享服务中心在上海建成并投入使用，同年，中国平安数据科技（深圳）有限公司（简称平安数科）正式挂牌。平安集团的共享服务平台建设经历了两个阶段。

（1）2009年之前，逐步探索金融后台集中的运营模式，建立快速可复制的业务集中服务平台。以工厂化、标准化、流程化为运营目标，有效支持集团综合金融后台服务。通过两次集中与深化共享，实现集团所有专业公司后台作业集中运营。

(2)2009 年之后，实现运营职能的中后台切分，完成网点业务转移，搭建集团综合金融大后援平台。以进一步降低运营成本、支持交叉销售、提升客户体验为目标，通过跨系列的共享、端到端的全流程优化、新技术运用等方式，提高效率、降低成本、支持多产品的交叉销售及促进集团整体客户的体验提升。

伴随平安数科的发展，财务服务中心从最初的寿险机构试点开始，逐步扩大到保险类、银行类、资产类的各家专业公司。集中作业地点从上海扩展到深圳、成都、内江和合肥，以降低成本并分散风险。五个中心的职能各有侧重，上海中心作为管理中心，承担了部门总体规划、运营管理、业务接洽、重点资金业务等工作，并为上海的公司总部提供现场服务。深圳中心为平安集团深圳总部提供现场服务，以及预算审批、投资类资金往来服务；成都、合肥、内江中心则是主要的会计类、资金类标准服务提供地区，并相互作为业务备份。当一地遇上突发事件暂停工作，其他地区可以迅速承接起来，保持财务共享服务的持续性，避免对整个业务运转造成致命影响。

在集中共享和分中心运营的模式下，如何科学有效地设置管理架构和组织体系成为财务共享服务中心目前面临的挑战。结合业务管理实际，财务共享服务中心采用了矩阵式组织架构，部门负责人下辖数位服务线经理，分别管理不同的服务流程。各个地区设置现场运营经理，承担该地区的人事、行政等运营管理。例如，资金服务线经理负责资金服务线的业务承接、标准制定、计划安排、过程监控、目标分析等，成都分中心运营经理则要负责在当地服务线（包括资金服务线）之间的资源协调、人事及行政管理等。

(四) 中国平安实施财务共享服务的技术平台

1. 以平安数科为技术支撑

平安数科已经成为国内金融业建立较早、规模较大、业务较全的全方位大后援共享服务中心，为中国平安及旗下各专业公司提供后台运营服务，业务涉及保险、年金、银行、证券、投资等金融领域，业务范围涵盖呼叫中心、数据处理、核保核赔、流程改造、人力资源服务、银行后台管理、财务结算、信息技术支持等服务业务。

在平安数科的众多共享服务平台中，财务共享服务平台是非常重要的一个组成部分。由于财务的标准化程度好，共享程度高，财务集中是平安后援集中的最早项目之一。财务共享集中方面，历经十年潜心建设和持续投入，财务服务中心横跨保险、投资、银行等多行业，业务纵深覆盖资金、核算、估值、年金等七大领域，已发展成为国内领先的企业级财务共享服务平台，服务涵盖平安全集团，涉及近50家子公司，同时管理着整个集团近10000个银行账户，全年资金收付近3亿笔，资金规模近4万亿；全年核算费用500万笔，规模300亿；投资组合估值近2500个，投资规模2.6万亿；管理近4500家的企业年金，年金总量达1000多亿。此外还管理5800个职场，逾400万平方米，年统筹30亿元租赁、装修费用。

2. 打造财酷平台

从2013年起，在“互联网+”浪潮下，平安集团又基于原有的财务共享平台着手进行新的尝试，逐渐建立命名为“财酷”的新一代互联网财务创新服务平台，通过移动互联网、大数据、云计算等新兴科技及思维与传统财务的融合，提供更加高效、便捷、智能的财务管理解决方案，向管理者及员工提供更加优质的财务服务，至此，平安财务共享服务开始进入“互联网+”时代。

财酷平台经过一年多传统财务与互联网等新技术的碰撞与融合，在传统财务管理的思路上，不断吸收并应用平等、开放、互动、迭代、演化的互联网精神，推动传统财务转型、跨界。目前也已经确立了明确的财务“互联网+”战略方向：建立互联网化的财务服务/管理平台，以创新服务替代传统管理，用互联网产品模式提供可持续的创新财务服务，以大数据应用驱动财务管理升级。

此外，平安集团正在尝试利用科技创新手段，进行财务共享服务自动化审核与风险控制，推动财务共享服务向智能化升级。

(五) 中国平安财务共享服务中心建设的启示

目前，平安集团庞大的后援平台集中了以前全国各地数百个城市中的后台运营工作，从客户接触、共享作业、专业作业、第三方作业到运营控制和政策制定六个层面进行了整合，并且支持集团企业的管理决策和发展战略。其中，从财务的角度出发，结合大型金融集团防范风险的职能，后援平台上的财务共享服务以防范和化解风险为主，并采用标准化的作业流程提升整个业务体系的合规程度。同时，财务共享服务平台强化了总部对分公司财务行为的约束，统一标准及减少地区差异；降低了人为更改、操纵会计记录的可能，保证了会计信息的准确性和可靠性，提高了会计核算质量；通过总对总全国集中资金运作，提升了资金支付的时效。

1. 管理方式的变革需要坚定的改革决心和强大的执行力

财务集中是对过去分散管理方式的变革。任何变革，背后一定有利益的重组和冲突，没有高层的推动，没有强大执行力，变革很容易夭折。平安集团在向共享财务模式的转变过程中，集团和专业公司高层领导的改革决心及平安自上而下的强大执行力起到了不可替代的决定性作用。

在推进过程中需要各个子公司各个业务部门的协同，高层领导的决心和平安集团的务实文化让这样的协调更加顺畅。集中参与者客观务实地去解决面临的问题，制订行动方案，确定时间节点。

同时，远程的集中运营模式也有赖于社会科学技术的支持，平安集团也有着一个非常强大的信息技术团队，可以支持并确保集中所需的系统需求完全顺利地予以开发和实施。在集团提出“科技引领传统金融”的目标下，服务创新和新科技应用是工作的重点。如何把服务体验做得更完善，如何依靠新科技的应用，打造领先的财务共享服务中心一直是平安财务服务中心的核心。

目前，国际上多数大型金融企业都在世界各地拥有强大的后援服务系统，这个后台系统是对金融企业业务流程的变革，它将前台业务和后台操作彻底隔离，由此产生的直接结果就是服务的标准化、成本的降低及风险控制的加强。

2. 财务共享服务要利用新技术满足新需求

财务共享服务平台如何适应新的变化，如何利用新的技术，如何满足新的业务需求，如何为专业公司和客户提供超越期望的服务，既是财务共享服务平台在未来所面临的新挑战，也是持续发展和成长的新机遇。同时，平安集团积极跟随新技术发展，其互联网财务服务应用产品，用“互联网+”思维，通过大数据的应用，推动管理向智能化、自动化发展。在场景应用、费用管理方面带来新的价值，开始了财务共享服务的新探索。

当前来看，国内大多数保险企业已经纷纷开始研究并着手建立起集中运营的“大后援”模式，以应对业务快速发展所必须应对的统一、规范、高效运营管理与服务要求。而中国平安集团作为较早提出并运作大后援模式的大型保险集团，已经积累了丰富的经验。符合人力资源、行政、IT、财务等综合性共享服务的理念。而在这种模式下，财务共享服务平台如何支撑和协调所有其他共享服务资源，尤其是财务共享服务平台与IT系统之间的支撑和相互协调。其经验有利于未来大型金融保险集团构建大后援背景下的财务共享服务中心进行借鉴。

四、阳光保险财务共享服务中心建设

(一) 阳光保险集团简介

阳光保险集团股份有限公司（简称阳光保险集团）是中国500强、中国服务业100强企业。阳光保险集团成立3年就跻身七大保险集团，5年超越了与其同期成立的71家保险主体，9年同时布局互联网金融及不动产海外投资领域，10年成功进军医疗健康产业，成为全球市场化企业中成长最快的公司之一。截至目前，阳光保险集团旗下已拥有财产保险、人寿保险、信用保证保险、资产管理、融和医院、惠金所等多家专业子公司，逐渐成为引领行业变革的中坚力量。

阳光财产保险成立于2005年7月，是主要经营财产保险业务的全国性保险公司。阳光财产保险成立以来，连续多年刷新国内新设保险公司年度保费规模的历史纪录，实现了又好又快的发展。目前已有36家二级机构开业运营，1500余家三四级分支机构，服务网络实现全国覆盖。

阳光人寿保险成立于2007年12月，是主要经营人寿保险、健康保险和意外伤害保险等一切人身险业务的全国性专业寿险公司。阳光人寿保险成立以来发展势头良好，公司价值不断提升，目前已有33家二级机构开业运营，800余家三四级分支机构，以专业服务为广大客户提供人身、养老、医疗、健康、意外等保险保障。

阳光资产管理公司成立于2012年12月，凭借专业的投资团队和“稳健、规范、专业”的投资理念，投资收益连续多年居行业三甲，是业内最佳资产管理团队之一。阳光资产管理股份有限公司目前已具有完备的业务资格，涵盖股票投资、信用债投资、股权投资，同时拥有股指期货投资、基础设施投资计划及不动产投资计划产品创新资格，受托管理保险资金资格，保险资产管理产品业务资质，阳光人寿境外投资境内受托人资格等。

2015年设立保险业第一家大型综合医院——阳光融和医院。医院集医疗、教学、科研、预防、保健、康复、转化医学与产业发展为一体，是一家按照国际先进的医疗理念、JCI和三级甲等医院标准筹建的大型综合医院。融和医院融聚国内外一大批医学领域的科学家和医学专家，创新疾病诊断和治疗标准，引进前沿技术，并与美国哈佛大学Joslin糖尿病中心合作，创建国际领先、国内一流的糖尿病中心。

阳光保险集团财务共享服务中心于2011年开始筹建，2012年4月正式成立。两年后入选财政部中国财务共享服务中心十大典型研究案例，2015年获得CGMA评选最佳财务共享服务中心，2016年结合分享经济原理首创会计作业众包模式（“互联网+会计”）引起业内轰动，2017年研发财务流程机器人（RPA）、记账机器人（AI+记账）等先进技术，2018年开始从传统作业向数字化管理转型，对外输出财务创新技术和服务。

（二）阳光保险集团财务共享服务中心的建设背景

1. 行业竞争加剧

作为金融行业的三驾马车之一，保险业是市场化程度比较高的行业，也是国民经济中发展最快的行业之一。据统计，1980年以来，中国的保险保费收入年均增长28.3%；2014年，保费收入达到2.02万亿元。2014年年底，保险业总资产已达10.16万亿元，4家保险公司进入世界500强；中国保险密度从1980年的0.47元/人上升至2013年的1265.67元/人，保险深度从1980年的0.1%上升至2013年的3.03%。

中国加入WTO后，国外保险企业进入中国市场，成立众多合资保险公司，同时监管机构放开地方性保险公司的审批，国内包括产险、寿险、健康险、农险公司纷纷成立，截至2014年年底，全国共有保险公司136家。保险机构的增加在促进行业发展的同时，也加剧了市场竞争。

保险公司特有的盈利周期决定了大部分公司在成立初期的发展策略是通过保费规模、市场占有率的提升来体现公司的经营业绩。这种状况就会导致保险企业的经营管理出现以下问题：① 企业资源多向业务前端倾斜，管理水平与企业的业务发展速度不匹配；② 为了追求更大的业务规模，而忽视了业务品质；③ 为了抢占市场而忽视经营风险，为企业长期发展埋下隐患。

2. 集团管理的内在要求

阳光保险集团的财务管理体系秉承“做公司的管家，为企业创造价值”的理念，始终坚持将先进的理论与实践相结合。2005年企业创立至今，集团财务管理职能逐步完善，覆盖了会计管理、预算管理、资金管理、精算管理、企划等职能，并积极参与投资管理、融资评估等业务运营环节。

随着保险主业的发展，集团整体财务管理形成了集团公司、专业子公司、省分公司、地市三级机构、四级机构甚至五级机构的多级管理的分散型管理模式。公司规模的不断扩大，业务的快速增长，加之原来分散的管理方式带来了诸如会计信息失真、可比性差，资金安全受到挑战、资金使用效率低下等问题。

在2011年建设财务共享服务中心之前，阳光保险集团拥有财务账套700余个，财务人员1600余人，其中1000余人从事会计核算和资金收付的基础会计工作。虽然集团及各子公司建立了统一的会计制度和核算规则，并定期进行会计基础工作的专项检查，但由于机构的迅速扩张，会计人员培训难度很大，因此仍旧无法保证账务处理的一致性。会计信息作为企业重要的决策依据，其真实性受到日益严峻的挑战。此外，保险行业资金收付量巨大，在2011年建设财务共享服务中心之前，集团总共开立银行账户2000余个。由于没有统一的资金收付平台，因此无法对账户和资金进行有效的监控和管理。资金管理方面存在以下问题：没有统一的资金收付模式和渠道规划，机构开设银行账户随意性大，资金沉淀不可控，手工操作风险高，资金结算费规模不经济。这些问题为集团整体资金的管理带来很大困难。

总之，原有的分散财务管理模式已经无法适应集团战略发展对财务管理的要求，财务转型迫在眉睫。为了能够实现阳光保险集团财务的整体转型，经公司管理层研究决定，成立财务共享服务中心，把分散的会计和资金业务进行集中作业和管理，将财务职能划分为战略财务、业务财务和共享财务，形成总部财务、机构财务和财务共享三位一体的财务管控模式。

（三）阳光保险集团财务共享服务中心的建设与运营

1. 财务共享服务中心的组织定位

阳光保险集团财务共享服务中心定位于集团服务平台，成立之初为集团的独立部门，与集团财务部一样，直接向集团财务总监汇报。财务共享服务中心主要承担集团下属各子公司、业务主体的会计核算、资金结算、财务信息提供等业务。经过近两年的运营，财务共享服务中心于2014年年初进行事业部改革，最终作为一个独立运营和管理的事业部，与各子公司、业务主体签订服务水平协议。事业部改革使得财务共享服务中心成为企业内部财务服务的提供者，进一步提升了标准化水平，提高作业效率、降低运营成本，能够为客户提供高质量的服务。

2. 财务共享服务中心的业务范围

（1）主体范围。阳光保险集团财务共享服务中心的服务主体范围涉及集团本

部、产寿险子公司、基建业务、物业公司、信保业务、网销和电销业务、保险经纪公司、投资发展中心等。未来还会根据公司发展，探讨服务医疗和海外业务的模式。

(2) 业务范围。阳光保险集团财务共享服务中心的业务范围包括会计核算和资金结算业务，是全流程作业管理，具体包括作业平台系统的搭建、已有作业规则和流程制度的持续优化、新业务纳入规则和流程制度的制定等。在会计核算方面主要包含费用核算、资金核算、总账核算、月结管理、财务数据提供等；在资金管理方面包括资金的集中收付、资金计划、资金调拨、账户管理等；在财务系统管理方面包括财务系统的整体规划和实施，系统优化需求分析及日常财务系统运营维护。

阳光保险集团财务共享服务中心会计核算范围的确定，根据业务特点、业务定性及定量分析进行评估，分阶段、分步骤进行业务的集中处理。

3. 财务共享服务中心的建设过程

(1) 项目论证与规划。阳光保险集团财务共享服务中心的建设借鉴了国内外财务共享服务中心建设的先进经验，秉承“高起点建设、高质量运营”的理念。在整个建设过程中，有集团管理层的强力支持，与相关部门进行充分有效的沟通，在流程设计和系统规划方面体现客户思想，因此建设过程效率高、阻力小，业务流程变革彻底，完善了财务系统整体规划，项目效果超出预期。

在整个项目建设规划过程中，依托集团发展战略，从组织设计、人力资源、业务流程、信息系统、运营管理、客户服务六个方面进行详细论证与规划。

(2) 分阶段实施项目建设。①调研分析阶段。通过内部调研全面了解集团内部五个管理层级的会计核算、资金结算业务范围及相关岗位的工作量，并征求与财务作业有接触点的相关职能部门的建议，同时了解管理层对财务共享建设的期望和要求。其次，通过外部调研了解和学习国内外财务共享服务中心建设的先进经验，加以借鉴。最后，形成调研分析报告，对集团财务管理现状进行全面分析，为财务共享服务中心制订设计方案奠定坚实的基础。②方案设计阶段。成立项目组，集中集团、子公司、机构各层级财务业务的骨干，以及信息技术部门业务骨干，同时聘请外部咨询顾问，负责项目整体方向和进度的把控。方案设计过程做到与流程相关人员的充分沟通，以保证方案能够落地实施。项目计划缜密，在组织和人员管理、流程设计、系统设计中同步推进。③上线准备阶段。这一阶段按照设计完成的方案，进行系统开发测试、财务共享人员招聘和培训、办公场所准备、财务系统内部整体培训、宣贯、推广计划和总结优化机制等事项。④试点及推广阶段。集团公司财务共享服务中心的实施上线，牵一发而动全身。为了将新流程、新系统的上线对集团业务造成的影响降到最低，使业务前端不受财务共享服务中心上线的影响，因此阳光保险集团财务共享服务中心采取了充分试点、分批推广的策略。分别选取了一个省份的产寿险两家分公司进行试点，在试点过程中总结流程和系统问题，同步进行优化和改进。有了试点的经验，然后分七个批次开始在集团公司内逐步推广。

4. 财务共享服务中心的运营

截至2013年6月，全国66家分公司的会计核算、资金结算、系统管理业务全部纳入财务共享服务中心。经过两年的平稳运营，阳光保险集团财务共享服务中心下设业务管理室、北京核算中心、成都核算中心、资金结算室、系统管理室、运营管理室、财务管理室、人事行政室。

（1）业务管理室。业务管理室负责会计核算业务的优化、新业务的评估和纳入，并对核算中心进行日常管理，对内部客户提供咨询服务，以及负责会计政策的研究和核算规则的制定。

（2）核算中心。北京核算中心和成都核算中心职责相同，负责费用核算、业务核算、总账核算、资金核算等全部标准化的核算业务。

（3）资金结算室。资金结算室负责公司的资金收付、资金计划、头寸划拨、银行账户管理、资金系统与前端业务系统的对接、资金收付渠道的搭建、资金监控等职责。

（4）系统管理室。系统管理室负责财务相关系统的整体规划、系统优化需求分析与管理、系统日常运行维护。

（5）运营管理室。运营管理室负责中心整体运营的质量管理、开展组织绩效统计和分析、监控预警中心业务指标，形成发现问题、反馈问题和解决问题的机制，对中心持续优化的项目进行集中管理，以保证中心持续高效运营。

（6）财务管理室。财务管理室负责中心的会计核算、预算管理和成本控制，通过细化的会计核算和分业务、分小组的投产比分析，关注中心运营成本，促进中心能够持续通过效率提升达到成本节约的目标。

（7）人事行政室。人事行政室负责中心的人员招聘、培训组织、薪酬和绩效管理、员工关系管理及行政支持工作。

5. 财务共享服务中心的实施效果

（1）集团管控能力提升。通过财务共享服务，阳光保险集团实现了集团会计和资金作业的集中管理，成为集团财务管控的有效手段。集团层面的财务共享服务中心，使得集团整体的会计核算和资金业务都在集团的掌控和监督之下，信息更加透明。同时，能够保证集团财务管理思路的有效贯彻和执行。

阳光保险集团财务共享服务中心在会计核算规则及流程建设上始终坚持共享服务的基本理念，统一了不同会计主体的记账规则与审核规则，改变了过去因政策理解有偏差、制度执行不统一、人员素质参差不齐带来的会计信息的真实性和可比性差的问题，提升了会计核算的质量。

阳光保险集团财务共享服务中心使集团实现了资金的集中收付与管理。它为集团搭建了统一的资金管理平台，确立了“银行渠道为主、第三方支付作为补充”的资金收付模式，实现了资金集中收付和账户的统一管理，使得资金使用效率大幅提升，同时降低了资金管控的风险。

（2）成本节约初见成效。在人力资源成本方面，财务共享服务中心建设时期对机构财务人员编制实施了冻结管理，随着会计和资金作业的逐步上收，机构原来从事会计和资金工作的人员逐步转岗分流，与不实施财务共享相比，节约了财务条线的人力成本，人力成本的节约会随着公司规模的不断扩大效果更加明显。此外，资金的集中管理，使资金结算成本大幅降低。

（3）搭建了支撑财务共享服务中心长期发展的运营管理体系。内控稽核、客户服务、绩效分析、质量提升的职能设计，形成了从发现问题到解决问题的闭环管理体系，使得财务共享服务中心能够做到持续的优化运营。

（4）成为阳光保险集团财务人才的培养基地。阳光保险集团财务共享服务中心在三年时间内，招聘和培训了200多名会计专业人员，他们经过了标准化和专业化的培训，为总部和机构输送了数名人才，阳光保险集团财务共享服务中心已经成为财务专业人才的培养基地，推动集团公司财务管理转型。

（四）阳光保险集团财务共享服务中心建设的经验

1. 财务共享服务中心坚持以服务为导向的定位

阳光保险集团财务共享服务中心从建立之初，始终坚持以服务为导向，自身定位清晰。通过事业部的管理模式促进专业化及服务水平的提升，使得财务共享服务中心以客户为核心、以服务为导向的运营思路更加清晰。

(1) 服务意识增强。业务范围不再受成立初期标准化、规模效应等既定规则的限制，而是认真了解和研究客户需求，想方设法地为客户提供高质量的会计和资金服务，解决总部和机构财务的后顾之忧。在日常运营过程中，重视与总部和机构财务的沟通，在沟通过程中发现问题，并及时解决问题，不断提升业务水平和运营能力。

(2) 成本意识增强。建立财务共享服务中心的一个重要原因是要在加强集团风险管控的基础上逐步降低财务作业的成本。事业部的改制，使运营成本逐年降低成为明确的经营目标。因此在中心内部专门成立了财务管理室，负责财务共享服务中心内部的会计核算和财务分析，有效促进了财务共享服务中心的业务效率提升和成本节约。

(3) 全局意识增强。事业部改制使得财务共享服务中心的职能更加完整，角色和定位更加清晰，积极性和主动性有所增强。由原来的被动执行转变为主动思考财务共享服务中心在集团财务管理中可以发挥的作用。财务共享服务中心在提供标准化服务业务的同时，也会将作业过程中发现的管理问题，作为增值服务及时反馈给总部和机构财务，并提出改进和优化建议，从而真正成为集团财务管控的有效手段。

2. 团队是项目建设与运营的基石

阳光保险集团财务共享服务中心拥有一支年轻、专业、凝聚力强、勇于创新的运营管理团队。其运营管理团队是项目建设阶段从集团内部抽调的财务骨干人员，通过建设阶段的历练，专业能力及管理能力迅速提升，目前从事财务共享服务中心的运营管理。这支队伍年轻、富有朝气、凝聚力强，具有开拓和创新精神，是财务共享服务中心发展的坚实基础。

3. 对外借鉴先进经验，对内注重有效沟通

阳光保险集团财务共享服务中心，对外重视交流，积极参与行业会议，借鉴先进经验，结合自身情况将其应用于管理实践；对内注重与各个服务主体的沟通和交流，因此，各项工作能够取得总部和机构财务的理解和支持，很好地发挥了自身的作用。

4. 理论与实践相结合

阳光财务共享服务中心紧跟国家会计政策，对政策做出快速反应。学习最前沿的会计理论，与高校合作，进行课题研究，并将互联网、大数据的理念应用到财务共享服务中心的实践当中。

（五）阳光保险集团财务共享服务中心建设的启示

阳光保险集团财务共享服务中心的落脚点在“服务”二字上，服务内容的不同体现了财务共享服务中心不同的定位。阳光保险集团作为国内七大保险集团之一，在整个行业中的发展速度首屈一指。在迅速扩大业务规模的同时，以客户服务为中心的定位和服务理念始终贯穿于企业的长期发展战略之中。阳光保险集团财务共享服务中心的建设也延续了这种定位和理念，它通过独立事业部组织运营机制与服务水平协议的签订，实现了财务共享服务中心的内部客户服务理念，从而不断提升了财务共享服务中心的服务质量和标准化程度，以不断支撑集团公司整体业务发展的诉求和集团财务管理战略，进而服务于整个集团的发展战略。

1. 财务共享服务中心的建设要符合企业集团的整体战略

通过阳光保险集团财务共享服务中心建设与运营的经验，我们可以看出，中心的服务定位是基于阳光保险集团的整体战略，即一切以客户为核心而制定的。只有与集团整体战略始终保持高度一致，才能获得企业高层的支持，才能得到业务部门的理解。当财务共享服务中心立足服务不断满足客户需求的时候，财务共享服务中心才能体现出自身的价值，从而得到财务共享服务中心长期发展的资源支持。

2. 财务共享服务中心的发展要依托先进的信息技术和管理手段

经济全球化和高新技术特别是信息技术的高速发展使共享服务这一概念成为可能。财务共享服务中心的建立需要信息技术、电子通信设备的支持和完善，无论是简单的业务核算，还是复杂的财务管理甚至财务决策，每个业务流程都依赖于强大信息系统的建立，只有这样，才能达成财务共享服务中心建设的目标。

建设一个良好的财务共享服务信息化平台是财务共享服务体系架构得以实现的基础技术支撑和先决条件，系统平台的统一搭建和整合是实现共享服务的关键环节。只有在信息系统支持下，财务共享服务模式可以跨越地理距离的障碍，向其服务对象提供内容广泛的、持续的、反应迅速的服务。财务共享服务的模式是在信息技术支持下的管理变革，只有利用现代的信息技术，才能使企业集团的财务共享服务真正落到实处。

当今社会，无论是信息技术还是管理理论都在快速发生变化。作为一种创新的管理模式，财务共享服务也必须与时俱进，与先进的信息技术和管理理论相结合，不断做出调整，才能始终保持它的先进性。只有为客户提供高质量的服务，财务共享服务中心才能得以生存和不断发展。

信息系统的应用与优化，新技术的尝试与使用一直是阳光财务共享信息化建设的根本，涵盖核算管理、资金管理、税务管理、财务管理、共享运营、数据管理等20多个信息系统支撑着阳光全集团的财务运营。阳光财务共享自2016年首创会计作业众包模式，代替公司全职员工完成基础会计作业工作，一方面降低了共享的运营成本，同时将专业人才用于高附加值的财务业务领域。

五、蒙牛乳业财务共享服务中心建设

(一) 蒙牛乳业集团简介

中国蒙牛乳业有限公司及其子公司是国内乳制品行业龙头企业，占据了行业主要市场份额。2014年3月，蒙牛乳业在香港上市，成为首家中国乳制品企业蓝筹股。近年来，蒙牛乳业着力整合全球优势资源，先后与达能、安硕等外资企业达成战略合作，引进国际先进乳业技术，快速与国际水平接轨。截至2018年6月底，蒙牛乳业根据市场潜力及产品策略布局产能，在全国建立了38个生产基地，新西兰海外1个基地，集团乳制品的年生产能力达951万吨。凭借其主要品牌“蒙牛”，已成为中国领先的乳制品生产商之一，为市场提供多元化的产品，包括液态奶、冰激凌、奶粉及其他乳制品。

在“以消费者为中心，成为创新引领的百年营养健康食品公司”的愿景指引下，蒙牛乳业一直以“国际化+数字化”双轨战略驱动创新。同时，聚焦“升质量、降成本、优结构、理节奏、调布局”五大主题，全力打造南北数据中心、一键式质量追溯体系、全产业链智能化标准及乳制品数字化工厂等，协助集团提升整体业绩表现。2017年，蒙牛乳业实现收入人民币601.556亿元，比2016年的537.793亿元增长11.9%；净利润20.478亿元，呈现出良好的发展态势。

2015年11月，蒙牛集团财务共享中心正式成立，2016年，优化与推广并举，移动审批功能全部上线，完成财务共享中心建设，实现了财务组织转型升级，并搭建了BI平台基础，以及商业智能分析体系。2017~2018年，蒙牛集团财务共享中心优化战略资源布局，围绕数字化核心关键词，建设端到端的数字化基础，建立数据模型和数据洞察。

(二)蒙牛乳业财务共享服务中心建设背景

1. 国际化战略下企业规模不断扩大

2012 年在外部环境偏紧、竞争加剧的情况下，乳制品行业增速放缓。同时，受物价水平持续上涨的影响，原奶价格、人力成本相应上涨。产品结构升级仍是乳品行业主要驱动力，消费者对高端乳品需求不断增加。面对行业产品结构升级及技术环节的压力，蒙牛乳业将未来的发展路径定位于“国际化”“数字化”。并制定五年发展战略，致力于企业内部管理体系的变革及产品创新、产业链技术升级。随着国际化战略的实施、业务范围的拓展，财务管理模式随之变革，制定了业财融合的新型财务管理体系，加强企业财务管理的数字化能力提升。

2. 传统财务模式与企业发展不相适应

随着公司规模的不断扩张，蒙牛乳业也面临着“大企业病”问题。原本分散型的财务管理模式下，存在以下三方面的问题。第一，财务与业务脱节。基础核算工作占据了财务人员大部门的时间，且财务人员惯于从财务角度思考问题，缺乏对业务的了解，无法真实反映业务问题。第二，组织效率低下。各分子公司都设有独立账套、配备完整财务部门，组织结构呈横向延伸，过于冗长庞大，会计核算的一致性及信息的真实性难以保障。同时，业务流程自动化程度低，导致效率低下。例如费用报销流程时长接近一个半月，单据积压现象严重。第三，集团对下属单位监管不力。财务管控停留在事后，缺乏事前和事中监督，风险无法及时防范。企业内部存在大量亟待优化的财务管理问题，为适应企业业务发展需求，蒙牛乳业必须适时变革。2012 年开始着手数字化战略及财务共享服务中心的建设，调整组织架构、重塑财务流程、创新财务机制。

蒙牛乳业财务管理体系随着企业组织结构的变革不断进行调整。2010 年以前，蒙牛乳业一直以基于外派的分散式财务管理模式为主，设集团财务总部、各事业本部财务部、生产事业部及销售区域财务处，总体形成三级财务组织结构，逐级对下属部门进行管理。各业务单元设有独立的财务部门负责财务核算工作，并将报表定期上报到总部财务。财务总部对各事业部财务部门以间接管理为主，子部门对人事任免、筹资投资等拥有充分的自主决策权。

随着企业组织的变革，原分散型财务管理体系下决策支持力不足、信息失真严重、基础工作量繁重等问题逐步显现。2010 年由原事业部制组织结构转变为职能型，常、低、冰等事业部调整为营销、营运、奶源管理中心等。财务管理体系相应地将原各事业部本部财务拆分为营运、营销财务中心，原职能中心保持不变。2012年，为支撑企业五年战略规划的实施，进一步深化变革，将原生产事业部财务处等划归相应的二级营运、营销等财务管理中心，并统一纳入业务财务管理范畴，形成垂直管理模式。总体形成战略财务、业务财务、共享财务“三位一体”的架构。2017年随着2016年组织架构调整回原本的事业部制，相应地将营运、营销等财务管理中心转化为常、低、冰事业部财务。

3. 财务发展战略规划的引领

经过组织结构调整与财务管理体系变革，蒙牛乳业集团逐步形成了以奶源、营运、营销为基础，战略财务、业务财务、共享财务协同发展的财务组织架构。

(1) 战略财务。战略财务又称为集团总部财务，由财务部门管理层及财务骨干人员组成，分为流程、财务、资金及投资等几大管理部门。在财务管理系统中充当“大脑”的角色，是财务体系的领头羊，负责整个财务体系战略目标的制定、战略决策及财务组织绩效管理等专业化程度较高的工作。同时将其提供的基础数据转化为有价值的经营分析信息，给予业务财务、共享财务政策、战略及运营等方面的指导和支持。

(2) 业务财务。业务财务是指财务延伸到价值链前端，分布在各分子公司，为业务部门提供有针对性的财务支持。充当管理会计的角色，以业务为主，负责各业务单元预算编制、经营活动分析、风险管控及经营业绩分析管理等工作。如对本事业部的预算、现金流、毛利等进行针对性的剖析；负责当地税收优惠政策研究、预算管理、成本管理及资产管理等。财务人员深入业务端，即时为业务单元提供财务咨询及服务，协助业务单元提升经营管理能力。同时，财务人员更加了解业务运作方式，从业务角度分析财务问题，更好地促进公司财务管理水平的提升。

(3) 共享财务。共享财务部分主要是将各分子公司的重复性、标准化程度高的财务核算工作整合，采用会计工厂的模式进行集中处理。通过标准化的流程，实现基于规模效应的成本节约及效率提升。蒙牛乳业的共享财务范围主要是核算业务、报表报告及资金管理三大部分，为业务财务及战略财务提供专业服务及数据支持。

与“建设世界乳都，打造国际品牌”的五年战略规划相辅相成，蒙牛乳业制定了财务五年发展战略规划，财务共享服务中心便是其中的关键一步。根据蒙牛集团财务五年发展战略，以财务共享作为基点，打造世界先进、国内领先的财务

共享服务中心。具体执行全面四项发展原则，即“内部三向”和“外部一项”，内部三向是指横向发展业务板块、纵向发展共享职能、竖向发展组织范围；外部一向是指财务共享服务中心由成本中心向利润中心转变，稳扎稳打，持续推进。与蒙牛乳业智能化、数字化的管理理念相匹配，高度信息化、数字化的财务共享服务中心是财务体系变革的必然产物，助力打造及管理一键溯源的智能化工厂，为企业经营即时提供准确的业务与财务数据。

（三）蒙牛乳业财务共享服务中心的建设历程

蒙牛乳业财务共享服务中心建设采取分两个阶段实现的稳健做法，试点先行阶段和推广阶段。将业务范围中核心业务板块率先试点迁移，逐步拓展至发展、投资业务。建设历程涵盖四个阶段：立项准备阶段（2009—2012）、试点先行阶段（2013—2015）、全面推广阶段（2016）、运营提升阶段（2017年至今）。

1. 立项准备阶段

蒙牛乳业最早在2009年提出了财务共享服务中心的建设构想，2012年提出具体建设思路。为契合企业的五年战略规划，提出建设“战略财务、业务财务及共享财务”的五年财务战略规划。将财务共享服务中心定位为公司财务战略转型规划中的一部分，是以共享服务为基础的新的财务系统的重新搭建。这一阶段主要为财务共享服务中心的运行打下基础，从战略定位、信息系统建设、业务流程梳理等方面完成了大量的标准化、规范化的基础建设工作。如集团内核算单元全部实现按法人核算，并整合成立会计核算中心，奠定了财务共享服务中心实施的基础。

2. 试点先行阶段

2013年12月以北京事业部的费用核销业务为切入点，开始了财务共享服务中心的探索之路。2014年组建了专项小组负责项目实施。首先，针对13个试点法人单位进行实地调研，详细考察并梳理其业务流程。其次，致力于SAP的全面上线，为财务共享服务中心的建设奠定基础。最后，通过向国内财务共享服务中心先驱单位的调研学习、内部磋商、商务洽谈等方式，最终确定采用“综合管理报账平台（CE）+影像传输系统（Open Text）+共享操作平台（SSF）”应用平台，并选定国际商业机器公司IBM为合作商。在集团各方的通力支持下，项目组苦战156个工作日后，2015年3月蒙牛乳业FSSC正式启动。实现“综合管理报账平台（CE）+影像传输系统（Open Text）+共享操作平台（SSF）”综合报账平台在

12家法人单位、7个核算单元上线应用，这批单位业务覆盖了蒙牛全部业务，业务流程也具有代表性，能有效测试财务共享服务模式的可行性。2015年11月1日，蒙牛集团财务共享服务中心上线，11月2日正式揭牌运营。

3. 全面推广阶段

在12家法人试点单位的基础上，2016年2月启动财务共享服务中心二期项目，进入全面推广阶段。将试点单位的成功经验运用到其他法人单位的迁移工作中，一边梳理流程一边承接组成自己的共享服务迁移团队，之后又完成了47家法人单位的迁移，到2016年年底，圆满完成了全部59家法人单位的共享迁移。一次性迁移订单到收款、采购到付款及原奶采购等全业务流程，是一次比较完整的共享中心建设历程。此外，2016年10月成功上线供应商关系管理系统，加强与业务端的衔接，并进一步将报表纳入财务共享范围。

4. 运营提升阶段

财务共享服务中心已经完成了设计、试点、推广三个阶段，进入了运营提升阶段，致力于深化职能，提升展望。2017年建立了公司内部大客户服务机制，与内部客户签订服务水平协议，促进财务共享服务中心的市场化，实现从成本中心到利润中心的转型，强化客户服务文化。年内，完成了南北数据中心项目，并于6月启动"安全云端管理系统"及供应商关系管理项目二期，致力于实现"数字化"战略。未来，集团还将扩展业务于投资业务公司的共享业务承接，扩大财务共享服务中心的职能。条件成熟时，进一步扩展共享范围，将人力资源、IT包括采购一些业务纳入其中。

(四) 蒙牛乳业财务共享服务中心运营情况

1. 财务共享服务中心的组织结构及职能划分

蒙牛乳业的财务共享服务中心由集团总部直接领导，由财务副总裁张平负责整个项目的建设、运营与优化。蒙牛乳业对集团的业务单元进行了梳理，继而设立了总账报表、费用报销、采购应付、销售应收、原奶资产五个业务循环部门，及服务支持、综合支持两个后台职能部门。各部门间权责分明，密切配合保证财务共享服务中心的有序、高效运行。

五个业务部门主要承担日常业务处理，两个后台职能部门主要负责绩效考核、运营优化工作、人员培训、售后服务等，具体职责划分如下。

（1）销售应收部。负责销售业务的核算及相应账款的结算，具体包括开具发

票、核算收入及应收账款、相关税额计算及报表编制等。

（2）采购应付部。负责预付款、应付款核算、除原奶外的内部调拨采购物资核算、发票校验、对账和应付账龄分析、本组业务关账及报表编制。

（3）原奶资产部。一方面，负责固定资产、无形资产等资产类科目的核算，单据审核、审批及其他日常账务处理。另一方面，负责原奶采购相关账务处理，包括奶款结算、往来核算等。

（4）费用报销部。负责费用管控，具体包括员工个人借款及备用金核算、员工信用管理、费用报销的处理及费用预算监控、优化成本费用控制管理制度、及时完成本组业务关账和报表编制。

（5）总账报表部。负责一般总账核算、费用计提、暂估及分摊以及处理通过发票检验生成的费用；做好往来对账、月结关账、成本核算等工作，及时编制财务报表。

（6）综合支持部。负责服务质量管控、系统运营与维护、主数据维护、业务流程优化等工作。保障系统的每日监测与维护，并进行绩效分析，不断优化业务流程非增值节点。

（7）服务支持部。负责档案管理、人员培训、客户服务及本部门绩效管理工作。主要包括对业务主体提出的关于财务共享服务中心业务操作等方面的问题提供咨询及解决方案，制定培训课程对人员进行定期培训，提升整体运行效率。

2. 财务共享服务中心的信息系统

为落实蒙牛的“数字化”战略，打造数字化、智能化工厂，全面打通从奶源、运输、仓储、生产到销售全流程端到端的管理，实现高质量数据采集及业财深度融合。蒙牛乳业在IBM的帮助下构建了一个以SAP为主导的，能够延伸到生产、销售、客户及供应商的“BWIP”项目。该系统以企业核心组件SAP-ECC为基础，以“综合管理报账平台（CE）+影像传输系统（Open Text）+共享操作平台（SSF）”作为财务共享服务中心的主线，并集成资金系统、人力系统、预算系统、主数据等八大系统。

蒙牛乳业的一体化信息系统还在不断建设与完善当中，包括加强SAP与实验室信息化管理系统（LIMS）、商务智能（BI）等业务系统的协调，2017年6月份启动的“安全云端管理系统”“供货商关系管理系统SRM”项目二期，“WSP微销售项目”等，为建设智能化的蒙牛提供保障。下面简要介绍综合报账、影像传输、资金管理三大核心系统。

(1) 综合报账系统。综合报账系统是支撑财务共享服务中心的核心系统，员工填单、业务审批、财务审核和凭证预制的集中平台。主要功能是标准单据设计、审批流配置及审核，实现核算制度标准化、审批过程电子化、预算控制自动化和财务处理共享化。

系统运作流程的第一步是填报单据。员工通过单点登录在CE网络报销系统填单，通过CE自动匹配的BPM自动审批流进行流转，同时提交实物单据进行扫描，通过扫描进入CE系统自动生成条码进行管理。第二步，派工审核。票据岗经过扫描将单据录入系统，按已设定的审批流程将作业任务传递至审核会计。第三步，支付结算。审核通过的业务将结果导入资金支付系统，并按指定日期完成结算，同时生成会计记账凭证。第四步，SAP ERP核算。生成的会计凭证及电子单据影像推送到SAP ERP系统中，在SAP中可直接查询到凭证及单据影像。

(2) 影像传输系统。影像传输系统是综合报账平台的支撑系统，包含影像采集、传输、调用及业务处理等模块。前台影像采集将实物单据转为电子票据，并利用编码、分组进行档案存储，实现单据电子化、原始凭证随时调阅及电子单据与实物自动匹配等功能。此外，影像传输模块配合报账系统支撑起基于影像的电子审批，提升审批效率，降低审批成本。同时也可扩展支持其他类型影像（如合同影像）的采集、管理和调阅。通过采集端口收集的信息形成电子档案并归档管理，实现对电子会计档案和实物会计档案的统一管理，帮助企业用电子档案代替实物档案逐步实现会计档案管理无纸化，提升会计档案的调阅效率、降低档案管理的成本。

(3) 资金管理系统。资金管理系统（EAS）是企业进行资金的预算、调度、结算和投融资管理的平台，实现资金流的高效运转。具体包括资金预算、结算、投资、筹资及银企直联等功能。通过适配企业的发展阶段和财务战略选择具有针对性的资金管理模式，制定资金计划。实现集团层面资金适度集中、各级单位流程规范统一、信息化有效支撑，从而提升企业的现金流利用效率、票据管理效率。同时实现在线监控，防范金融风险，加强集团资金安全运行从而降低资金风险和财务费用。

3. 财务共享服务中心的业务流程

蒙牛乳业经过多次属地调研分析、系统评估，对原流程进行逐一梳理，一共梳理出184个差异及改进点。通过绘制流程图、编制流程说明表等内容对每一项流程进行分析。共梳理出包括采购到付款、订单到收款、投资到资产、费用报销、

资金结算等内容的8个二级流程，45个三级流程、94个四级流程。以下针对采购到付款、费用报销两个关键流程进行重点分析。

(1) 关键流程——采购到付款。采购到付款的整个流程包括从前端的采购业务，到供应商、共享财务，最后再到税务。主要包括合同管理、供应商对账、发票开具、三单匹配、收款等环节。是所有流程中效率提升最快的，平均每单处理时效提升70%。

①订单及合同管理：在SAP系统及合同管理系统中完成订单及合同管理，采购人员根据采购计划在SAP系统中填写采购申请单，在完成采购订单处理并签署合同之后，将合同关键信息录入合同管理系统。②供应商对账与开票：通过导入SAP系统的上游供应商基本信息以及对应的PO、GR等，由供应商在共享系统协同平台（FSSC—VSS）根据PO、GR等对应关系，完成对账工作，生成对账单。供应商根据对账数据预制发票，并自动开票。③发票录入及三单匹配：通过OCR发票识别系统自动读取发票信息，并在SAP系统中生成发票影像资料。按照预先定义的规则校验发票号、公司代码、供应商、税率等发票信息，自动完成三单匹配。如果出现匹配异常情况，工作流将自动通知相关人员做进一步检查，并显示在待办工作界面或通过手机短信、微信、邮件等进行提醒。④付款与记账：单据校验完毕，将自动在SAP系统中进行账务处理。记账后付款专员进行确认，付款信息通过CE系统直接导入资金支付系统EAS，完成供应商价款支付。同时，将付款信息反馈至供应商管理系统SRM。

采购到付款流程重新梳理后得到以下几方面的优化：第一，通过系统间数据的直接抽取代替原本重复的手工录入、提交、审核，提升效率的同时提高数据准确性。第二，线上数据流转代替原本线下数据传递，提高数据安全性。第三，系统间的互通互联打破信息孤岛。

(2) 关键流程二——费用报销。费用报销业务，具有重复性高、易于标准化等特点，在FSSC建设时，通常是作为纳入财务共享的频率最高的业务之一。传统费用报销流程由各分子公司独立进行，大致流程为：第一，报销人员填写书面申请单及实物票据。第二，提交上级领导审批。第三，审批通过的交财务部门审核。第四，财务人员报上级领导审批，完成报销。以线下流转为主，依赖人工提交审批，效率低下。财务共享服务模式下费用报销的主要流程包括：费用报销单据填报、业务部门领导审批、财务单据审核、账务处理、付款结算。

①单据填报：报销人员在CE系统进行网上填报，生成电子条形码。同时将

实物单据投递到票据箱，票据岗对其完整性、真实性等进行检查，随后进行票据扫描并生成与网上申报相匹配的条码。系统自动识别单据条码进行分拣，并完成存储。

②业务审批：CE 系统中，提交的电子报销单和扫描的影像实现自动匹配之后流程节点流转到业务领导，针对事项的真实性进行在线审批或移动审批。

③单据审核：业务审批通过的电子报销单及影像进入 FSSC 派工池，根据预设的派工规则，将任务分派给相应的会计审核人员。会计审核人员针对合规性进行初审及复核。初审通过的，录入相关财务信息生成预制会计凭证。

④账务处理：将经过初审的预制凭证再进行复核，复核通过将凭证相关信息导入到 SAP 系统中，并最终形成正式账务处理记录。

⑤付款结算：SAP 系统无缝对接资金管理系统，将付款信息同步到资金管理系统，生成付款指示后出纳岗按指定日期将款项汇入指定账户，结束报销流程。对比实施 FSSC 前后的费用报销流程，主要有以下几点改进之处。第一，在公司各层设置票据投递箱，把财务工作延伸到业务端，为业务人员提供方便、快捷的报销流程。第二，各分、子公司的票据通过影像系统及时归集，上传到系统，保证报销效率的同时，提高了会计信息的质量。第三，蒙牛乳业差旅费报销模块实现手机移动审批，解决了因审核人员出差等原因引起报销流程停滞的问题，提升报销效率。

(五) 蒙牛乳业财务共享服务中心建设的启示

蒙牛乳业通过构建财务共享服务中心取得很多明显成效，主要体现在以下几方面。

1. 提高财务运作效率

建设 FSSC 前，蒙牛乳业财务人员分散在各分子公司，财务系统集成度及自动化程度低，财务人员大多依靠手工输入各种单据信息，生产部门中约 49% 的财务人员忙于低附加值的基础核算工作。通过建设 FSSC，打破组织壁垒，实现集中核算，从“各自为政”的分散财务管理模式向总部集中管控转变。一方面减少财务人员的规模，另一方面通过业务流程梳理将非增值业务最小化、增值业务最大化以提高组织管理效率。通过对比蒙牛乳业 FSSC 成立前后的数据，结合与同行业、规模相似、财务人员数量相似，未采用财务共享模式及资金共享平台的光明乳业的横向对比分析，可以发现在费用控制、资产平均管理成本、业务处理效率等方面都得到了显著的提升。

2. 提升集团数据质量

数据被视为企业的血液，其中财务数据更被视为企业运营的晴雨表，对企业取得竞争的胜利至关重要。原有财务系统下蒙牛乳业各分子机构独立核算，财务人员素质参差不齐、执行标准不一，财务数据质量差。FSSC 集成了企业的业务及财务数据，成为企业最大的数据中心。通过对大量碎片化的数据进行有效管理、分析、报告，利用数据进行多维运算，为战略财务提供高质量的数据支撑。满足企业财务监控、风险管控、客户关系管理、战略决策需求，提升企业的整体管控水平。广义上讲数据质量是指数据对不同用户的满意程度，本文采用定性评价的方法从准确性、及时性、真实性、完整性四个方面对蒙牛乳业的数据质量进行分析。

3. 改善资金管理能力

“卖雪糕的，慢了就化了”，蒙牛乳业是快消行业，全国有 31 个生产基地，50 多个工厂，资金周转额度非常大，要求资金管理高效准确。为建设与业务高度匹配的资金管理系统，蒙牛乳业联合金蝶构建了“蒙牛乳业集团财务共享管理模式 FSSC—EAS 资金共享平台”，利用先进的信息技术进行科学、高效的资金管理。

4. 推动财务体系变革

在当下我国 2000 万会计大军中，传统财务会计达到 1800 万人，呈现出“核算型财会人员过剩，管理会计人才缺乏”的现状，财务人员向管理会计人才转型已是大势所趋。FSSC 建设是推动财务体系变革的核心动力，对蒙牛财务职能转型及业务财务一体化起到了关键作用。

（1）驱动财务人员向管理会计人才转变。分散的财务管理模式下，财务人员花费大量的精力在低附加值的重复性事务上。通过财务管理与组织的变革，将集团核算业务放到 FSSC 统一标准化处理，实现最大限度的系统自动化操作，压缩财务人员的基础核算工作量，使财务人员有更多的精力进行财务分析。公司财务各职能时间占比发生了巨大变化，用于决策支持的时间从 20% 提升至 49%，用于交易处理的时间从 41% 压缩至 15%。释放的财务人力资源获得更多时间进行管理会计的研究，这就驱动着财务人员从基础的核算型人员向以财务分析为工作重点的管理会计人才转变。

（2）促进业务财务一体化。传统业务与财务系统相互分离的财务管理模式，形成诸多“数据孤岛”。财务人员无法直接获取数据，滞后的财务管控往往不能满足业务发展的需要。而财务共享作业模式下，通过一体化系统的支撑，将数据延伸到业务前端，由事后管控变成事前管控，打破业务、财务“各自为政”的局面，强有力地推动业务财务数据的深度融合。同时，财务人员深入到业务当中，做更懂业务的财务，有效促进业财融合。

蒙牛财务共享中心建立至今，依然在孜孜不倦地研究，为提升财务共享建设成熟度，落实服务绩效管理和岗位绩效管理，关注流程持续优化，细化质量管理机制，共享服务中心设立了绩效管理组、流程管理组、质量管理组，每月定期发布相关报告及分析数据。通过服务绩效管理、质量管理、流程持续优化，搭建共享中心运营提升的铁三角。其中，在服务绩效管理方面，主要是制定指标和出具报告；在质量管理方面，主要是制定质量标准，提示责任人自查，定期核查，不定期抽查，目的是帮助用户填单一次性过关；在流程优化方面，定义服务范围，分析、识别流程改进点并持续优化，引入RPA，用技术手段驱动流程效率的提升。

第六章　中小企业实施财务共享的必要性

一、中小企业在国民经济中的地位与作用

（一）中小企业的划分

19世纪资本主义第二次工业革命之后，现代工商业体系得到极大发展，大型企业开始在经济生活中发挥主体作用，与之对应，也涌现出了中小企业的概念。中小企业不是一个绝对概念，而是相对概念。相比于大企业而言，在市场地位、资产规模、人员数量和经营规模相对较小的经济体。

中小企业的界定划分具有重要的研究意义和实务意义，为了更好地制定适用不同经济单位的经济和税收政策以及跨区域的经济研究和比对，每个国家（地区）都积极根据本国（地区）发展情况制定不同的划分标准和方法。

国际上通行的划分主要有定性和定量方法。定性方法主要根据几类标准进行界定，比如行业排名、市场份额、有无市场支配地位，是否具备上市融资规模等；定量方法则以量化指标为划分标准，比如营收规模、员工数量、资产规模等几个要素上按照一定标准进行界定。

1. 境外对中小企业的划分标准

由于不同国家和地区的生产力发展水平不一样，划分界定标准也不尽相同。

2000年发布的《中小企业指南》（以下简称《指南》）是联合国国际会计和报告标准政府间专家工作组为各国（地区）统计报告划分的参考指标，《指南》以“员工数量”为标准，把中小企业划分为微型企业、小型企业、中型企业三种。事实上，每个国家地区根据自身情况，也对划分标准进行了调整。

美国中小企业管理局于2000年采用产业分类法，按照19个行业大类，按照从业人数和营业规模作为划分标准；日本、韩国等地也和美国一样采用行业分类

法；英国2004年发布的中小企业标准，按照年营业额、雇员人数和年度资产负债表金额作为划分标准。目前主要国家的划分标准如表6-1所示。

表6-1 主要国家中小企业的划分标准

国家和地区	中小企业的划分标准
美国	制造业：员工数量小于1500人（航空机械），员工数量小于1000人（汽车制造），其他行业小于500人； 批发业：年度销售总额不超过8万美元； 零售业：年度销售总额不超过22万美元； 农业：年度销售总额不超过100万美元
日本	制造业：员工数量小于300人，资本规模小于3亿日元； 批发业：员工数量小于100人，资本规模小于1亿日元； 服务业：员工数量小于100人，资本规模小于0.5亿日元； 零售业：员工数量小于50人，资本规模小于0.5亿日元
法国	小型企业：员工数量小于250人； 中型企业：员工数量250~500人
德国	小型企业：员工数量小于9人，年营业额小于100万欧元； 中型企业：员工数量10~500人，年营业额100万~5000万欧元
英国	员工数量小于250人，年营收额小于5000亿欧元， 年度资产负债表金额小于2700万欧元

资料来源：根据宋智慧《论我国中小企业界定标准的完善》整理，2012。

2. 国内对中小企业的划分标准

根据我国的经济发展阶段和制度改革的发展，国内对中小企业的划分界定从新中国成立以来进行了七次调整。从早期根据企业的固定资产价值的划分标准，按照固定职工人数划分，到后面逐渐按照行业分类细化，划分指标也从单一指标增加为多项指标。为了进一步促进中小企业在国民经济中的作用和发展，2003年颁布了《中华人民共和国中小企业促进法》，并由统计局和相关部委一起制订了《中小企业标准暂行规定》，极大地完善了中小企业的分类范畴。

2011年，统计局依据工信部、发改委和财政部等相关部委制订的《关于印发中小企业划型标准规定的通知》，同时依据《国民经济行业分类》(GB/T 4754—2011)，重新制订颁布了《统计上大中小微型企业划分办法》。随着国家的经济发展水平进一步提高，相应的企业规模和行业发展也在发生改变，2017年国家统计局对2011年颁布的《划分办法》又再次进行修订，具体划分标准如表6-2所示。

表 6-2　统计上大中小微型企业划分标准

行业名称	指标名称	计量单位	大型	中型	小型	微型
农、林、牧、渔业	营业收入（Y）	万元	$Y \geq 20000$	$500 \leq Y < 2000$	$50 \leq Y < 500$	$Y < 50$
工业	从业人员（X） 营业收入（Y）	人 万元	$X \geq 1000$ $Y \geq 40000$	$300 \leq X < 1000$ $2000 \leq Y < 40000$	$20 \leq X < 300$ $300 \leq Y < 2000$	$X < 20$ $Y < 300$
建筑业	营业收入（Y） 资产总额（Z）	万元 万元	$Y \geq 80000$ $Z \geq 80000$	$6000 \leq Y < 80000$ $5000 \leq Z < 80000$	$300 \leq Y < 6000$ $300 \leq Z < 5000$	$Y < 300$ $Z < 300$
批发业	从业人员（X） 营业收入（Y）	人 万元	$X \geq 200$ $Y \geq 40000$	$20 \leq X < 200$ $5000 \leq Y < 40000$	$5 \leq X < 20$ $1000 \leq Y < 5000$	$X < 5$ $Y < 1000$
零售业	从业人员（X） 营业收入（Y）	人 万元	$X \geq 300$ $Y \geq 20000$	$50 \leq X < 300$ $500 \leq Y < 20000$	$10 \leq X < 50$ $100 \leq Y < 500$	$X < 10$ $Y < 100$
交通运输业	从业人员（X） 营业收入（Y）	人 万元	$X \geq 1000$ $Y \geq 30000$	$300 \leq X < 1000$ $3000 \leq Y < 30000$	$20 \leq X < 300$ $200 \leq Y < 3000$	$X < 20$ $Y < 200$
仓储业	从业人员（X） 营业收入（Y）	人 万元	$X \geq 200$ $Y \geq 30000$	$100 \leq X < 200$ $1000 \leq Y < 30000$	$20 \leq X < 100$ $100 \leq Y < 1000$	$X < 20$ $Y < 100$
邮政业	从业人员（X） 营业收入（Y）	人 万元	$X \geq 1000$ $Y \geq 30000$	$300 \leq X < 1000$ $2000 \leq Y < 30000$	$20 \leq X < 300$ $100 \leq Y < 2000$	$X < 20$ $Y < 100$
住宿业	从业人员（X） 营业收入（Y）	人 万元	$X \geq 300$ $Y \geq 10000$	$100 \leq X < 300$ $2000 \leq Y < 10000$	$10 \leq X < 100$ $100 \leq Y < 2000$	$X < 10$ $Y < 100$
餐饮业	从业人员（X） 营业收入（Y）	人 万元	$X \geq 300$ $Y \geq 10000$	$100 \leq X < 300$ $2000 \leq Y < 10000$	$10 \leq X < 100$ $100 \leq Y < 2000$	$X < 10$ $Y < 100$
信息传输业	从业人员（X） 营业收入（Y）	人 万元	$X \geq 2000$ $Y \geq 100000$	$100 \leq X < 2000$ $1000 \leq Y < 100000$	$10 \leq X < 100$ $100 \leq Y < 1000$	$X < 10$ $Y < 100$
软件和信息技术服务业	从业人员（X） 营业收入（Y）	人 万元	$X \geq 300$ $Y \geq 10000$	$100 \leq X < 300$ $1000 \leq Y < 10000$	$10 \leq X < 100$ $50 \leq Y < 1000$	$X < 10$ $Y < 50$
房地产开发经营	营业收入（Y） 资产总额（Z）	万元 万元	$Y \geq 200000$ $Z \geq 10000$	$1000 \leq Y < 200000$ $5000 \leq Z < 10000$	$100 \leq Y < 1000$ $2000 \leq Z < 5000$	$Y < 100$ $Z < 2000$
物业管理	从业人员（X） 营业收入（Y）	人 万元	$X \geq 1000$ $Y \geq 5000$	$300 \leq X < 1000$ $1000 \leq Y < 5000$	$100 \leq X < 300$ $500 \leq Y < 1000$	$X < 100$ $Y < 500$

续表

行业名称	指标名称	计量单位	大型	中型	小型	微型
租赁和商务服务业	从业人员（X） 资产总额（Z）	人 万元	$X \geqslant 300$ $Z \geqslant 120000$	$100 \leqslant X < 300$ $8000 \leqslant Z < 120000$	$10 \leqslant X < 100$ $100 \leqslant Z < 8000$	$X < 10$ $Z < 100$
其他未列明行业	从业人员（X）	人	$X \geqslant 300$	$100 \leqslant X < 300$	$10 \leqslant X < 100$	$X < 10$

资料来源：国家统计局颁布的《统计上大中小微型企业划分办法》，2017。

从国内外对中小企业的定义和划分标准可以看出，中小企业是个相对概念，在不同地区和行业的标准各有不同；随时经济和企业的发展，企业的规模也会动态变化，随着国家的经济总量和水平的发展，划分标准也会与时俱进动态更新。

中小企业对促进社会经济发展有着很大优势，发挥的积极作用较大。本文立足于中小企业的财务共享服务应用研究，在对中小企业的划分的基础上，来进行中小企业在国民经济中的地位与作用的分析与探讨。

（二）中小企业自身的特点

通过对我国中小企业的进一步分析，从整体的角度而言，与一些较为大型的企业相比，其具体特点可以体现在以下 5 个方面。

1. 规模相对较小

通常情况下，中小企业规模相对较小，在实际的发展过程中，并没有足够的资本积累，创业资本以及运用资本也十分缺乏，相应的生产规模要远远低于一些大型的企业，财务结构缺乏科学性。并且，通过进一步的研究得知，我国一些小型企业在发展过程中，其平均拥有的资本金也要远远低于同期的中大型企业。

2. 竞争力不强

中小企业在经营过程中，其无论是在生产规模层面，还是在资本的积累层面，都要远远低于一些大型企业。而这一因素的存在，也使得企业的劳动生产率相对较低，生产成本却非常高，市场中缺乏相应的竞争力。并且，中小企业在经营期间，非常容易受到经营环境的干扰，变数大，经常会面临较为严重的经营风险，无法切实地吸引投资者的注意力。此外，对于一些小型企业来说，受市场以及外部的冲击影响非常大，企业关闭的概率也要远远高于大型企业。

3. 数量多分布广

世界各地的发展过程中，针对中小企业而言，其在数量方面都占据着绝对的优势。并且，中小企业在经营阶段，其涉及的范围十分广泛，涵盖多个领域。通过分析得知，中小企业除了不涉及一些较为特殊的行业之外，其在各个行业中的活跃程度都非常高。

4. 经营具有较强的灵活性

通常而言，中小企业可以很容易地进入市场中，因为其经营方式灵活，适应性非常强。一般，中小企业在具体的经营过程中，其会依照市场的变化而快速对产品结构进行调整，有效地对生产方向进行改变，以保证在最短的时间内满足市场的新需求。

5. 生产专业化强

近年来，由于科学技术水平发展速度的不断加快，生产的专业化分工也日益精细。并且，由部门的专业化发展逐渐朝着产品的专业化方向迈进，发展的零部件生产以及工业也日益专业化。所以，“全能企业”已经不能满足当前科学技术革命以及生产力发展需求。通常，对于任何一个大企业来说，其都不能满足社会的全部生产需求。因此，为了能够进一步对劳动生产率以及产品的竞争能力进行增强，一定要实现分工协作，切实落实专业化生产。而通过中小企业所提供的零部件或者先进工艺，快速加工，能够有效地对大企业生产压力进行缓解，让其可以有更多的时间集中对主部件的生产以及研制中，强化对先进技术的发展。

(三) 中小企业技术创新的优势

1. 中小企业创新动力大

中小企业组织层次少，上下级关系近，内部交流多，结构灵活，信息传递快而有效，对市场反应灵敏，决策速度快。近年来大批高科技中小企业进入了高技术领域，并在许多行业显示出明显的优势，这都是依赖于中小企业的灵活运行机制和对新兴市场的敏锐把握不断地进行创新的结果。同时，中小企业面临着比大企业更大的市场竞争推力，因为中小企业如果不积极创新，就可能会退出市场。所以，中小企业的创新活动与每个员工的利益息息相关。

20 世纪 90 年代以来第五次兼并浪潮席卷全球，对中小企业的生存造成了巨大的压力，但仍有大批的中小企业继续生存和发展。它们适应经济发展的需求，在大企业没有优势而又是经济发展所需的部门大量发展，在大企业占有优势的部门，又围绕大企业提供产品和服务。所以说，中小企业得以不断发展壮大的原因，就在于它具有很强的灵活性，并且容易接受创新。

2. 中小企业创新效率高

尽管与大企业相比，中小企业无论在研发投入上还是在人员方面都处于劣势，但是中小企业在创新方面所发挥的作用却超出了一般人的预期。中小企业的技术创新不仅在数量上占有相当的份额，而且其创新水平和影响也不亚于大企业。美国小企业管理局曾经收集过20世纪对美国和世界有过重大影响的65项发明和创新，发现它们都是由雇员在500人以下的中小企业所创造的。同时，据一项资料统计，美国中小企业在20世纪的重大技术进步中占到一半以上，而这些中小企业的研发费用却只占大企业的不到5%，因此，克林顿在1995年的《小企业状况：总统报告》中指出："小企业是很强的创新者，它比大企业创造出多一倍的重大创新"；在1996年的《小企业状况：总统报告》中提到："小企业的技术创新是美国在世界经济中占领导地位的主要原因"。这些都说明了小企业在创新方面所起的重要作用，创新效率高，创新速度快。

3. 中小企业技术创新的应用化程度高

中小企业在研究与开发方面投入少，抗风险能力弱，只能避开投资多、风险大、开发周期长的技术创新项目，而选择投资少、见效快、针对性强的"见缝插针"式的项目，其创新成果往往针对企业生产经营活动的某一特定环节，可操作性强，有的几个月就可以见效。所以，中小企业的技术创新应用化程度相对较高。

总之，中小企业由于其在市场竞争中所处的不利地位，所以不断地进行创新活动，创新效率高、速度快，并且应用化程度高，推动了整个社会科技创新活动的开展。

(四) 中小企业对国民经济发展的重要性

1. 国外中小企业对国民经济发展的重要性

中小企业数量众多。在德国300多万的企业中，近99%为中小企业，带动约54%的经济增加值，提供约62%的就业。日本的中小企业是日本经济的基石，数量约占总体企业的99%。美国的中小企业提供了约67%的就业，自2003年以来美国创造了500多万新的就业岗位，其中大部分为小企业创造。

中小企业都是国家经济发展的重要组成部分，各国政府和机构都非常重视对其的扶持。美国1953年通过《小企业法》，并设立专门的小企业管理局（SBA），

开启 SBIC 计划并设立 SBIC 政府惠利基金；德国在政府的科技部、经济部、财政部下设专门的小企业机构，在各州政府、工商会和行业协会设有相应的促进中小企业发展的子部门；日本则面向本国中小企业提供融资服务，成立了诸如中小企业金融公库、商工组合中央金库的官方机构。

2. 我国中小企业对国民经济发展的重要性

就我们国家来说，改革开放四十年来，中小企业的地位和作用越来越得到加强。我国的中小企业占我国企业总数量 99% 以上，提供约 80% 以上的就业，贡献 70% 以上的专利发明，占国民生产总值的 60% 以上。

我国的中小企业经济上成为国民经济的重要增长点，拉动着 GDP 的增长；就业上提供了超过一半以上的就业岗位，对社会的稳定发挥着积极作用；创新上是专利发明和技术研发的积极参与者，推动着经济结构和产业质量的升级；贸易上逐渐成为进出口贸易的新生力量，提高了我们在全球经济分工的地位；最后，在促进三农和增加税收方面更是发挥着巨大的作用。

因此，政府对中小企业的扶持力度也一直在加强。2002 年首次颁布《中小企业促进法》，旨在改善中小企业经营环境。2017 年 9 月再次修订该法案，根据经济发展新时期的特点，全方位加强了对中小企业的支持，在政策方面保障其公平参与竞争，在技术方面鼓励其进行科技创新，在融资方面完善其融资渠道和资源，在税收优惠方面对其实行专项减税措施。

(五) 中小企业在国民经济发展中的积极作用

1. 推动国民经济持续发展的重点力量

针对中小企业而言，其在我国国民经济发展中所发挥的作用和力量非常大。中小企业的经营十分灵活，并且专业化较强。因此，凭借这些优点，可以与大企业协同发展，实现一体化生产作业，为企业提供一系列配套的生产方案，不仅能够有效地对企业成本进行节约，还能够大幅度地规避各类经营风险，保证企业的盈利性能够得到全面增强。同时，中小企业分布相对广泛，涉及国民经济的多个领域，对经济的增长有很大影响，能够对国民经济具有非常大的补充以及辅助作用。通过对相关部门所提供的数据分析，自 20 世纪 80 年代以来，我国中小企业的产值增长率一直处于稳定提升的状态。由此可见，促进中小企业的良好发展，能够很大程度上提升国民经济水平。

2. 有效推动社会稳定发展进程

在世界各国的发展过程中，对于中小企业的发展都十分重视。而这一情况的存在，最为主要的原因就是中小企业能够有效地对社会就业方面的问题进行解决。在社会经济发展过程中，就业问题一直都是阻碍其稳定进步的关键因素。而对于中小企业而言，由于其涉及的范围相对广泛，并且开业快，投资少，竞争较为激烈，经营十分灵活。在对劳动人员技能以及水平的要求层面也相对较低，绝大部分的劳动者都是从事密集型产业。因而在此情况下，可以大量地吸收劳动力，有效地对就业机会进行增加，不断缓解社会就业压力。

在我国的具体发展阶段，针对工业层面，水平一直处于较低的状态。并且，由于我国人口数量众多，合理地对劳动力问题进行解决，可以有效地推动社会稳定发展进程，保证国家能够实现长治久安的目的和效果。同时，给予中小企业发展一定的重视，将其融入国民经济中，还可以让就业压力得到缓解，合理的对现行就业结构进行优化，减小产值结构之间存在的偏差。此外，从资源配置层面分析和研究，强化对中小企业的关注，也能够让我国人力资源量多这一优势综合地进行体现。简而言之，采用科学的手段，让中小企业的发展处于稳定的状态，不仅可以让庞大的产业队伍稳定发展，还能够保证社会经济水平有效提升。

3. 有效促进农业以及农村经济发展

在我国经济以及社会的发展过程中，农业以及农村问题一直是亟待解决的关键问题。而中小企业则可以有效地对农业以及农村发展进程进行推动，以便社会能够朝着稳定的方向迈进。在农村城镇化建设期间，中小企业是先锋队，同时也是帮助农民增加收入的主要阵地。通过对我国中小企业的分析得知，其绝大部分都是乡镇企业或者私有企业。而对于这些企业来说，尤其是针对乡镇企业，能够将分散的农户集中在一起，实现大规模且集约化的生产，吸纳大量的农村剩余劳动力，不仅可以有效地对社会发展进行稳定，也可以进一步对我国城镇化进程进行推动。同时，在一些地方的发展阶段中，中小企业是其财政的主要来源，特别是在县域经济中，所占据的比例更是相对较大。因而，如果中小企业能够可持续并且长久地经营，那么就可以为地方政府提供源源不断的税源，有利于当地经济水平的提升。

4. 有效地对市场进行活跃

社会在发展过程中，需求具有较强的多层次性，在一定程度上决定了商品市场的多层次。与一些较为大型的企业相比，中小企业大多是经营纺织、家电、科技及服务等行业，能够在一定程度上贴合市场的需求。并且，中小企业的发展以及存在，能够确保市场具有较强的活力，有效地促进市场竞争，规避了少数大公司对市场垄断的情况。中小企业在发展阶段，可以借助其经营方式灵活性以及组织成本低这一特点，快速地接收到市场的需求信息，然后及时地制定一些新的产品，推入到市场中，快速占领市场，促进自身发展。同时，虽然中小企业的本钱小，风险较大，但是在机制层面具有一定的灵活性，能够及时进行创新，并借助自身的优势，主动涉足一些大企业所不愿意发展的领域，进一步活跃市场。

通过对中小企业的分析可知，其也是产品出口的重要力量。各个国家在发展过程中，依托于中小企业的产品出口，能够让国际市场得到不断的活跃和发展。并且，对于我国中小企业而言，由于机制相对灵活，同时劳动成本非常低，因而生产出口了大量劳动密集型产品，很大程度上推动了我国对外贸易发展进程。此外，随着出口产品的日益提升，引进外资也会逐渐增加，一些中小企业在发展过程中，也会逐渐朝着境外方向发展，尤其是在我国深化对外开放的大背景下，中小企业的经营更是渐渐地走向了世界，对我国社会的整体发展有着非常大的促进意义。

5. 具有较强的自身独特竞争优势

绝大多数的中小企业领导十分精明干练，能力较强。并且，中小企业内部交流渠道十分畅通，无论是在成本层面，还是在生产效率层面，通常会高于大企业。所以，中小企业在经营期间，通过强化对生产、销售以及开发的有效融合，可以合理解决企业内部交流过程中存在的文化差异，及时依照市场变化，快速地做出创新决策。一些大企业官僚体制较为明显，决策层往往具有一定的保守思想，非常不利于创新的风险投入。而中小企业管理环境具有较强的宽松性。因而，这一优势的存在，对于创新活动的开展十分有利。

同时，中小企业很多技术人员都来源于大企业，水平相对较高，企业对于人员的重视也通常高于大企业。通常，很多大企业在经营阶段，对于一些小的创新并没有给予一定的重视，而中小企业则不然，可以借助这些小的创新点，大力地进行开发。

此外，由于近年来技术发展速度不断加快，市场需求也瞬息万变，而大企业的反应具有迟缓性，在部分情况下即便拥有先进的工艺技术，也不能切实地进行应用。但是中小企业则完全可以将市场作为导向，只要自身掌握到一定的先进技术，并能够为企业带来经济效益，那么就会毫不犹豫地进行应用和选择。所以，中小企业在创新的质量层面，其表现水平相对较高。

综上所述，中小企业在国民经济发展中起到了积极的促进作用。中小企业是发展社会主义市场经济的主要途径，能够很大程度上满足我国的基本国情，有效地对我国国民经济发展水平进行提升。

二、中小企业财务工作的特点

（一）我国中小企业的经营特点

1. 数量众多，灵活强性

中小企业最突出的特点就是数量众多，机制灵活，适应性强。大规模的批量生产和销售一般由大型企业提供，而随着经济发展和社会需求的变化，小批量、个性化的需求越来越多，中小企业虽然单体规模小产品单一，但胜在数量众多，经营范围广泛，行业和地域分布极广，只要有需求的地方，就有能提供相应产品和服务的中小企业。中小企业机制灵活，面对各种各样的消费需求，能充分发挥“小而专”的优势较好地满足，从而带来企业的发展。

2. 规模较小，资源有限

中小企业多以专业化经营为主，通常规模小，掌握的资源有限。企业的经营模式选择依赖于企业拥有或能够配置的资源。与大型企业不同，中小企业在资金、规模、技术、人员等各种资源更加有限，无法多元化经营分散资源，也无法在规模经济上和大企业竞争，因此通常聚焦于某一细分市场，专注经营，通过提高产品质量或提高生产效率，走专业化经营路线来获得市场竞争并获得发展。随着现代经济的发展，社会分工和协作越来越细。中小企业和大型企业建立了良好的产业协作关系，比如外包、代工等模式的快速发展，这些在整体上支持了大型企业的发展同时，也带动了中小企业自身的发展。

3. 发展迅速，创新力强

中小企业机制灵活，市场适应能力比较强，对客户、行业和技术拥有直觉的敏锐洞察，技术创新能力较强。伴随着新的技术应用和产业机会，许多中小企业能迅速反应，也催生了大批中小型创业企业。

大企业容易面临创新窘境，由于现有业务的良好发展，往往对新产生的小的技术创新和应用市场不是特别在意。而小企业恰恰在这些创新机会上诞生并迅速发展。20世纪中后期，技术驱动中小企业得到了蓬勃发展，在信息技术、半导体、新材料等方面出现了许多小企业，并迅速成长。

(二) 我国中小企业财务现状

1. 财务管理模式落后

由于中小企业现阶段难以将经营权和所有权分离，企业控股投资者和管理者多为同一人，企业其他管理者很难加以约束。为了对资金的充分掌握，管理者往往严重干预财务管理，导致财务部门职权设置不合理，难以建立有效内控机制，财务部门缺乏话语权，不能将优秀的财务管理理论充分应用于企业管理，最终可能引起企业财务管理混乱，严重制约着中小企业快速向前发展。

2. 财务人员专业素质较差

中小企业对财务管理的重要性认识不够，简单认为财务工作只是日常会计处理，招聘员工门槛较低，从业人员缺乏先进的现代管理思想，不能为企业融资、筹资工作做出风险判断，严重影响企业资金的使用安全，制约着中小企业向前进一步发展。

3. 内部监管能力弱

由于中小企业对财务管理的轻视，内部监督监管羸弱，很可能导致在经营过程中内外部环境的压力下获取的财务收益与预期收益出现大幅偏差。企业内部控制薄弱，具体表现为：第一，企业经营预算不科学。全面预算不合理或预算方法体系不完善可能导致企业盲目经营，引起不必要的生产材料浪费或企业预计目标不能达成；全面预算没有执行力度，则可能使预算管理成为形式主义没有实效。第二，投资和筹资管理混乱，二者不能找到平衡点导致企业日常资金周转出现断流或企业资金利用率不足；资金监管不力，则导致企业资金被挪用、侵占、遭受欺诈。第三，难以利用财务报告作出对企业经营情况的正确判断，甚至舞弊提供虚假财务报告，对企业声誉和经济利益造成双重打击。

(三) 我国中小企业的经营困境

经过40年的改革开放，我国中小企业已经成为国民经济的重要组成部分。中小企业在增加就业、促进经济成长、提高财政收入、优化经济结构，以及确保经济持续稳定、健康发展等方面发挥着越来越重要的作用。

在我国，小微企业的发展存在诸多不足，由于企业规模及可投入资源有限，绝大多数中小企业的信息化程度仅能满足基本财务管理的职能，会计信息化水平普遍不高，导致中小企业面临的财务核算和管理问题尤为突出。

1. 经营成本不断攀升

由于中小企业的经营门槛相对比较低，随着市场竞争的加剧，客户议价能力越来越强；同时近几年由于中国的人口红利逐渐消失，企业的用工成本逐年上升，部分原材料成本不断攀升，中小企业的利润空间一直被挤压。

2. 抗风险能力较差

中小企业相比大企业，在资本规模、流动资金、营收规模等方面整体比较薄弱，企业的抗风险能力明显弱于大型企业。尤其是当经济下行或产业环境恶化的时候，首先倒闭的往往是众多的中小企业，按照国家市场监督管理总局的统计数据，我国的中小企业平均寿命不到 3 年。

3. 筹资能力较弱

目前我们国内企业的融资渠道主要依靠银行或股市，而这两个渠道主要服务于大中型企业。银行放贷往往首先发展大型企业和国有企业，虽然这几年国家要求银行加强对小微企业的金融扶持，但由于中小企业财务建制不完善，信息不对称，风险评估较难，真正从银行获得融资的中小企业占比较小。而上市融资对企业规模和盈利都均有较高的要求，更是大型企业的资金蓄水池。随着深圳中小板的发展、新三板和新四板的推出，以及一些区域性的股权交易市场的发展，部分优秀的中小企业也走上发行股票的融资渠道，但对大部分的中小企业而言，仍是杯水车薪。而发行债券方面，由于金融风险的存在，中小企业发债很难获得主管部门的批准。

除了以上渠道，民间借贷、小额贷款公司和典当行则成为中小企业融资的主要渠道之一，但此类融资渠道资金成本远高于平均值。同时，中小企业在筹资方面也缺乏相应的专业人才。实际上，融资难已经成为制约我国中小企业发展的重要因素之一。

4. 资本结构不合理

从中小企业的内部财务特性来看，很多中小企业资本结构不合理，长债短用，短债长用，财务风险相当高；同时大部分资金流动性低，固定资产和积压库存变现难，也进一步加大了中小企业的财务风险。

5. 内部管理水平较低

受制于中小企业的先天不足，很多企业缺乏高级管理人员，也请不起高级管理人员，在公司的经营管理、市场营销、研发创新、品牌建设、服务等方面都存在管理能力普遍偏弱或明显的短板；不少中小企业更是家族企业式，经营管理人员素质参差不齐，研发和品牌投入不足，产品缺乏核心竞争力。

综上所述，中小企业相比大企业，抗风险能力更弱、持续经营压力更大。

三、中小企业财务面临的问题与需求

(一) 我国中小企业财务面临的主要问题

1. 财务管理水平不高

由于中小企业在薪酬、福利待遇，以及职业成长方面的劣势，很难吸收到优秀的财务管理人员。因此，大多数中小企业选择以财务外包方式为其进行账务处理、报税和编制财务报表。这样虽然能够解决基本的财务管理问题，但也存在许多局限性。一方面，出于对外包财务的信任问题，很多中小企业不愿意详细、准确地告知外包商企业的真实运营状况，造成服务供应商对企业缺乏了解，财务管理工作不能顺利展开，中小企业也无法获得高质量服务；另一方面，由于很多财务外包公司本身也是中小企业，同样存在优秀财务人员不足、人员流动性大的情况，有时外包服务人员属于兼职人员，从而导致存在很大的商业秘密泄露风险；另外，国内大多数财务外包公司基本以代理记账业务为主，技术含量低，不具备提供企业财务基础数据分析、挖掘等一揽子财务数据解决方案的高附加值财务外包服务能力，难以帮助中小企业实现真正意义上的现代财务管理这一目标。

2. 财税管理不规范

中小企业规模小、可投入资源有限，财务管理主要以满足最基本的账务处理为主，因此，基于财税数据而建立的企业信用缺失度高。纳税水平是反映企业信用的可靠数据，缺乏可靠、透明的纳税数据会影响银行对其信用等级的评估，从而很容易使中小企业陷入融资困境，影响企业的持续发展。因此，如何提升中小企业财税管理水平，缓解其贷款、融资难问题，是中小企业经营管理面临的一大挑战。

3. 政府优惠政策运用不充分

近年来，国家对中小企业大力扶持，从财政补贴、税收优惠、金融支持等方面接连出台了一系列促进中小企业发展的政策。尽管国家大力推动税收优惠，但是我国中小企业依然面临税费负担重的问题。2019 年，西南财经大学中国家庭金融调查与研究中心发布的研究报告指出，税费负担重是中小企业发展中面临的普遍问题，数据显示，中小企业纳税额占利润的比重高达 35.8%，占营业额的比重达 3.9%，占总资产比重 3.4%，这 3 项指标都远远高于上市公司。造成这一现象的主要原因是：一方面，相当一部分中小企业处于初创期，生存是他们面临的首要问题，如何开拓市场、获取订单是中小企业的经营重点，对于国家、地方政府和银行等新出台的有助于中小企业可持续发展的扶持政策关注度不够；另一方面，由于中小企业大多缺乏财税专业知识，对于政策的理解程度有限，很难充分利用和享受这些优惠政策。

(二) 我国中小企业对财务共享服务的需求

中小企业生存的压力迫使其更加注意财务服务的效能，自然产生了对财务共享服务这种新兴管理模式的需求。

1. 控制和降低运营成本

中小企业经营最需要的就是控制和降低运营成本，所以寄希望于实施财务服务共享，来帮助企业以相对低的成本，高效完成日常企业财务工作。主要表现在为企业减少人力成本、运营成本和时间成本。实现财务服务共享后，中小企业可以缩减财务部门不必要人员，减少职工薪酬支出，降低人力资源成本；同时减少财务职员日常工作场地租赁费，专业化财务软件的购买、维护和升级费用等运营费用；减少账款催收、财务人员上岗培训的等必要繁复流程的时间成本。

2. 提高核心竞争力优势

核心竞争力表现为企业在重要竞争意义的经营活动中能够比竞争对手更完美完成既定任务的专有能力。总的来说，核心能力的产生是企业中诸多部门合理分工，密切配合的结果，也就是企业多种资源有效整合的结果。对于诸多中小企业来说，相较同行业大型企业往往缺乏各个方面资源的支持，必须合理运用企业现有可调用资源打造自身独有核心竞争力，才能在日益变化的市场中获得生存空间。如果中小企业实现财务服务共享，就可以将有限资源集中于核心业务，达到尽快在市场站稳脚跟，进一步向前发展的目的。

3. 降低财务风险和提高财务信息可信度

财务共享服务的服务商相对于中小企业具有更加专业的业务水平，标准化的工作流程，同时拥有更为先进的财务管理信息系统和与之相应的专业人才，这些搭配无疑会增强中小企业财务管理效率，减少财务风险。企业的投资筹资活动很大部分取决于企业的财务情况，企业的进一步发展战略制定也要根据财务基础实施，此时财务信息的可信度和透明化至关重要。企业实施财务共享，服务商以第三方独立身份对企业进行财务管理，企业将大大减少由于内部人员侵占资产导致的财务信息舞弊行为；企业对外爆出的财务信息可信度提高，又利于减少因财务信息真实性导致的投资筹资活动失败的可能性。

4. 提高自身财务管理水平

中小企业实施财务服务共享后，可以减少企业大部分基础财务工作，但不是完全的放任不管。企业与服务商初期磨合过程和日常信息交流过程中都少不了内部财务部门的参与。在财务共享服务商为企业提供专业化服务时，中小企业内部工作人员可以学习外包服务商的先进管理方式和理念。更好地配合服务商工作的同时提高自身素质，在企业发展战略的制定过程中更加全面地分析考虑相关因素，为企业的健康发展添油助力。

正是由于财务共享服务可以提供给中小企业现阶段自身难以达到的上述优势，使得中小企业对财务共享的需求日渐增加。财务共享服务是中小企业增强管理质量，实现企业快速变革发展的途径；也是企业将资源整合合理分配的体现，是现代管理方式的革新，具有一定的前瞻性。

(三) 中小企业实施财务共享服务的难点

相比大型企业，中小企业在管理模式、技术、资金、人才等方面都存在先天不足，导致中小企业实施财务共享的困难较大，主要体现在以下几方面：

1. 业务流程整合较难

财务共享中心是通过业务流程整合、合理资源配置来达到降本增效的目的。业务流程化、标准化是建立财务共享中心的基础条件。中小企业规模小，管理方法灵活，没有统一的制度和流程，或者有统一的制度和流程，但实际执行时过于人性、随意。这种情况下，必会造成企业管理松散、程序混乱、规则不明、标准化程度低下，给中小企业在整合流程、制定标准时带来重重困难。

2. 信息技术水平较低

财务共享中心的开发、维护、升级，均需要强大的信息技术支持。中小企业的信息化建设较落后，对信息技术的运用大多数仅是会计电算化、OA 办公、ERP 系统等较为基础的软件，且系统之间不能进行数据连接，信息传递渠道未能打通，无法融合。而且往往没有设立专门的信息管理部门，尤其是小企业，一般只会设置类似网络管理员这样的岗位。不同业务系统的不兼容、信息技术职能的薄弱都会给中小企业实施财务共享中心带来阻碍。

3. 缺乏资金支持

财务共享中心的构建，应具备良好的网络硬件设备、系统软件以及专业的信息技术服务人才，这就需要企业在物力、人力、财力上投入大量资金。中小企业资金存量小，如果不根据自身条件开展平台建设，容易给企业造成严重的负担，可能导致平台建设失败，使企业元气大伤。财务共享中心建立后，平台的软硬件维护、更新、升级，财务共享中心人员及信息技术服务人员等的培训，也需要企业长期投入资金，这将会给中小企业带来长期的资金压力。

4. 缺乏中高端人才

企业推行财务共享服务模式需要配备各方面的专业人才队伍。财务部门需要分化成财务共享的基础会计人员和财务管理决策的高级财务人员，信息部门要有高水平的信息技术人才，业务部门要有既懂信息技术又懂企业管理的复合型人才。而中小企业因规模小、薪酬相对低、人力资源职能薄弱等因素，员工素质普遍不高，中端人才不多，高端人才更是稀缺。

四、中小企业实施财务共享服务的意义和必要性

(一) 中小企业实施财务共享服务的意义

1. 有利于中小企业价值增值

首先，中小企业实施财务共享有利于充分发挥信息技术优势。财务共享充分发挥了信息技术的优势，并基于中小企业财务业务处理流程，最终目标是优化财务流程、最大程度降低企业运营成本，有效地调整和优化组织结构，改善业务流程的标准化，为中小企业创造更多的价值和利益。其次，中小企业实施财务共享

让管理形式更科学。财务共享是一种科学的管理形式，它以市场为出发点和立足点，为客户提供更加专业和更加高水平的服务。中小企业通过合理利用财务共享财务模式可以提升客户的满意度，提升日常业务处理质量，最大程度降低成本支出，增加自身利润。最后，中小企业实施财务共享有助于企业推行财务参与战略。面对复杂的外部发展环境和激烈的市场竞争，中小企业财务人员需要提供更多企业的业绩分析数据、预算管理信息、实际运营数据等为管理人员作出科学的决策提供重要的支持，中小企业要从原有的财务管理价值守护积极转向为价值创造，全面制定和积极推行财务参与战略，使中小企业财务管理工作作为在激烈市场竞争中合理竞争的重要方式和手段，提升企业和客户的价值，促进企业健康可持续发展。在财务共享应用过程中，企业要将财务人员合理分散到各个经营业务中，这样不仅可以在实际经营中有效融入财务理念，而且可以真实、完善地收集财务数据。

2. 有利于中小企业信息集成

信息集成是形成中小企业财务共享价值的重要基础和前提，随着我国科学技术水平的提升，信息处理技术已经从原有的关系型数据库转变为数据仓库，然后发展为视觉处理，相关分析和数据利用，从而增强了信息集成技术的多样性和丰富性。除此之外，中小企业财务共享服务中心有效结合集成化信息可以有效扩展和完善自己的工作范围。当中小企业的财务共享中心实现了信息化集成，并且以此为基础和前提后，将会进一步明确和简化盈利分析、绩效考核、预算管理等工作。在这种模式的影响下，中小企业财务共享服务中心为企业经营和管理提供绩效控制、业绩考核、预算管理、质量管理等方面的决策支持信息和数据，充分挖掘了中小企业财务管理工作的价值和意义。中小企业财务共享服务中心有效获取了相应的影像资料，积累了大量的、丰富的非结构化数据和信息，当中小企业的数据和信息聚集到一起后会实现量变到质变的转变，从结构化的数据和信息中找出一定的关联性，进而为中小企业的日常管理和经营提供更多有重要意义和价值的商业信息与数据。

3. 有利于中小企业工作流程标准化

企业建立财务共享中心的核心和关键是实现财务工作流程的标准化。企业要想建立财务共享中心必须对传统个性化制度和个性化工作流程开展标准化、合理化的锤炼，科学再造企业财务流程，制定合理的、统一的财务管理内容，有效统一和优化流程管理工作，明确岗位角色管理工作，从根本上提升企业流程标准化质量和水平，通过实现企业财务工程流程标准化来降低企业的经营成本，提升企业经济收入，降低企业经营复杂性，有效防范企业经营管理中存在的风险。财务共享中心是推动企业业务流程改革的重要动力，它通过科学合理的方式来有效控制企业经营风险，不断完善和优化企业经营流程，从整体上提升企业财务管理质量和水平。为了进一步提升企业经营服务水平，提高企业运作质量和效率，企业必须在降低成本的前提下有效统一附件的标准，合理地整合和筛选附件信息，全面消除多余的信息，提升凭证附件的简洁性和标准性，增强附件信息的实用性，有效消除企业经营中存在的舞弊和资源浪费风险。

4. 有利于中小企业财务服务专业化

中小企业财务共享中心的建立为资金结算、会计信息处理、费用报销和使用、档案管理等工作提供了一定的便利。中小财务共享中心需要与所服务的中小企业、单位签订明确的、详细的共享水平专业服务合同，明确规定每一项服务和工作应该达到的标准和要求。中小企业共享服务中心的分中心为中小企业提供合理的、恰当的、完善的服务方案，有效集中、统一中小企业共享服务模式，从根本上提升中小企业的技术水平，拓宽中小企业经营范围，加深中小企业业务深度，积极积累中小企业的专业知识。同时，企业财务共享中心要加强人力资源管理，提高人力资源管理的质量和水平，为企业员工的专业发展创造良好的文化环境和文化氛围。建立完善的、长期的员工培训制度，加强企业人才队伍建设，确保企业员工具有较强的财务体系运作能力，不断提升企业员工的服务质量。

5. 有利于中小企业成本节约

企业财务共享建立具有较高的成本价值，它产生了有效的规模效益，大幅度提升了财务部门的办事质量和管理水平，最大程度降低了企业的经营成本。其节约成本的价值主要表现为以下几点：首先，当将企业的财务数据和信息集中到财务共享中心进行有效处理后，一个工作人员可以同时处理不同地区、不同单位的同样的工作职责和工作业务，这样可以在有效保持企业经营业务总量的前提下，最大程度降低企业人力成本支出，增加企业经营业务量，保持原有的人工数量。其次，规范业务规则，优化企业业务流程，有效摒弃和剔除企业重复的工作流程和非增值的部分作业，最大程度缩短和合理分配每一个作业的时间，间接地降低企业经营成本支出。最后，实现企业业务操作的标准化、精细化，简化企业业务操作流程。企业财务共享中心可以完全与企业业务中心相分离，将企业位置定位在成本较低的地方，进而降低企业经营成本支出，减少不必要的经营运作环节。

6. 有利于中小企业业务扩张

企业财务共享中心的建立为企业经营业务的拓展和发展战略的扩张提供了重要的保障和支持，有利于充分挖掘企业的发展潜力，扩大企业发展规模。同时财务共享中心可以有效集中财务管理、信息管理、数据管理、人力资源管理等职能，加快企业发展新业务的速度，不用过分考虑新业务成立职能支撑部门，为企业经营发展提供了重要的活力，大幅度提升了企业的扩张力。随着我国企业“走出去”经营战略的实施和完善，财务共享财务模式的实施价值越来越突出，也变得越来越明显。

（二）中小企业应用财务共享服务的必要性

尽管中小企业应用财务共享服务存在着各种困难，但仍是大势所趋。

1. 符合新时代开放共享的新发展理念

党的十八届五中全会、十九届五中全会等多次提出并突出强调共享这一发展理念。共享既是全民共享，也是全面共享。这个共享既包括环境、资源、利益的共享，也包括机制、技术、工具的共享。中小企业作为经济社会发展的主力军，要实现资源、利益的共享，首先要实现技术创新、管理手段的共享，那么中小企业应用财务共享服务符合新时代开放共享的新发展理念，实现财务服务共享就成为必然。

2. 符合关于中小企业发展的国家战略

党和政府高度重视中小企业在国民经济中的重要作用，“十三五”时期中小企业健康发展的问题已上升到国家战略层面。为促进中小企业持续健康发展，破解中小企业面临的困局，全国人大修订了《中华人民共和国中小企业促进法》（2017），工业和信息化部印发了《促进中小企业发展规划（2016—2020年）》，中共中央办公厅、国务院办公厅印发《关于促进中小企业健康发展的指导意见》（2019）。工信部表示，将大力推进“互联网+中小企业”，让全国4000万户中小企业及个体私营经济受益，通过先进的互联网技术和信息技术助力中小企业健康发展。

2020年，针对疫情影响，为帮助中小企业复工复产、渡过难关，国家从财税、社保、金融等8个方面陆续出台了90多项政策措施，更是凸显了国家对中小企业的关怀。

随着全球经济一体化和信息技术、大数据技术的发展，“谁拥有更多信息，谁就拥有未来”。信息特别是财务信息的有效利用，成为企业在市场经济竞争中制胜的法宝。中小企业财务部门是各自独立的，提供的会计信息的完整性和规范性较差，缺少对数据信息的分析，并且中小企业之间存在着明显的信息壁垒，导致无法共享财务信息数据，错失了很多发展机会。在大数据技术的支持下，基于“互联网 +”的财务共享服务可以为中小企业财务提供数据保障和信息支持，助推中小企业健康发展，完全符合关于中小企业发展的国家战略。

3. 是解决中小企业发展瓶颈的迫切需要

在“互联网 +”下中小企业有了更多的发展空间，互联网所带来的信息技术提升为中小企业提供了更丰富的资源以及更多的创新、创业机会。但是，很多中小企业由于缺乏资金、信息化建设落后、专业人才匮乏、管理者的理念等原因，再加上中小企业行业门槛低、竞争压力大，在经营过程中出现经营效率低、竞争力不强等问题，互联网的发展给中小企业带来更多机遇的同时，也放大了这些原本就存在的发展瓶颈问题，如果不能及时给予解决，这些中小企业未来的发展会受到严重影响。中小企业大多处于全球产业链低端，靠低成本在市场竞争中获得一席之地，如果失去低成本的优势，生存和发展会变得越来越艰难，特别是运营成本高、利润空间小等问题将会进一步凸显，如果在财务会计方面不进行改革创新，必然阻碍企业进一步的发展。

中小企业应用财务共享服务能够促进会计信息化建设，解决中小企业普遍存在的财务会计信息化程度低的问题，并且将财务共享服务的优势推广应用到中小企业，能够提高管理效能，满足广大中小企业的创新创业发展需求，更好地与新时代中国经济的新发展相适应。同时，充分发挥共享服务的优势，让财务共享服务在整个经济社会全部经济活动的范围内最大限度地发挥作用，更有利于整个社会资源优化配置，从而更好地服务于新时代中国特色社会主义经济建设。

4. 是加强对中小企业税收征管的需要

目前我国中小企业数量约为4000万家，中小企业对财政税收的贡献不可小觑，但对中小企业的税收征管工作难度较大，偷税、漏税的情况还比较常见，税收风险较大。金税工程实施以来，税收征管的效力大大提高。税控系统其实就是一个共享服务平台，是为企业提供的统一的纳税服务平台，特别是通过防伪税控子系统统一开具增值税发票，在为企业开票提供便利服务的同时，在很大程度上避免了税收风险。但是由于中小企业会计核算和财务管理不够规范，申报纳税时财务数据不全面或不准确，依然会产生纳税风险。实现财务共享后运用财务共享服务平台影像系统对原始凭证进行拍照、传输、保存，加上电子票据的推广使用，使得中小企业在财务管理上更加规范，各类经济业务更加真实，财务信息更加可靠，纳税申报数据更加准确，更有利于国家税收征管。

第七章 中小企业实施财务共享的可行性

实施财务共享服务的可行性主要遵循四个原则：第一，实用性原则。即财务共享服务中心的建立是否可以达到适应企业业务以及市场的需求。第二，安全性原则。因为财务共享服务中心所涉及的是企业经营有关的各项数据，其中绝大部分都属于企业的商业机密，因此财务共享服务中心的安全性、保密性必须得到保障。第三，经济性原则。即在有限的项目投入中收获最大的效益，达到经济效益最大化。第四，先进性原则。财务共享服务中心的建设必须确保所使用技术的先进性。先进性原则要求项目在适用企业环境，确保数据信息不可泄露以及成本可控的情况下，尽可能采用当前市场最先进且成熟的技术。

尽管中小企业在经济实力、管理水平、内部环境等各方面来看，实施财务服务共享的条件不如大型企业集团充分，也缺乏理论和实践的支撑，但是基于"命运共同体"这一中国政府反复强调的关于人类社会的新理念，从共享发展的趋势和财务共享服务的目标考虑，经过分析，我们认为中小企业实施财务共享服务在理论逻辑、技术支持、市场需求、服务主体等方面都具有可行性。

一、理论逻辑上的可行性

(一) 经济全球化使全球范围内共享财务服务成为可能

1. 全球经济一体化仍是发展趋势

全球经济一体化即世界经济一体化，是指世界经济活动超出了国界，使世界各国和地区之间的经济活动相互依存、相互关联，形成世界范围内的有机整体；或者说是指世界各国均参与全面的经济合作，其中任何一国经济领域的变动均会

引起世界经济整体的变动。在国际经济活动不断深入，国际市场不断变化的过程中，跨国公司的影响非常大。现在世界500强大公司内几乎找不出一家企业是完全在国内生产、在国内销售的，几乎都是拥有遍及全球网点的超级企业。这些大公司的年销售额和年产值又都几乎可以和一个小国家，甚至一个中等国家的年国民生产总值相提并论。而这些大公司为谋求自身的发展正在进一步调整自己的经营方向和组织结构，希望把自己建设成为一个在组织内部进行国际化分工的公司。此外，信息技术的发展和其在经济领域的广泛应用，为世界经济一体化提供了物质技术基础。特别是互联网技术的发展，为各国企业进行全球信息沟通和操作提供了极大的方便。

在世界范围内，各国之间在经济上越来越多地相互依存。商品、服务、资本和技术越过边界的流量越来越大。随着科学技术的进步和生产的发展，没有哪一个国家能够拥有发展本国经济所必需的全部资源、资金和技术，也没有哪一个国家能够生产自己所需要的一切产品，因此必须进行交流和相互合作。近50年来新技术革命的发展，又把世界各国的交往推到了一个新阶段。地球上的空间距离"缩短了"，信息的"时间差"也趋于消失。这种局面不仅大大改变了人类的生活条件，而且加快了经济生活的国际化，使世界变得空前开放了。开放的世界使世界各国原有的"一国经济"正在走向"世界经济"，从而形成了"全球相互依赖"的经济格局。

实现财务共享符合人类命运共同体的新理念。2012年，习近平总书记提出了构建人类命运共同体这一伟大倡议，中国作为一个负责任的大国致力于构建以合作共赢为核心的新型国际关系。不仅国与国之间在经济发展、生态环境等方面相互依存，命运休戚与共，本国企业与企业之间、本国企业与外国企业之间也同样是相互依存、相伴而生的共同体。从广义来说，无论企业规模大小，实现财务共享都是与"人类命运共同体"这一理念相符合的。

财务共享首先从集团企业、跨国公司兴起，最初的想法就是通过规模效应，将企业中大量重复性、基础性、标准化的财务流程进行整合，集中处理，降低运作成本。集团企业、跨国公司跨国、跨地区经营，分支机构较多，相互关联，业务量巨大，可以实现规模效应。

既然财务共享可以在企业集团内部分（子）公司中实现，那么在全球经济一体化的今天，各个相互独立的中小企业与大企业之间、中小企业之间相互也会有千丝万缕的联系，将它们视为全球一体化这个大的经济组织中的一部分来实现财务共享也就具有逻辑上的可行性。

2020年，受新冠肺炎疫情影响，贸易、投资和人员的流动受阻，全球经济一体化进程减缓。尽管疫情对经济发展带来较大影响，但疫情过后，消费、数字技术的发展以及经济结构的调整，将帮助中国经济逐渐复苏，进而带动世界经济回暖，全球将有更多的发展空间和机遇，一体化仍然是世界经济发展的长期趋势，那么作为世界经济重要组成部分的中小企业实现财务共享的理论逻辑依然存在。

2. 会计准则的国际趋同

会计准则国际趋同是指世界上各个国家的会计准则都趋向于相同，也就是会计准则趋于一体化，会计准则国际趋同使得世界各国之间的联系越来越紧密。国际会计准则制定的最主要目标就是本着公众的利益，从而制定出一套具有高质量，并且具有强制性的国际会计准则。高度趋同的国际性会计准则会提高会计信息质量，在市场经济发展中为各国市场经济管理者改革和完善市场政策提供依据。会计准则国际趋同是世界未来发展的必然趋势。

会计准则国际趋同对于我国整体经济发展具有促进作用，它可以提高我国会计准则在国际上的地位，同时，对我国跨国公司、国际贸易公司以及市场经济的发展都具有极其重要的作用。例如，它可以加快我国公司上市的进程，提高公司投资者对公司发展的信心，促进资本主义市场更好地发展和进步。另外，会计准则国际趋同使得我国与其他国家的联系越来越紧密，我们可以借鉴并且引进国际准则的优点，不断地完善我国的法律法规以及市场经济体制等。会计准则国际趋同有利于促进我国的企业迈向国际化，同时，还可以增强投资者对企业的信心，从而吸引更多的投资者。利用国际会计准则使得企业管理工作越来越简便。

会计作为通用商业语言已基本实现会计准则的国际趋同，全球大多数国家的经济体所遵循的会计规则基本一致，会计处理流程基本一致，也使得在全球范围内实现财务共享服务具有理论上的可行性。

(二) 财务共享模式不断发展使中小企业成为服务对象

1. 中小企业更适合标准化管理

既然财务是服务，那么就可以实现标准化、流程化，可以信息化、自动化。从财务共享模式的发展过程上来看，最初的基本模式通过合并和整合财务的日常性事务工作，实现规模化处理和规范化、标准化、流程化的目标。对于中小企业而言，相同或相关行业企业业务在财务上通过实现规模化处理和规范化、标准

化、流程化，可以最大程度地实现提高效率降低成本，这可以通过合并和整合财务的日常性事务工作应用该财务共享模式。

2. 财务共享服务需要不断扩大市场来得到发展

随着企业内部职能的进一步分离，财务共享服务中心不再只是依附于集团内部其他部门而存在，而是分离了其控制、服务的职能，采用收费模式，由半自主管理的模式发展到高级市场模式，进而发展为独立经营模式，财务共享服务中心作为一个独立的经营实体来运营，不仅为企业集团内部服务，还可以与外部的服务机构进行竞争，为了能在市场上存活下去，必须提升产品和服务水平。基于市场化、独立经营的财务共享服务中心就应该将中小企业作为服务对象来争取市场份额，那么基于这个逻辑，中小企业实施财务共享服务具有可行性。

3. 财务共享可以使中小企业获得更多商业信息

实现财务共享后对财务信息数据的共享可以弥补中小企业在获取信息上的劣势。同大企业相比，通常中小企业获取信息的能力较差，导致在竞争中处于弱势。在当今信息致胜的大数据时代，哪家企业拥有更多的信息，哪家企业就能在市场上占据主动地位。通过财务共享服务，中小企业可以获得更多的高质量的商业信息，增强市场竞争能力。

(三) 相关理论为中小企业财务共享提供理论支撑

1. 共享经济理论的支撑

在共享经济的理论上，相关资源的中小企业所有者通过出让相关资源的使用权，从而获取一定的收入，同时降低持有该资源的闲置成本，而消费者仅通过较少金额的消费，而获取相关资源的一定时间的使用权。随着共享理念日渐深入人心，共享经济理论也越来越完善。财务共享作为共享经济的组成部分，可以共享经济理论为支撑。由于中小企业拥有的财务业务信息等相关资源较少，可能会影响到企业的经营效果。但是根据共享经济理论，中小企业可以通过付出较小的代价获得相关资源的使用权，通常付出的代价与获取相关资源的时间和数量成正比，从而使中小企业有机会获得更多的赢利机会。对于为中小企业提供相关资源的一方来说，通过提供相关资源的共享服务（我们这里主要指财务服务）可以获得经济效益，促进了社会资源的合理配置。由于共享经济对于中小企业所有者带来的相关边际成本几乎为零，从而提高了相关资源的有效配置，避免了社会资源的浪费，为中小企业所有者及使用者带来了共赢的局面。

2. 规模经济理论的支撑

规模经济是指企业集团由于发展规模以及生产能力的不断增大，产品数量的逐渐递增，单个产品的固定成本呈现下降的趋势，促使利润不断增长。规模经济理论是一个广为人们熟知的经济学理论，其应用的前提是成本可以划分为固定成本和变动成本，其核心内容是在一定数量范围内生产的产品或提供的服务所消耗的固定成本保持不变，那么在这个范围内随着产品或服务的数量的递增，由于单位固定成本的递减使得产品或服务的单位成本下降，最后的结果就是在这个一定范围内的生产规模越大，获得的经济利益越多，也就是形成了规模效应。规模经济效益的出现主要是因为作业流程的切割和细分以及专业化分工的结果。通过专业化的分工，可以完成更多的工作量或生产量，相同的任务投入更少的时间。劳动者通过专业化分工，各司其职，各自熟悉自己岗位的工作技巧，结合财务共享服务中心的规范化流程，大大提高了业务人员的工作效率。财务共享服务中心正是把独立工作的各中小企业之间的同一类业务例如会计基础核算，通过整合标准化流程和精确的分工，将相互独立的各种资源统一调拨，并由专业的人做专门的事，可以帮助各业务人员提高其专业知识和能力素养，不仅能快速提高工作人员的效率，还能实现规模经济效益。

大企业由于经济业务多、财务工作量大，建设财务共享服务中心虽然一次性投入较多的固定成本，但随着财务业务处理效率的提高，反而为企业降低了单位成本，特别是在企业发展迅速、规模不断扩张的情况下，规模效应更加明显。对中小企业而言，若财务共享服务中心的成本在某一特定时期保持不变，随着中小企业使用财务共享服务中心的数量增加，单家中小企业所要承担或者分摊的财务共享服务的成本就会逐步下降，从而降低成本，形成规模经济。对于单个中小企业来说，无法实现财务共享的规模效应，但如果把众多的中小企业的财务业务集合到一起，那将是一个庞大的数量，在此基础上实现财务共享服务就可以形成规模效应。也就是说，随着中小企业实施财务共享服务的数量的不断增加，中小企业的财务业务处理成本是能够得到降低的。

3. 流程再造理论的支撑

流程再造就是对企业整个生产、服务和经营的全过程进行重新设计，做好更加科学合理的安排。实施财务共享服务首先要进行财务流程再造，通过对企业原来财务处理过程的每一个环节进行全面的调查和细致的分析并进行彻底的变革，对其中不必要的环节进行删减，对不合理的环节进行调整，根据实际需要增加必

要的环节以防范风险。

随着我国会计法规体系的不断完善，不同类型的中小企业的会计工作日渐规范，加上经济全球化程度越来越高，各个国家会计准则日益趋同，为财务流程再造奠定了坚实基础。依托财务共享服务中心，通过流程再造，整合各项财务职能，实现财务集中处理，降低了各公司分别设置相应岗位的人力成本，达到降本增效的目的。

中小企业的业务相对简单，更便于实现财务工作规范化和标准化，也更容易实现财务流程再造。以生产型中小企业为例，无论是从下单采购到支付货款的供应链条，从签订合同到收回货款的销售链条，还是从账务数据处理到最终提供财务报告，通过流程再造，就可以设计统一的业务流程，制定可行的业务标准，最终实现规范的业务处理，从而提高管理效能。

二、技术支持上的可行性

（一）信息技术的优化升级为平台建设提供核心技术

1. 现有系统平台为基础

信息系统平台是财务共享服务提供技术支撑和保障，现有大企业集团财务共享服务中心的系统平台建设和运行，为中小企业应用财务共享服务奠定了良好的基础，其平台设计的技术思路可以为中小企业的财务共享服务技术平台开发建设提供借鉴，或者经过改造后应用于中小企业。财务共享服务技术平台要为不同类型的中小企业提供财务服务，其业务处理流程必须是标准化、规范化并且是通用的，在提供财务会计服务时各环节应按标准操作，在实现业务处理规范化的同时促进中小企业实现业财一体化。业财一体化把财务数据与业务数据融合在一起，控制了成本，提升了效率，改善了财务状况。也可以反过来说，中小企业在逐步实现业财一体化的过程中为财务共享奠定了技术支持的基础。

2. 新兴信息技术来助力

“互联网 +”下的新兴信息技术，保证了信息处理、传递与存储的快捷、顺畅和安全，促进了会计信息的共享。云计算、大数据等新兴技术，使会计工作在面对信息的收集、整理和分类时更加从容，工作方式更加快捷高效，使会计工作呈现出了实时性、同步性、针对性以及多样性的特点，能够更好地满足企业管理者、各业务部门人员、企业的合作者、潜在的客户、政府管理部门等信息使用者对会计信息的不同需求。

云服务技术的发展为中小企业实施财务共享提供了新的技术支持。随着大型企业集团实施财务共享服务的优势逐渐呈现出来，越来越多的中小企业也希望能够应用这一先进管理模式。云服务技术的特点是基于网络，最大的优势是办公不受时间和空间限制。由于互联网技术、云服务技术的突飞猛进，服务于企业集团内部的财务共享服务平台在技术上日益成熟，已经逐步将云服务技术运用于财务共享服务中心的建设，这种运用了云服务技术的财务共享服务平台更加适合于在空间上更为分散的中小企业群，使得中小企业实施财务共享在技术支持上更加具有可行性。

(二) 财务管理模式的发展与应用提供专业支持

1. 会计信息化的普及

从1979年我国就开始了会计电算化的工作，到今天我国会计信息化已经基本普及。随着互联网的普及和信息技术的优化升级，财务工作逐步从人工运算转向了机器运算，财务工作具备了自动化、集中化、云端化的显著特征。在大数据、云计算来临后，财务的报表编制、核算分析等业务活动得到了更好的解决，这些都为中小企业建立财务共享服务的技术提供了保障。财务共享服务的标准化和流程化需要足够的财务信息支持，而中小企业财务信息化平台的建设不仅可以实现对业务流、价值流和实物流的统一高效管理，还可以将信息进行分析和整合，为财务共享服务的实施提供更加有效的信息支持。与此同时，现代化信息技术和电子商务平台的快速发展也为中小企业财务共享服务的实施提供了更加便捷的技术支持。

2. ERP 的大范围推广

ERP 是 Enterprise Resource Planning（企业资源计划）的简称，是20世纪90年代美国一家 IT 公司根据当时计算机信息、IT 技术发展及企业对供应链管理的需求，预测在今后信息时代企业管理信息系统的发展趋势和即将发生变革，而提出的这个概念。ERP 是针对物资资源管理（物流）、人力资源管理（人流）、财务资源管理（财流）、信息资源管理（信息流）集成一体化的企业管理软件。它将包含客户 / 服务架构，使用图形用户接口，应用开放系统制作。除了已有的标准功能，

它还包括其他特性，如品质、过程运作管理，以及调整报告等。

ERP 是一个企业资源的共享和使用系统，主要是通过对企业内部信息系统的整理，让企业的资源得到合理利用，提高企业在经营活动中的经济效益。具有整合性、系统性、灵活性、实时控制性等显著特点。伴随市场的需求，ERP 系统管理软件如雨后春笋般推向市场。

企业 ERP 系统为中小企业财务共享服务提供信息基础。企业 ERP 系统是企业资源的共享和使用系统，主要是通过对企业内部信息系统的整理，让企业的资源得到合理利用，提高企业在经营活动中的经济效益。中小企业建立财务共享服务可以从企业的 ERP 系统中获取主要信息。在许多中小企业中，已经建立了相对完善的 ERP 系统，这为中小企业建立财务共享服务提供了基础信息。

3. 财务共享的实践应用

世界上第一个财务共享中心是由福特公司在 20 世纪 80 年代初期建立的，随之而来的，越来越多优秀的企业集团公司纷纷尝试建立集团内部的财务共享中心。在我国，最早建立财务共享中心的企业集团是中兴通讯。2005 年，中兴通讯敢为人先，成为第一个吃螃蟹的企业，由此开启了我国建立集团内部财务共享中心的大门。随后，国内一批体量大、敢于创新的企业如雨后春笋般，纷纷探索尝试适合本集团的财务共享服务模式。随着集团公司的财务共享服务中心越来越完善，积累了很多经验，这一效应传导到各类中小微企业，各类中小微企业也希望能够享受到成熟的财务共享服务以提高其信息质量并节约人工成本，但由于体量、资金等限制，这类企业无法像集团公司那样建立属于自己的财务共享中心。

(三) 数据库和软件技术的支持

1. 基于云计算的共享服务平台日益成熟

随着人工智能及云计算技术的出现，通过推出基于云计算的财务共享服务，使得众多中小企业希望同样享受到财务共享服务的诉求也成了可能。云计算给用户提供了一种模式，如果你想获得某种服务，只要有云服务，随时随地可以获得。云计算概念从提出到今天，已经有若干年的时光了，云计算的发展也已经从萌芽状态发展到现在有了翻天覆地的变化。财务共享服务中心的建设，其实本质上已经有点类似企业内部的私有云，只不过此时的私有云是实体化和专用化的，多数情况下并不对外服务。同时，中小企业受成本限制，也无法进行私有云的搭建。而 SaaS 服务的模式，使得中小企业使用基于云计算的财务共享服务也成为可能。SaaS 是 Software-as-a-Service 的缩写，意思是软件即服务，这是一种新兴的软件应用模式。SaaS 服务模式下，服务方通过云平台提供软件，用户方通过网络使用软件即购买服务。由专业化的财务共享平台服务商进行 SaaS 平台服务的搭建，而中小企业根据自身的需求，可灵活地将一些繁重冗余的工作，交由 SaaS 平台进行服务，且无须投入较高的信息化成本，既提高了工作效率，又节约了社会资源。

2. 业财一体化为中小企业财务共享奠定技术基础

业财一体化也称为业财融合，是指财务能够参与到营运管理中，使财务管理中的各种决策更好落地执行。业财一体化的基本思想是将企业经营中的三大主要流程，即业务流程、财务会计流程、管理流程有机融合，将计算机的“事件驱动”概念引入流程设计，建立基于业务事件驱动的财务一体化信息处理流程，使财务数据和业务融为一体。业财一体化要在包括网络、数据库、管理软件平台等要素的 IT 环境下才能实现，能最大限度地实现数据共享，实时控制经济业务，真正将会计控制职能发挥出来。

业财一体化使企业实现了以物流为依据、以信息流为核心、以商流为主体的全新运作方式。网络交易取代了传统的信息传递与产品贸易，使几乎所有的贸易过程都可在网上进行。企业可以在网上建立网站，发布供需信息，进行网络洽谈、订购、交易，或为顾客提供产品说明及售后服务，极大地提高了企业效率和竞争能力。企业实现了财务业务一体化后，在整合并组织各种活动的过程中展现了比以往任何时候都强的竞争力，在经营和竞争力上都发生了巨大的变化。一是企业经营管理理念得到全面更新和提升，员工素质不断提高，企业竞争力不断加强。二是现代化的管理信息平台使基于流程管理的业务处理过程逐步规范化，管理信息透明化，管理控制的有效性得以提高。三是财务业务一体化改变了业务处理方式和管理方式，促进企业管理的变革和创新。四是财务业务一体化促进了企业基础工作的加强，实现了信息高度集成与共享，改变了过去“信息孤岛”状况。五是业务流程的优化、财务业务一体化以及信息传递方式的改变极大地提高了业务和管理工作的效率，管理控制和效率的矛盾得到改善，业务处理的同时自动产生会计信息，使业务与财务有机衔接。六是企业决策支持能力和持续发展能力得到增强，为管理者特别是中高层管理人员提供了多角度查询、统计和分析功能及手段。

2016 年，财务部制定了《管理会计基本指引》，业财融合被提到了原则性的

高度，即融合性原则，并指出管理会计应当嵌入单位相关领域、层次、环节，以业务流程为基础，利用管理会计工具方法，将财务与业务有机融合。同时，在第八条中提到，“单位应准确分析和把握价值创造模式，推动财务与业务等的有机融合”。中小企业在逐步实现业财一体化的过程中为财务共享奠定了技术支持的基础。

业财一体化具备了集中式财务管理的功能，并通过集中记账查询式和分布记账集中查询式两种应用模式予以实现，使企业消除物理距离及时差概念，高效快速地收集信息，实现对各分支机构财务管理的实时监控。同时，网络财务软件所提供的在线往来款管理功能使企业通过 WEB 登录即可在线监督众多客户及供应商的资金往来情况，从而解决各企业间的往来款管理问题。业财一体化实现了财务软件与业务软件对接，如有些公司财务软件使用 oracle 系统，业务软件也大多统一，并实现与财务系统的对接，大部分资金在总部结算中心资金池管理。在国内率先实践财务共享的中兴集团使用的也是 oracle 系统，即 oracle 系统应该在财务共享方面也具有国内实践的适配性，同时在中兴的实践中共享中心使用 oracle 系统已经实现了与其他财务系统的对接，这使中小企业的某些公司在使用用友 NC 系统的公司实现共享中心的统一操作具备了实践经验。

3. 财务共享系统平台通用性日益增强

财务共享中心建成后将是标准化、流程化的财务核算模式。财务共享服务中心按照岗位要求配备相关的人员。财务共享服务的流程化作业需要信息系统的支撑来传递相关的财务信息。适合中小企业的财务信息系统的建立，能够实现业务流、价值流和实物流的协同，自动归集相关的数据，并生成管理用的报表信息。因此，中小企业需要一个适合自身特点的财务信息系统。中小企业实施财务共享服务模式前，结合实际选择适合自身的财务系统，再逐步搭建自己的信息系统平台。可以借鉴大型企业财务技术支持平台，如中船集团搭建了自己的三位一体化信息平台，中远集团拥有自己的网络控制平台，这些都为其实施财务共享服务提供了系统支撑。而一些致力于财务共享服务平台开发的企业，在为不同企业提供服务的过程中，根据需求不断改进设计思路，财务共享服务平台越来越成熟，通用性日益增强，越来越适合中小企业使用。

其实，中小企业很需要一个适合自身特点的财务信息系统，进而实现财务共享。因此，中小企业实施财务共享服务模式前，可以借鉴大型企业财务技术支持平台来搭建了自己的财务共享信息系统平台。然而中小企业实施财务服务共享最大的问题就是受到规模和资金等条件限制，那么基于云服务技术的 SaaS 服务的模式，就使得中小企业实施财务共享服务的可行性进一步增强。对于中小企业来说，通过 SaaS 服务模式就可以实现财务共享服务。而一些致力于财务共享服务平台开发的企业，在为不同企业提供服务的过程中，根据需求不断改进设计思路，使得财务共享服务平台越来越成熟，通用性日益增强，越来越适合中小企业使用。

目前已有一些技术公司开发出以面向社会提供基于 SaaS 服务模式的以财务共享服务为主要内容的财务共享平台，并在不断完善的过程中逐步实现从会计代理服务到会计外包服务，进而实现财务共享服务。

三、市场需求上的可行性

大数据技术促进了信息资源共享，财务信息越来越公开透明，加上人们对于共享服务有越来越多的认同，会计服务由外包转向财务共享在市场需求方面也具有可行性。

（一）中小企业有对财务共享服务的市场需求

1. 中小企业自身发展的需求

中小企业发展的需求是财务共享服务模式建立的根本。中小企业作为市场经济的重要成员，中小企业的经济发展取得了很大的成就，如何更好地提高中小企业的竞争优势，让中小企业不被时代淘汰，是每个中小企业主都关注的问题。在大型企业的财务共享服务发展的十几年间，中小企业也逐渐认识到了财务共享服务对企业发展的重要性，中小企业要减少企业的经营成本，提高企业的工作效率，加强竞争优势，实现经济效益的增长，这些目标都可以通过财务共享服务来实现。因此，中小企业自身发展的需要，产生了对财务服务共享的需求。

共享服务中心模式的实行使得与中心企业财务管理方面工作无过多关联的工作人员得到了一定的解放，将更多的工作人员集中在应对企业的核心工作任务上，使得公司能够发挥员工的最大效益为企业创造收益。共享服务中心能够迅速地将各中小企业之间进行合理的人员配置和资源共享。当该公司全面使用了财务共享服务中心的模式，不仅可以便利自身企业的工作，更可以以此为优势为需要的公司提供有偿的帮助。这样一来资金将会相对之前更为富足。此外，财务会计的主要工作是负责企业财务业务的处理。财务会计必须要保证财务信息的真实性，管理会计主要为企业内部管理服务，深入细致分析财务信息，推动企业决策的科学化、合理化。财务会计与管理会计的融合是市场经济条件下财务管理发展的必然趋势，财务共享服务模式的建立使原来工作量较大的会计核算工作进行集中统一处理，使中小企业的财务有更多的精力进行财务分析等工作，推动公司的科学发展。同时被集中起来的财务数据，可以更加具体地反映企业总体发展状况，推动企业总体发展战略的制定，这样的模式可以全方面代替之前一个财务部门在公司的作用力，可以集中精力发展公司业务，从而中小企业在市场的竞争能力自然而然也就提高上来了。

随着全球经济一体化的发展，企业间的竞争愈演愈烈，企业为追求更大的经济效益、提高市场竞争力而不断扩大生产规模，这使得企业财务管理呈现出分散化的特点，财务管理效率低下，企业运营成本增加等问题严重阻碍企业发展战略的实施。在财务共享服务模式背景下，创建财务共享服务中心，由财务共享服务中心统一处理各公司相同的财务业务，大大提高了财务管理的效率，提高企业财务业务的规范化。

实现财务共享服务是中小企业提高服务质量和效率的内在需求。中小企业内部实施财务共享服务中心模式后，能够将各个中小企业的资金信息做好相应的回收归纳，并对归纳信息做好优化整理。以企业花费出去的资金进行报销为例，在实行该模式之后，中小企业报销工作全部由财务共享中心进行实时报销处理，最后回到不同公司的报销资费都是以相同的标准形式予以报销的。从一定程度上降低了公司内部之间来回做沟通造成的工作效率低下的情况。共享服务中心将信息以网上扫描传递的形式发送的其他子公司，而未采用该模式时公司之间传送信息大部分是通过邮寄或纸质的形式，这样工作效率将会大打折扣。

2. 中小企业发展趋势的要求

当今，我国的中小民营企业不只是像以前以家族为中心，更多的是需要不断提高管理者的管理素质，了解更多的法律法规，建立健全内部规章制度，进一步创新企业管理，提高管理水平，提高企业人员素质。财务共享中心迎合了中小企业的发展趋势，使公司以更加规范的模式运营，使中小企业在发展过程中更加充满竞争力。其一，中小企业在发展的过程中总会遇到融资难的问题，主要是因为中小企业的财务信息不透明、不规范、没有足够的公信力，使得在银行贷款方面总吃“闭门羹”。财务共享中心的设立，不仅可以使企业加大内部控制，还可以使信息更加透明化，从而降低公司财务信息外漏的危险，也就增加了公司的公信力。因此，中小企业在融资贷款过程中更有优势。其二，中小企业在发展过程中面临结构转型的问题，国家和地方政府也多次出台政策，加快中小企业转型升级。财务共享中心是一个新的方向，以客户为中心，突破原有的思维模式，调整企业组织结构，增强中小企业的竞争力。中小企业由于组织结构不规范、信息不对等、竞争能力不强等，错失了很多发展机会。中小企业在发展过程中实施财务共享服务，以更加标准化的姿态与大企业接轨，甚至与国际接轨。其三，电子商务的飞速发展，使很多中小企业得到了发展的机会。财务共享服务与电子商务相结合，会使企业在生产经营过程中减少障碍，提供方便。

中小企业有一定的管理基础，近些年，随着企业的不断改革，我国的中小企业大都已经改变了原有的比较粗犷的发展方式。为更好地经营管理建立了相对集中的管理方式，企业对下级分支机构在集中控制、规范管理的前提下，放权给各个分支机构，实现企业的集中管理与多元化结合的经营方式。在中小企业建立财务共享服务时，企业原有的集中管理制度和集中管理流程在一定程度上可以帮助企业更好地来建立财务共享服务，通过这种方式提升中小企业运作效率。

3. 农村的中小企业对财务共享服务的需求

这里所说的农村的中小企业主要是指各类农村集体经济组织，我国是农业大国，农村人口众多，农村集体经济不容忽视。农村集体经济组织大多属于中小企业，对财务共享服务也有需求。村级会计委托代理记账业务本身具有大量分散、重复性高和易标准化的特征。我国村级组织数量巨大，据统计，截至2017年底，我国有行政村约69万个。农村财务统一实行《村集体经济组织会计制度》，其经济活动相比企业和行政事业单位更简单，更容易统一标准化。虽然单个村的业务量较少，但是一定行政区域内的村集体总体业务量却相当大。从业务特征看，村级会计委托代理记账应用财务共享服务具有业务基础。另外，从财务共享服务的应用模式来看，村级会计委托代理记账应用财务共享服务，采用最基本和功能最简单的模式是可行的。

在我国当前大力推进精准扶贫、精准脱贫和实施乡村振兴战略形势下，推进村级会计委托代理记账改革，提升乡村财务管理水平，具有迫切的现实需要和重要意义。从成功实施财务共享服务的因素分析，在村级会计委托代理记账应用财务共享服务具有可行性。实施财务共享服务可以降低财务运行成本，提高工作效率，还可以提升集中管控能力。应用财务共享服务，将村级会计委托代理记账相

关信息实时统一汇聚，再将这些信息分别向政府监管部门、村集体内部组织、社会公众等公开，不仅可以强化社会监督、政府监督等外部监督，而且可以督促内部组织进行自我管控约束。

（二）中小企业实现财务共享是社会发展的需要

1. 财务信息化是经济社会的普遍要求

"互联网 +"时代的开启和财务信息化时代的来临，使得每天都会产生以及传递大量的财务数据，财务信息的自动化、无纸化、云端化的特征，使民营企业构建财务共享服务中心成为必然趋势。云计算技术的应用和普及，让财务的业务、流程、信息系统、服务变得更加流畅迅速。财务共享服务也在大数据云计算的大背景下成为企业的必然选择。虽然一些民营企业选择了将财务外包，但随着信息技术以及互联网的发展，财务共享模式将会成为必然趋势。从长期发展的角度来说，财务信息化以及 AI 在财务领域的应用，会逐步替代会计人员的工作，到时外包公司也需要转型，单纯的简单审核和记账工作逐步被替代。财务人员可以向决策分析、规则执行方向发展。移动互联网融合了二者的特点，不仅继承了移动可以随时、随身、随地的特点，还继承了互联网更新速度快、信息传递迅速、共享消息的优点。智能手机、平板电脑、超极本等移动设备的广泛使用，以及 3G、4G 网络甚至是正在研发中的 5G 网络，都为互联网提供了技术支持。移动数据与共享服务一直都在尝试与发展中，早在移动网络萌芽时期，一些企业就尝试通过手机短信以及网络访问网页，简单审批有限的业务。目前，对于财务共享服务来说，移动互联网的应用并不新奇。网络技术的发展，为基于 APP 在线审批的方式提供了便利条件，在线审批的方式也日趋流行，信息内容日益丰富。管理者可以通过移动终端实时调阅单据影像、各类数据，进而审批项目。通过移动终端展示数据报表，也是财务共享服务应用的一种形式。随着数据管理职能更大程度地纳入财务共享服务中心，基于移动终端的数据发布成为改善用户体验的重要形式，实时性、形象化能够在移动智能终端得到完美体现。手机应用移动端的发展，使企业管理者在手机上就可以审批各种文件，财务共享中心的职能也就愈加多样化。企业的职工可以通过移动财务共享服务，将差旅费报销流程更加简单、方便、高效。企业也可以通过员工上传的凭证，通过影像中心进行内部审计。这样不仅可以提高企业的报销实效性，也可以提高企业职工的满意度，是一种变相激励职工的机制，调动员工的工作积极性。微信的普及也为推广财务共享服务提供了便利条件，微信公众号中企业公众号的功能，为企业的管理者、员工、客户之间建立了沟通的桥梁，这也是促进财务共享服务中心发展的积极影响。企业可以通过微信的公众号部分功能，行使财务共享中心职能。中小企业需要这种低成本的平台，在与大环境接轨的同时，在实施财务共享服务的路上也有了更多的便捷与保障，减少了构建财务共享中心的成本。因此，信息化时代的来临和技术日新月异的发展，为企业实施财务共享中心提供了可能性与前进方向。

2. 现代服务业发展的需要

财务共享服务作为现代服务业的重要组成部分，需要不断扩大市场来得到发展。随着企业内部职能的进一步分离，财务共享服务中心不再只是依附于集团内部其他部门而存在，而是分离了其控制、服务的职能，采用收费模式，由半自主管理的模式发展到高级市场模式，进而发展为作为一个独立的经营实体来运营的独立经营模式，不仅为大型企业集团内部服务，还可以与外部的服务机构进行竞争。为了能在激烈的市场竞争中生存下去，这些独立经营的财务共享服务中心必须不断提升产品质量和服务水平。因此，这些基于市场化、独立经营的财务共享服务中心必然会将中小企业作为服务对象来争取市场份额，那么基于这种需求，中小企业实施财务共享服务具有可行性。

尽管单个中小企业在人员规模、经营规模上相对较小，但总体数量多，并且大多数中小企业都需要独立进行会计核算，所以对财务服务的市场需求总量巨大，对于提供财务共享服务的机构而言无疑是巨大的商机。中小企业在自身发展的过程中对财务共服务的需求越来越大，而这也是企业实施财务共享服务的前提条件。而从中小企业近几年的发展情况来看，其企业规模和业务范围在不断扩大，客观上满足了建设财务共享服务中心的企业规模条件。数据技术促进了信息资源共享，财务信息越来越公开透明，加上人们对于共享服务有越来越多的认同，使得会计服务外包转向财务服务共享在市场需求方面更具有可行性。新型财务共享中心服务对象并不固定，需要通过市场竞争来获得业务，在经营管理上具有独立性，既要服务于社会又要通过营利来持续经营，更加符合市场经济的实质。

3. 大数据时代的要求

财务共享服务把客户放到了中心的位置，各个流程都与客户息息相关。财务共享服务中心可以结合大数据的统计，分析客户的行为。通过分析客服的信用风险、付款方式，预测信用额度，得出客户的相关信用信息以及对营业收入的影响，进而得出结论调整公司的战略。财务共享中心结合大数据，不仅可以分析客户的

数据，还可以分析企业自身的内部控制经营成果。财务共享服务在大数据的支持下，通过数据分析管理以及相应的技术，可以分析企业的绩效考核、预算体系、营运能力、赢利能力。在大数据分析的基础上，财务共享服务中心不仅有原来的费用中心、报账中心、结算中心以及他们衍生出数据中心的职能，影像技术的广泛使用，也为财务共享服务中心对图片数据和非结构化数据的收集取得提供了技术支持。中小企业恰恰缺少了数据收集与分析的能力与渠道，财务共享中心在大数据的背景下，为中小企业财务数据提供了保障。中小企业可以从各种数据中分析提取，发现数据的规律或者是相关性，从而为企业创造更多的价值，这也是企业核心竞争力的体现。中小企业往往就是缺少了数据分析的过程，才错失了很多发展机会。大数据云计算的运用，可以通过数据分析得出有利于企业发展的结论，不仅节约了人力资源，也解决了信息沟通不畅的问题。

(三) 会计服务外包机构转型的需求

1. 现有的会计服务外包机构

会计服务外包是当前中小企业解决财务管理问题的一个重要选择。会计服务外包机构即会计服务外包的主体，主要是一些会计中介机构，如会计代理记账公司、会计师事务所、财务咨询公司、管理咨询公司等。

(1) 会计代理记账公司。《中华人民共和国会计法》第三十六条明确规定，不具备设置会计机构和会计人员条件的，应当委托经批准设立从事会计代理记账业务的中介机构代理记账。代理记账是指将本企业的会计核算、记账、报税等一系列的会计工作全部委托给专业记账公司完成，本企业只设立出纳人员，负责日常货币收支业务和财产保管等工作。经过县级以上财政部门审查批准成立的从事代理记账服务的企业称为会计代理记账公司。代理记账公司提供会计服务的业务范围主要是会计核算业务，就是根据委托企业提供的原始凭证和其他会计资料，按照国家统一的会计法规制度，代替企业进行会计核算，包括审核原始凭证、填制证账凭证、建立会计账簿、登记会计账簿、成本计算、编制会计报表、报税等。

(2) 会计师事务所。会计师事务所是指依法独立承担注册会计师业务的中介服务机构，是由有一定会计专业水平、经考核取得证书的会计师（如中国的注册会计师、美国的执业会计师、英国的特许会计师、日本的公认会计师等）组成的、受当事人委托承办有关审计、会计、咨询、税务等方面业务的组织。会计师事务所作为社会中介服务机构实行公司制的组织形式，分为有限责任公司和合伙制两种，因此也称会计公司，需经县级以上财政部门批准取得许可证书后，在工商行政管理部门注册成立，专门提供会计服务。

会计师事务所主要提供会计服务、审计服务、税务服务，随着社会需求的变化，会计师事务所根据行业资质逐步衍生出非会计、审计、税务的服务以及一些跨行业综合性的服务，如法律咨询、人力咨询、管理咨询、财务顾问、资产评估、工程造价、IT 审计等服务。

有些资产评估事务所也能够提供会计服务。资产评估事务所是指依法设立并取得资产评估资格，组织专业人员依照数据资料，按照特定目的，遵循适当原则、方法和计价标准，对资产价格进行评定估算的专门的社会服务机构。资产评估与会计密切相关，资产评估本身就可以为会计提供服务。一方面，会计数据和现代会计计价方法是资产评估的重要依据，另一方面资产评估所进行的价值计量或价值判断是会计核算的前提，为资产计价和编制财务报表提供重要数据来源。

(3) 财务咨询公司。财务咨询公司，也有的称作会计咨询公司、会计服务公司，是指那些拥有一定数量的会计专业人才的服务机构，运用财务会计专业知识和业务处理能力，接受委托向委托人提供有关资产管理、财务顾问、证券投资等财务方面的业务解答、筹划及指导等。

会计咨询公司、会计服务公司，顾名思义，应提供会计咨询与会计服务两方面的工作。主要包括：对服务对象在日常财务会计工作中遇到的各种问题进行解答，帮助客户规范建账、制作凭证、记账、编制会计报表及会计档案保管等会计核算工作；为服务对象设计财务会计制度和内部控制制度，制定会计政策、培训会计人员，进行税务登记、纳税申报和税收筹划等工作；为服务对象的经营管理活动提供信息咨询，提供有关财政、税务、金融、保险、工商、海关、证监、统计、会计等方面的法律、法规和方针政策，促进其合法经营，帮助其提高经营管理水平，增强市场竞争能力。

财务咨询公司的服务范围非常广泛，既包括会计核算等基础性的会计业务，也包括与会计相关的业务咨询业务，如实物资产管理咨询、货币资金管理咨询、证券资产管理咨询、财务主体筹资业务咨询、投资业务咨询等。国外一些财务咨询公司的服务内容还包括资产评估、兼并与收购、投资项目分析、外汇管理等。我国财务咨询公司的服务内容还包括企业会计制度设计、内部控制制度设计、制定会计信息化实施战略、财务分析、预算编制、代理纳税服务、投资咨询服务、代培财务会计人员等。

2. 会计服务外包向财务共享服务转型是大势所趋

近年来出现的财务共享服务中心，由于最初是面向企业集团内部提供财务共享服务而被称为会计业务内包，随着财务共享服务开始面向市场，或将成为一种新型的会计服务外包机构。原有的会计服务机构为了自身的发展也要以市场需求为导向，适应全社会财务共享发展的需要而进行转型。

共享服务的本质是在网络信息技术支持下的一种新型的管理模式，借助统一的财会软件系统平台，采用统一的会计核算方法，遵循统一的操作流程，实现财务领域的专业服务共享。实施财务共享主要是基于提高工作效率及成本效益两方面考虑，能够有效地解决财会人员工作重复和效率低下的问题。

会计服务外包是当前中小企业解决财务管理问题的一个重要选择，那么现有会计服务外包机构在原来客户群的基础上，通过转变服务的内容和类型，就可以成为为中小企业提供财务共享服务的主体。由于面向全社会的中小企业提供财务共享服务，服务对象可能来自不同行业，业务内容和需求各不相同，需要在提供标准化服务的同时为不同的客户提供个性化的服务，满足他们不同的管理要求。中小企业实施财务服务共享在保证会计记录和会计报告的规范性的同时，很好地实现了规模效应，降低了成本，提高了效率，提升了管理水平和企业核心竞争力。随着财务共享服务技术的日渐成熟，企业对这项服务的需求也日渐增多，财务共享服务给其带来的效应也正逐步显现。社会化的财务共享中心服务对象并不固定，需要通过市场竞争来获得业务，在经营管理上具有独立性，既要服务于社会又要通过营利来持续经营，更加符合市场经济的实质。

四、中小企业自身具备的可行性

(一) 在组织保障上可行

1. 以建立中小企业联盟为组织保障

财务共享服务的实施需要切实有效的组织保障，可以通过建立中小企业联盟来促进实现财务共享服务。以中小企业联盟为依托，组建一支高水平的项目团队，专门负责财务共享服务项目的推进工作。财务共享服务工作的实施不仅涉及财务领域，更与企业的人力、物力及运营管理之间有重要联系，这就需要中小企业之间的高效配合。而中小企业通过联盟方式在实施财务共享服务时可以建立专业的项目组，项目组通过对各岗位职责进行明确，加强各中小企业之间的有效沟通，促进财务共享服务的推进。

2. 同行业业务流程再造可行

规范标准的业务流程是实施财务共享服务的重要影响因素，因为只有确保工作流程的规范化，才能推动各项业务的系统化管理，从而实现业务的集中化管理。而中小企业在实施财务共享服务过程中最重要的就是进行流程再造，确保工作流程的标准化，因此通过对同行业中小型企业进行业务流程再造，对实现企业资源系统的优化有一定的积极作用，对财务共享服务的实施具有重要意义。

(二) 在经济效益上可行

1. 促进实现规模效应

实施财务共享能够对进行组织结构整合，实现人、财、物等资源的有效配置，促进中小企业实现规模效应。任何共享服务的目的都是“降低成本、提高效率、创造价值、改善服务”，即财务共享中心应以成本领先的目的，努力做到标准化和简约化，进而提高利润率，以顾客需求为导向，能够达到提高内外部顾客满意度的效果，从而实现提质增效。中小企业实施财务共享更要以节约财务人工成本及运营成本作为实施效果。

目前，我国大多数中小型企业都遵循企业会计准则、实施统一的会计核算制度。企业将所有的会计工作全部集中到企业财务部门进行统一的处理或通过代理记账公司管理，有效解决了企业财务核算和财务报表编制等问题。然而随着企业的不断发展，企业生产规模的不断壮大，如果不增加会计人员投入难以满足企业处理日益增多和繁杂的财务业务需求，因此中小型企业会计管理必将由原来的会计核算模式向财务共享服务模式的转化。财务共享服务模式的建立，将企业财务问题集中进行处理，使规模经济效应得到增强，大幅降低了企业运营成本，对财务业务处理更加规范，提高了财务数据的准确性。

2. 更好地降低成本

人工成本降低有两种情况：首先，在业务量少的情况下，对工作人员采取相应的裁员手段。这也是最直接的降低。其次，当业务量开始提高时，使用的员工数量保持不变，这种行为可以节省部分企业的应付职工薪酬的开支。将企业内部的资源及业务进行全面的整合并采用财务共享服务中心模式，利于重复使用过多的共同人员在相同的工作领域。这样一来，即便业务量减少或者增多也不会加重企业的资金负担。将公司内部资源进行一番合理的配置之后，从前几个人做的工作量如今一个人也能够胜任，不需要重复过多的人力在同一件事情上，使得企业在用人的成本上减少一定程度的开支。财务共享也使得企业对内部工作人员的审核评估的标准发生了改变，将工作人员的工作热情提高。企业内部的管理将更加井然有序，并减少了一些不必要的资金压力，降低所需花费的成本。

企业通过建立财务共享服务模式，使整体业务量不发生较大的变化的条件下，充分利用现代信息技术即通过互联网、大数据等技术，将财务信息共享到信息平台，由财务共享服务中心处理各公司间的相同或相似的业务，减少了不必要的人力资源的浪费，节约了人力成本。财务共享服务模式在消除重复作业成本、提高财务管理效率的同时，推动采取业务流程的优化及规范化。

(三) 在风险管控上可行

1. 有效降低各类风险

首先，有效降低财务风险。中小企业在发展过程中一直面临挑战，在市场大环境中，机遇与挑战并存。在当今全球化信息技术飞速发展中，建立财务共享服务平台使业务处理更加透明化和全景化，大大提高了中小企业的财务管理和控制能力，加强了企业风险管理效率，降低了财务风险。财务共享的实施在一定程度上集中了中小企业的人力、物力及财力，通过标准化流程作业，使各部门能够及时获取有效的高质量信息，以便做出正确的财务判断，进而降低了运营过程中的财务风险。此外，中小企业规模庞大，岗位众多，所涉猎的业务范围广泛，导致资金运转效率受限，加大了企业举债经营的可能性，进而引发企业的财务风险。企业建立财务共享服务中心，利用标准化的流程管理，将业务分配至对应的核算部门，实现“信息流”“业务流”畅通无阻，有助于企业的财务人员进行合理的资金预算及分配。实施财务共享能够对企业组织结构进行整合，对人力、物力资源有效配置，对流程节点进行实时管控，对潜在威胁做出及时调整，完善企业的风险管理体系，进而显著降低企业的财务风险。

其次，有效降低经营风险。中小企业建立财务共享系统，在一定程度上节约了人力成本，加强了内部控制，降低了企业风险，以市场的视角为内外部的客户提供更加专业化的服务。中小企业是我国经济发展中不可缺少的一部分，中小企业的发展也会带动我国整体经济的发展。我国中小企业应该把握住机会，建立符合自己情况的财务共享服务，寻求一条适合自身发展的道路。

最后，有效降低管控风险。实现财务共享服务后，业务流程统一，管理模式统一，人员更加专业，有利于降低财务风险发生的可能性。从国家的层面上说，中小企业由于财务管理不规范，在国家征税的情况下存在偷税、漏税的情况。很多公司都有“两本账”。财务共享中心使中小企业在财务上更加规范、透明，影像中心的运用也使得各类原始凭证更加“有证可依”，不仅有利于国家征税，也有利于审计监督。

2. 提高抵御风险的能力

首先，风险管控能力得到提高。在实施财务共享服务模式的过程中，中小企业面临的主要风险包括管理风险、战略风险和技术风险。面对这些风险，中小企业要做好应对措施，以利进行风险控制。作为中小企业的一种新型财务管理模式，在财务职能建设过程中，财务共享服务通过流程有效运作来缓解运营效率低效和重复投入的弊端。财务共享服务中心充分整合现有的资源，对制度、流程等进行标准化、统一化，大大提升了企业的风险管控能力，明显改善了企业的经营效果。建设财务共享有助于强化财务监督、加强财务风险防控；将财务更深入地融入经营管理过程中，使得财务资源配置得到优化。实施财务共享能够促进财务人员工作的精细化，加速了企业生产进程的标准化，并且衍生出了新的企业附加值。财务共享使企业对风险信息的监测更为可行，通过实时生成中小企业的财务信息，提高财务信息的透明度和传输效率，并实现事前风险预警。

其次，风险管控效率得到提升。财务共享服务中心集中了大量的财务工作，其有效运作依赖于信息技术的应用。随着大数据、人工智能、移动互联网、云计算、物联网以及5G等信息技术的普及，财务共享服务中心的建设应及时更新所使用的信息系统，以帮助发现和解决日常操作中的安全漏洞，以提高其服务效率和质量，并减少操作中容易发生的数据风险。利用智能技术逐步取代重复简单的手工操作，以减少财务操作中不必要的疏忽，提高风险管控效率。

总结以上分析，我们认为中小企业实施财务共享是可行的。尽管中小企业在实现财务共享服务的过程中存在各种各样的困难，也缺乏经验和模板，但是从经济社会发展和中小企业自身需求出发，中小企业实现财务服务共享是大势所趋，中小企业如何实现财务共享还需要在实践中不断探索。中小企业是国民经济的重要组成部分，中小企业的健康稳定发展意义重大。通过财务共享的实施降低风险提高效益，不仅给中小企业自身带来经济效益，所产生的社会效益更是不可估量。

第八章　财务共享向中小企业的推广应用

一、中小企业实施财务共享的路径

“大智移云物”时代的到来，各类新兴技术推动着财务共享模式的不断革新。大数据时代，企业要认识数据的价值，多节点收集数据，挖掘数据的深层含义，通过数据指导决策；自动化、智能化的应用，不断覆盖标准化、流程化的工作，让企业以更低的管理成本实现速度和质量的提升；移动互联网让信息传递更高效，推动共享中心虚拟化，进一步压缩投入成本；云计算技术，促进信息系统云端化，进一步降低信息化服务的准入门槛；物联网让数据采集更高效，无缝对接实物与网络。工具在变，模式也在变，不变的是如何充分利用财务资源实现更优的决策，助力企业发展。随着财务共享的不断革新，可供共享的资源会更宽泛，参与共享的主体会更庞大，实现共享的路径也会更便捷。

“互联网 +”国家战略的四项内容之一就是大力推进“互联网 +”下中小企业的发展。在“互联网 +”下中小企业有了更多的发展空间，互联网所带来的信息技术提升为中小企业提供了更丰富的资源以及更多的创新、创业机会。在经济全球化背景下，我国企业尤其是中小企业，只有紧跟时代发展的潮流，才能实现长期发展，不被淘汰。由于会计信息化建设成本高、中小企业重视程度不够、内部管理制度不健全、专业人才匮乏等因素，中小企业会计信息化建设进展速度缓慢。随着云计算、大数据等技术的兴起，财务共享服务理念日趋成熟，使中小企业获得了新的发展机遇。

尽管目前的财务共享服务中心主要适用于大型的跨国企业、跨地域企业或者企业集团，但这并不意味着中小企业不能采用这种组织运营形式并从中获益。只要一家企业具有多重业务，且每重业务单元都需建立独立的财务体系，那么就可以推行财务共享服务模式。构建具有中小企业特色的财务共享服务平台，可以提升企业的财务管理水平，共享大数据技术带来的发展机会，促进中小企业可持续发展。随着互联网等技术的发展，中小企业应用财务共享服务可以有很多种路径选择，笔者在此尝试对不同路径进行对比分析。

(一) 中小企业共建财务共享服务平台

1. 思路与做法

随着“互联网 +”时代的到来，云计算、移动互联和大数据等先进技术的成熟应用，中小企业构建符合自身特色的财务共享服务平台是最直接也是最有效的路径。然而中小企业的经济实力和业务需求等因素同时制约了财务共享服务平台的开发和应用，独立建设财务共享服务平台既缺乏必要性，也不具备可行性。

传统意义上的财务共享中心由大型企业集团建设，主要是服务于企业内部分散在不同地域的数量众多的分、子公司和内部机构，可以通过规模效应来达到提高工作效率的目的。但是中小企业往往规模偏小，业务量偏少，难以达到规模效应，独立开发建设财务共享服务中心既不切合实际，在经济上绝非明智之举。

财务共享服务中心需要功能强大的软件进行人机交换，才能保证正常利用互联网完成数据传递和数据库对数据的存储、分析。建设过程中，企业需要投入大量人力、物力、财力确保企业网络、数据库、软件等设施设备与财务共享服务中心需求相匹配。后期需要对财务共享服务中心不停进行硬件更换和软件升级，更换硬件和升级软件又需要企业投入大量的资金。中小企业资金体量偏小，业务规模不大，一旦投入财务共享服务中心建设和维护资金减少，就会影响财务共享服务中心使用效果。

财务共享服务中心是企业管理与高新技术高度融合的产物，要求中小企业员工既懂计算机技术又懂企业管理。但中小企业缺乏这种复合型管理人才，不能充分利用财务共享服务中心提升信息质量，为企业管理决策提供服务。

企业建设财务共享服务中心主要是解决企业一些简单、重复的会计管理活动(如往来款项管理、费用报销等)，并加强对物流管理(如采购、库存)、资源管理(如员工工资)、信息管理(如软件维护)、关系管理(如合同管理)等复杂业务活动管理。因此财务共享服务中心一般适用于业务量大、业务种类繁多的跨区域、跨地区大型企业集团。中小企业经济业务比较简单，规模比较小，业务量也不大，只需要少量的会计人员就能完成财务工作。除此之外，中小企业对财务人员专业素质要求也不高，只要掌握算账、记账、报账等基本会计工作即可。在这种情况下，中小企业建立财务共享服务中心不但不能解决企业管理效率问题，反而限制财务共享服务中心在企业管理中发挥相应的作用，增加企业运营管理成本。

经过以上分析之后，我们认为可以尝试走共建之路，就是多个中小企业组团共同开发建设财务共享服务中心，共同分担开发建设成本、共享技术服务支持。共建财务共享服务中心时，首先要明确这些中小企业的财务管理目标和对财务共享服务的需求：一是减少重复性的财务工作所消耗的人力成本，提高财务工作效率；二是优化流程，使得财务工作更加标准化、规范化。然后要对参加组团中小企业的经营状况、财务状况及经营环境等数据的搜集、整理、分析，提出专门面向这些中小企业的财务共享服务中心建设方案。

2. 利弊分析

共建财务共享服务平台这种做法针对性强，但对背景条件要求较高，可操作性较差。这种做法要求至少有一家有意愿有能力来牵头的企业，还要求组团的中小企业要有较高的同质性，但这样的企业往往是商场上直接的竞争对手，特别关注彼此的商业秘密，互相提防，难于合作，实施起来难度相当大。组团的中小企业负责人要统一思想，有合作共享的意愿。目前共享理念更加深入人心，共建财务共享服务平台还是存在可能性的。

合作共享的理念古已有之，遍布全球各地的商会就体现了这一理念。商会是有一些商人和一些企业家组成的协会，他们定期举行一些茶话会之类，用于互相帮助和交流信息，或者互相认识并介绍朋友认识，以达到资源共享，互相帮助，从而有助于自己的事业发展。中国入世后，经济越来越融入世界经济之中，国内市场与国外市场越来越融合，企业要做大、做强，就必须面向国内外市场。在这个过程中，如何发挥行业商会的作用就显得非常重要，因为作为单个企业，在市场经济活动中一定会碰到许多干扰，比如用户与消费者、媒体、政府，以及同行业的各种竞争手段等。对这样的现象，单个企业特别是中小企业去应付，力量有限，只有形成一个行业组织，通过群体的力量，才能在这些问题出现的时候有一个应对的条件和平台，商会就是要起到这样的作用。商会是市场经济条件下实现资源优化配置不可或缺的重要环节，是实现政府与商人、商人与商人、商人与社会之间相互联系的重要纽带。

商会中有很多中小企业，他们依赖商会，并且商会成员也有地域性和亲属或连带关系。因为他们知道，独木不成林，唯有抱团才能形成合力。如果由商会这样的组织牵头来实施，中小企业共建财务共享服务平台的这条路径就比较可行了。

（二）大型企业集团财务共享服务中心向中小企业提供服务

1. 思路与做法

中小企业作为大型企业集团的伙伴和助手，是大型企业集团上下游产业链上不可或缺的组成部分，中小企业的生存状况无疑会影响到大型企业集团的发展环境。大型企业集团建设财务共享中心在资金、技术、人力等方面具有更充分的条件，如果大型企业集团通过建立自己的财务共享中心，将该中心作为独立机构，在为本集团内部提供财务共享服务的同时，依托集团的资金实力、技术实力发展，为其他规模较小的企业提供商业化的财务服务，就能够帮助这些中小企业获得财务共享的红利，改善生存质量。

2. 利弊分析

这种方案为中小企业实现财务共享节省了建设周期，也节约了建设成本。但由于大型企业集团与中小企业在管理上的要求相差很多，即使他们的财务共享中心愿意提供这种服务，也不一定能够很好地满足中小企业客户的需求。而且对于大型企业集团而言，通过向外部提供财务共享服务而获得的收益往往是微不足道的，也就不会主动在此方面投入更多的资源。同时，出于财务信息安全等考虑，绝大多数财务共享服务中心仅仅是为本企业集团内部提供服务，并不愿意对外提供服务，其服务对象非常单一局限。

当然，也会有些大型企业集团考虑到产业链或供应链的关系，或仅仅出于公益的想法而向中小企业提供财务共享服务，这种路径获取财务共享服务的机会是非常有限的，难于广泛推广。

财务共享服务中心模块与模块、系统与模块之间紧密联系，形成了一个完整的闭环程序。业务处理流程也是环环相扣，一旦经济业务在财务共享服务中心某环节处理错误或者不当，会导致后续程序无法正常运行。为保证财务共享服务中心运行良好，必然要求企业规范每个环节、每个流程内部控制制度，无形当中增加了中小企业内部控制难度。

即使大型企业集团向中小企业提供财务共享服务，但中小企业本身是独立的，不接受大型企业集团的监管，加上中小企业财务制度和内部控制制度不健全，企业内部监管人员专业素质和专业技能不强，缺乏有效手段监管财务共享服务中心的运行，加大了内部控制的风险。中小企业如果采用这一路径实现财务服务共享，就应当制定和优化相匹配的管理制度，以降低内部控制层面风险。

(三) 借助云会计实现财务共享服务

1. 思路与做法

云会计是基于云计算技术而构建的向企业提供在线服务的会计信息系统，又称在线会计、财务 SaaS。云计算是指通过“云”(网络) 将巨大的数据计算处理程序分解成成千上万个小程序，再通过由若干个服务器组成的系统进行分析和处理，得到结果返回给用户。通过网络云计算技术，可以在极短的时间 (几秒钟) 内完成对数以万计数据的处理，从而提供强大的服务。

云会计服务实质上是一种租赁行为，企业无须承担软件的购买费用，只需根据企业发展的需求和财务工作的需求订购相应的会计服务，服务商可以根据企业的租赁时间和订购服务的种类、数量收取费用，这种服务模式性价比高，对于规模不大、资金有限的中小企业而言非常合适。

随着互联网的迅速发展，云计算技术的不断提高，云会计得到了越来越多企业的响应，究其原因便是云会计所具有的优势对企业会计信息的处理具有极大的推进作用。基于云计算技术的云会计具有巨大的优势，无论是收集、传输、使用数据还是储存、保护数据，云会计的功能都远远超越了传统的会计软件。

云会计使无法建立财务共享中心的中小企业使用财务共享服务成为可能。通过云会计平台提供的财务共享服务，中小企业将发票验真、费用稽核、合同比对等通用型的服务上线云端，通过可配置化的规则引擎，不同企业的不同形式的查验及稽核需求可以轻松满足。通过满足中小企业的财务共享需求，云会计平台可持续性地提升其云计算的服务能力，并使财务共享服务的规模效应进一步显现，从而使原先不经济的中小企业自建财务共享中心的行为，转变成统一由云会计平台提供通用性财务共享服务，进而体现其经济及规模效应。

目前提供云会计服务的供应商很多，他们将财务软件统一部署在自己的服务器上，企业可以根据财务工作的实际需求，如业务内容多少和所需时间长短，向供应商购买财务软件使用权，并通过互联网平台获得服务支持。随着互联网和云计算技术的不断发展，云会计的优势越来越明显，无论是在收集、传输、使用数据方面，还是在储存、保护数据方面，云会计的功能都远远超越了传统的本地服务器所支持的会计信息系统，并且云服务器将所有数据保存在云端，无须占用企业自己的存储空间。应用云会计的企业只需按期支付租赁费，不需要企业有专项大额的资金投入，这一点非常适合中小企业。

云会计服务供应商可以通过向购买服务的企业提供特定的用户登录账号和密码，并为每个企业成立专门的访客信息数据库，以保证企业数据的安全性；建立专用的数据传输通道，为应用程序配备专用的密钥等，以加强数据传输过程中的保密性；安装只对特定的用户起作用的对口控件，对系统中的其他用户不产生影响，从而向用户提供定制服务，如动态财务预警，对规模较小、发展不稳定、抗冲击能力较差的中小企业而言，如果能够提前知晓危机并采取一定的应对措施，企业将更容易在变幻莫测的经济环境中立足发展。那么，将有更多的中小企业借助云会计实现财务服务共享。

2. 利弊分析

这种方式下，中小企业只是共享了财务服务的技术平台，还需要另外配备专业的财务人员，并没有实现完全意义上的财务服务共享。另外，长期使用会产生对云会计服务平台的依赖，难于实现财务转型与管理创新。

此外，国内中小型企业数量较多，针对不同行业的企业均有各自不同的管理方式，各中小型企业针对基于云会计平台的财务共享服务存在一定的差异。而受制于开发及设计成本的限制，云会计平台只能提供通用性的服务功能，例如采购发票管理、费用稽核、合同比对等，但无法一一满足不同行业的不同企业的个性化需求。

并且，在使用云会计平台的过程中，企业财务会计相关信息不可避免地将被读取到供应商的财务共享平台上进行存储和备份，而财务会计信息作为企业的最核心的信息，其安全性备受关注。如果对财务会计信息安全的担忧无法消除，基于云会计的财务共享服务就无从谈起。

中小企业市场具有发展迅速、业务多样化的特点，每个企业都有自己不同的需求，这就要求云会计服务提供商应该完善其面向中小企业市场的服务功能。可以从以下两个方面入手：一方面根据企业的需要增加如财务分析、财务计划等功能，以增强中小企业的市场竞争力；另一方面为每个企业量身打造专属的会计服务，提供个性化定制服务。

中小企业应仔细甄选云会计服务合作商，在仔细谨慎地了解服务商的资质后确认合作对象。中小企业还应增强安全防范意识，即使存储在云端的数据也要及时备份，以免出现意外。另外，中小企业还要控制好员工的登录权限，账号密码只能由关键人物知晓，以免数据毁损或泄露。

政府应对云会计服务提供商进行监管，建立对服务供应商的资质审查机制，

制定严格的从业标准，提高服务准入门槛，对已经获得提供云会计服务资格的供应商进行定期审查，建立监管制度，对违反制度的行为及时制止并处罚。

（四）中小企业购买财务众包服务

1. 思路与做法

众包是一个新兴的基于互联网的概念，指的是一家单位把过去由自己员工完成操作的工作任务，以自由互选的形式外包给非特定的大众服务者的做法，众包为创新财务共享服务提供了可能。对中小企业而言，利用互联网技术，采用众包服务模式，将具有时间要求的财务核算工作按工作流程进行分解，可以达到共享财务服务的目的。其优点一是可以在业务量较多时选择在互联网上购买服务，并根据工作量的情况决定购买服务的数量，提高业务处理的时效，降低财务运行的成本；二是将重复的会计业务统一进行规范化、标准化处理，可以降低人工成本，促进会计人员职能转型，使企业更专注于业务拓展和核心技术开发。

国务院办公厅2019年印发的《关于促进平台经济规范健康发展的指导意见》提出，发展"互联网＋服务业"，深入推进"互联网＋创业创新"，鼓励平台向中小企业开放更多的共享资源，开展创新任务众包，以支持中小企业开展技术、产品、管理模式、商业模式等创新，进一步提升创业创新效能。

目前，国内已经出现了财务众包公司，借助于互联网技术，为中小企业应用财务共享服务。如阳光保险推出的"阳光财务众包平台"，提供的就是"互联网＋会计"的财务共享服务模式。该平台的运行模式是在互联网众包平台上向注册用户发布任务，为保证企业财务信息安全，将一项会计工作任务拆分成多个小任务，由平台上符合要求的注册用户（财务服务提供者）接单后及时完成业务处理。相当于有财务业务处理需求的企业，通过财务众包平台向专业人士个人购买了财务服务。由于进行了任务拆分，每个服务人（业务处理者）获得的都只是局部信息，为企业财务信息安全提供了一定的保障。如果这一方式能够推广普及，平台上的注册用户越来越多，发布的财务工作任务就能够得到越来越高效和高质量的处理，企业发布到财务众包平台上的对财务服务的需求也会越来越多。

2. 利弊分析

财务众包服务模式从根本上颠覆了会计的作业模式，可以促进企业实现轻资产和灵活经营，有助于推动企业财务向管理型、数据型、战略型转化。财务众包服务模式不需要企业增加资产和人力的投入，符合中小企业的实际需求。但这种路径未能实现业务处理流程和信息数据分析利用的共享，也并非完全意义上的财务共享。

(五)由代理记账公司转型提供财务共享服务

1. 思路与做法

代理记账是由具备资质的专业机构接受委托，为未设置会计机构和会计人员的单位，代理从事会计记账的行为。代理记账在我国开展了20余年，帮助中小企业特别是小微企业解决了缺乏专业财务人员的难题，有助于降低运营成本和财务风险，因此得到广泛的应用。为了规范和促进代理记账行业发展，财政部于2016年2月发布了《代理记账管理办法》，于2016年5月1日正式施行。

代理记账机构提供的是会计专业技术外包服务，属于现代服务业。按照共享理论，这其实就是一种服务共享，即不同的企业共享同一家代理记账机构的会计专业人员提供的专业服务。只是以前代理记账机构提供服务的内容少，提供服务的手段也比较落后。随着会计信息化的普及和“大智移云”时代的到来，代理记账的内容不断丰富、手段不断发展，更多地体现出财务共享服务的特点，也得到了更多的关注。2019年3月14日，财政部发布了《财政部关于修改〈代理记账管理办法〉等2部部门规章的决定》，对《代理记账管理办法》进行了修改，突出强调推广业务网上办理。

目前会计向管理会计方向转型、实现财务共享是大势所趋，以基础性的会计核算为主要服务内容的代理记账也应与时俱进，在发展中进行变革与转型。代理记账机构借助在线服务（SaaS）平台，加上OCR影像识别技术的应用，除可以高效快捷地提供会计核算、报税等传统服务外，还可以提供诸如纳税筹划、内部控制、决策咨询等管理服务，甚至可以借助大数据技术为企业提供客户分析、预算管理、绩效考核等精细化、智能化的服务，从而让财务为企业创造更多的价值，保证企业经营管理实现更高的目标。这样代理记账机构就转型成了一种新型的不存在企业间壁垒的、适用于整个社会范围的财务共享服务中心。而代理记账行业通过整合与发展转型成为财务共享服务行业，规模效应将更加显著，更有利于在竞争中生存与发展，更可能做大做强。

2. 利弊分析

选择这个路径针对性最强，中小企业的受益面最大。建立在大数据和云计算等高新技术基础上的财务共享服务中心具备强大的数据存储和计算功能，并实现数据的可视化，有效解决中小企业管理决策信息获取及加工分析问题，提高中小企业资源整合能力。

但是代理记账机构真正实现向社会型财务共享服务中心转型也还需要很多的条件，如理念的转变和政策的引导等。目前，有些稍具规模的代理记账公司开始尝试应用在线服务平台开展财务共享服务，并且也取得了一些效果。相信随着共享理念日渐深入人心，代理记账机构转型发展的意愿会越来越强，那么对于中小企业特别是对于占企业总数99%的小微企业而言就是利好，因为降低了获取优质资源的门槛，意味着获得了更多的发展机会。

大数据的快速发展实现了财务共享服务中心海量数据存储、价值挖掘、可视化，为中小企业财务管理信息化提供技术基础。但在现有技术条件下，通过代理记账机构转型来的社会型财务共享服务中心仍然存在较大风险，应当以现有技术为基础，不断改善，循序渐进，逐步改进财务共享服务中心性能，规范中小企业财务制度，优化中小企业财务工作流程，使中小企业财务工作与财务共享服务中心实现无缝对接，最终提升中小企业财务工作效率，全面实现企业管理信息化，真正实现财务共享。

二、构建新型开放式财务共享服务中心的设想

前面所述的中小企业实施财务共享的路径只能说是现阶段下权宜之计，均不能完全满足中小企业对财务共享服务的需求，现基于以上路径提出构建新型开放式财务共享服务中心的设想。在现有会计服务外包机构的基础上构建一种新型开放式财务共享服务中心，作为独立经营核算的企业法人，以全方位适用的新型财务共享模式，面向各类经济组织包括中小企业提供财务共享服务，服务对象相互之间没有固定的关联关系，可以为跨行业跨地区的各种类型的中小企业提供财务会计服务。

中小企业的财务共享既包括技术平台支持、财务人员专业服务的共享，也包括业务处理流程、财务数据信息分析利用等的共享，不能一蹴而就，需要逐步实现。

（一）新型开放式财务共享服务中心的基本构想

1. 基于云计算技术构建系统平台

建立财务共享服务中心的基本出发点是满足企业复杂的财务管理需要，降低成本，提高效率。当前，财务共享服务项目的实现相对昂贵，这是很多中小企业在考虑财务管理模式转型时遇到的阻碍。由于云计算具有“灵活、安全、低成本”等特性，对于发展中的中小企业特别适用。相较于传统企业的财务共享服务中心的构建，采用云计算技术可以节约成本，不需要花费大量资金去购买传统的信息化设备和系统，这对于资金缺乏的中小企业来说是非常有利的。中小企业受自身综合实力的限制，可以使用公共云服务，而无须构建自己的财务信息系统，直接将第三方企业提供的软件作为服务，实现按需使用财务服务。在这种模式下，中小企业财务也可以将大量重复、分散的财务交易处理业务全部整合到财务共享服务中心集中处理，实现财务流程化、专业化、规范化，使财务人员能够从财务基础业务中解脱出来，进而把更多的时间和精力投入到更有价值的业务决策支持等工作中。

云技术通过 SaaS 模式，由服务商通过服务端面向企业的财务共享服务中心提供在线的云系统支持，企业可以通过租用的方式，以较小的代价实现财务共享服务的系统支持，免除企业的软硬件投入，降低成本。另外，云计算模式下的财务共享服务平台可以实现资源的动态分配，随时拓展，按流量计费，有效解决企业因业务量分布不均而造成的资源浪费，提高资源利用效率，节约成本。企业因业务规模的扩大而增加的成本也会有所降低，如基础设施中的云储存，可降低因采用影像技术所带来的财务共享服务中心的存储成本。

基于云计算技术的财务共享服务平台的最大优势是可以在任何地方操作且不用购置昂贵的服务器，只需一台能上网的电脑或移动终端即可。通过在各中小企业的终端和财务共享服务中心建立合适的接口，将系统功能的核心部分集中到前端服务器上，前端服务器同财务共享服务中心数据库服务器进行数据安全交互，各中小企业的财务人员无须维护，只需通过互联网即可访问统一的服务平台并进行日常财务操作，使财务共享服务恰当匹配企业的业务发展需要。

我国中小企业众多，不同的企业资金状况不同，信息化建设和业务的应用场景也不尽相同，因此应就不同企业的发展水平划分不同的情况，按照自身的规划将适合自身的业务流程应用到共享服务平台上，挑选适合自己的云平台。初创企业刚刚开始发展，资金、信息化程度都不高，所以应尽量考虑使用基于云服务实现自己的信息化管理，购买基本满足业务应用需求的服务。而对于信息化已经有一定基础的中型企业来说，情况就大不相同，企业可以有选择性地将其应用软件移到公有云上。例如与企业经营发展相关的重大战略机密但是又不能保证其绝对安全的软件、运行平稳并且近期不会出现革新的软件以及年代久远的早期系统不宜移到云端。但一些不涉及机密而又操作频繁的业务、与公司外部资源有关的系统以及运行不平稳随时需要升级的软件可迁移到云上。在搭建共享服务平台时，如何选择云服务商又是一大难题。在中国市场上云提供商种类众多、五花八门，各云服务商的收费方式也不尽相同，不同类型的企业可根据自身企的需求寻找合适的公有云加以利用。

2. 财务共享服务中心的业务范围

在财务共享服务中心的实践应用中，一般将日常活动中重复性较高、标准易统一的业务首先纳入财务共享服务中心的作业当中。同样，中小企业可以考虑将原来适合代账的业务及费用报销业务首先放入其中。中小企业可以在财务共享服务中心的记账系统中建立自己的记账端口，员工以扫描、拍照上传的原始凭证为依据实现无纸化记账，亦可随时查账，统一核算方式，企业的不同人员在交接记账时也不会产生票据缺失和核算方式混乱等问题，有助于中小企业轻松方便地建立完整规范的企业账目。随着电子发票的实施，关键票据的管理将更加规范。员工将报销费用明细输入系统并上传各种报销原始单据作为凭证，财务人员进行审核，审核通过后由银企直连系统执行支付指令，相关部门打印凭证归档。其他业务的核算处理也类似。云计算模式下，基础财务数据和其他外部系统数据通过标准接口进入财务共享服务中心，帮助企业完成记账报销等基本业务，以达到节约成本提高效率的目的，并为第三方应用提供新的发展机遇。

财务共享服务中心业务流程是数据采集、处理、传输、储存、分析的过程，需要先进技术予以支撑，然而中小企业受资金、技术、人才等因素的制约，无法构建功能全面、完整的财务共享服务中心。因此，新型开放式财务共享服务中心可以依据中小企业的特点和需求对相关系统功能予以简化后，进一步将功能予以模块化，整体分为费用控制模块、影像管理模块、银企互联模块、税务管理模块、管理决策支持模块，降低财务共享服务中心操作和维护难度。

（1）费用控制。费用控制模块是中小企业财务共享服务中心的重要模块，是资金正常运转的重要保障，主要包括总账、往来款项管理、质量管理和绩效管理等功能。费用控制模块能有效完成中小企业的基础性财务工作，通过设置操作人员工作权限、质量控制范围和财务工作的质量要求，完成总账自动对账、异常往来款项跟踪管理等工作。而质量管理和绩效管理，主要定义中小企业内部和外部评价指标，运用财务共享服务中心强大的数据分析能力，实现企业绩效动态管理，合理引导员工的行为，纠正员工工作中的错误，改进中小企业财务工作方式、方法，优化后续财务工作的程序。

(2) 影像管理。影像管理模块利用大数据、云计算、移动互联网等技术，实现票据的无纸化处理，是中小企业财务共享服务中心重要的支撑模块。影像管理模块主要运用识别软件识别扫描影像当中的手写体、印刷体、条形码，将收集的影像资料通过 TWAIN 协议、ISS 接口上传至财务共享服务中心服务器。在影像资料传输过程中，进行自动刷选、匹配智能识别错票、废票，工作人员将不符合要求的影像材料进行裁剪、纠正。海量的数据则根据中小企业实际情况存储在 Orcale、DB2 关系型数据库或者 MongoDB、HBase 分布式存储数据库。中小企业管理者可通过互联网技术和移动终端技术开发生成影像桌面端应用、WEB 端应用以及移动端应用，实现影像资料单一查阅、组合查阅和原数据查阅以及数据在线分析，实时浏览各项数据。

(3) 银企互联。银企互联模块是整合企业财务共享服务中心资源与银行的网上银行实行互联，该模块具备资金自动结算与划拨、自动生成资金结算凭证、自动完成企业银行存款日记账与银行对账单对账、自动区分往来款项的功能。银企互联系统能够有效地解决中小企业资金结算问题，降低企业与银行之间信息传递阻碍，增强信息传递质量，保证传递信息的时效性。

(4) 税务管理。税务管理模块通过税务机构与企业财务共享服务中心预留接口相连接，具备分析决策、纳税管理、预警分析和税收筹划服务功能。税务管理模块主要帮助中小企业完成发票认领、填制、认证、涉税业务核算分析及纳税申报。通过搜集财税政策变化信息，利用大数据技术使税务风险量化，对量化的指标进行分析基础上示警中小企业财务风险；并依托互联网技术，搭建互联网咨询平台，出具在线税收筹划报告。税务管理系统能够有效降低中小企业税收风险，提升中小企业纳税管理能力，加强税务机构对纳税信息的整合能力。

(5) 管理决策支持。管理决策支持模块，是财务共享服务中心各职能中心随着企业业务发展，将会有大量的财务业务和财务数据沉淀，但中小企业缺乏有效信息获取方式，各职能中心借助大数据技术对数据挖掘，利用爬虫技术，抽取与

企业决策相关信息，结合电子绩效看板、运营绩效报表、费用控制系统，实现企业对风险、投融资和流动性分析，为企业经营决策提供高质量的信息支持。

3. 与外部相关系统平台相互连接

为实现上述业务功能，新型开放式财务共享服务中心提供的系统平台应实现中小企业与外部相关系统平台相互连接。

（1）连接税控系统。税务一直是企业和政府工作的重中之重，通过财务共享建立税控系统，不仅有利于企业报税、纳税，更有利于税务部门的监管、查询。在解决中小企业的报税问题的同时，为税务部门提供便利。传统的查税工作烦琐复杂，建立财务共享服务中心并与税控系统连接，税务部门可以实现对企业的纳税情况、具体单据进行网上审查，方便、快捷。税务人员通过对企业扫描上传的原始票据等进行在线审核或者移动审批，简化监管工作。若出现某企业纳税不清的情况亦可有针对性地通知其递交相关票据来核对记录，相关企业只需定期邮寄票据即可。在这一模式下，税务部门可以实现网上及时审查，提高效率，降低管理成本。

（2）连接物流系统。统一各企业间的经济往来交易流程，只需输入单号就可以随时查询订货或出货的物流状态，随时关注，达到相应状态时系统自动提醒业务往来双方，提高运作效率，通过统一的支付指令实现应收应付或预收预付等业务，借助第三方平台支付则可保障双方利益，降低风险。此外，还可以连接航空公司等运输企业、酒店餐饮等服务企业，通过航班信息、酒店信息实现预订、获取电子发票等，及时完成差旅费报销。运用云计算的费用报销系统实现与银行信用卡系统、电子银行支付系统、第三方消费平台、企业内部系统平台的有效集成，彻底实现费用报销管理全程的自动化，员工出差住宿、吃饭等问题都可迎刃而解。当员工在住宿或消费时，不需要索要发票，只需要将消费金额、商家、时间上传至云端，云端和银行会把数据和银行卡的信息传送给企业的报销系统，财务人员在网上审核完毕直接将钱打到员工的工资卡中。

（3）连接工商行政部门管理平台。在云计算的帮助下，中小企业实现了内部数据与外部数据的共享，达到了降本增效的目的，对自身的发展起到了促进作用，同时也为政府部门对中小企业的监管提供了更方便的通道。工商行政管理部门是政府主管市场的监管和行政执法部门，在财务共享服务模式下，通过财务共享服务平台监控企业合法经营的状态，不仅可以帮助工商行政管理部门了解企业是否贯彻执行了国家的政策方针，还能了解企业是否是虚假注册，业务有无违法交易等，可以有效预防一些扰乱市场运作秩序的行为发生。

（4）为投资方提供数据端口。由于对中小企业财务信息了解不够充分，银行或其他投资方一般不愿意投资，导致了中小企业的融资难等问题。如果银行在贷款或投资方在投资前后能通过财务共享服务平台对中小企业的状况进行分析，评估其资产状况、经营情况，准确判断是否具有投资价值，有利于监控风险，既方便投资方对中小企业的投资评估，也能增加中小企业获得投资的机会。

4. 支持财务转型和管理会计发展

新型开放式财务共享服务中心应支持中小企业的财务转型和管理会计的应用发展。

财务共享服务中心的流程优化不一定需要海量数据来支持，但是财务共享服务的推广将使得越来越多的数据得以采集，数据挖掘可助力于发现问题，优化流程与服务，挖掘商业机会，支持管理会计发展。云计算模式下财务共享服务中心的经营趋势正在逐步从以服务补偿成本向以成本赚取利润的方式转变，针对市场竞争而言，大数据分析可以有效地挖掘商业价值，提升企业竞争力，比如可以为客户提供财务管理与咨询等价值更高的深度服务。

管理会计主要集中在预算管理、成本管理、人才管理、业绩评价和管理会计信息化几个方面。财务共享服务模式下，从事基础工作的会计人员数量将大幅减少，会计人员将向管理方向转型，契合企业的发展建设需求。在成本管理方面，财务共享服务模式本身就降低了企业成本，再加上统一化的核算标准进一步增强了企业的成本管控力。在预算管理方面，结合大数据技术，可以实现管理会计中部分资源配置及数据分析工作，包括预算的编制、执行和财务数据的整合及分析，使得预算编制更加准确，执行更加有效。在业绩评价方面，绩效管理是实现财务共享服务价值的保证手段，通过客观评价工作绩效，公平处理管理问题，可以帮助员工不断提升工作水平，并有效提高财务共享服务中心的整体绩效。如引入平衡计分卡绩效管理或者六西格玛绩效管理等，可以使评价指标更为全面，业绩结果更为准确。在管理会计信息系统方面，结合大数据分析，可以将原始数据通过清洗转换和加载接入数据仓库，借助数据挖掘工具实现财务数据挖掘和分析，并展示在会计报告系统中，为企业提供预测分析、决策支持等有价值的信息。

中小企业财务转型将解决或改善制约其发展的部分关键问题，同时有利于我国经济转型和解决就业问题。随着云计算、移动互联和大数据及数据分析等技术的成熟应用，中小企业转变财务管理理念，构建符合自身特色的财务共享服务平台是大势所趋，在这一过程中，注重信息系统标准化，实现节约成本、增强风控能力是首要工作。在价值突破方面，大数据应用技术将在财务共享服务领域发挥积极作用，在采用云计算技术实现财务共享全球化、虚拟化的同时，不断获得大量业务数据，高效分析并使用这些数据，发挥数据的应用价值，可以提升中小企业的核心竞争力。

5. 加强和完善中小企业内部控制

新型财务共享服务模式对内部控制环境、风险评估、控制活动、信息沟通和内部监督内部控制要素产生巨大影响，已有内部控制制度无法与财务共享服务中心相匹配。如果中小企业内部控制体系不完善，就无法有效从制度方面保证财务共享服务中心的运行。中小企业管理者一般不重视风险预警机制建设，风险评估意识淡薄、财务风险评估体系不完善、风险评估指标单一，风险选取分析指标不合理，导致对财务共享服务中心数据分析后的评价数据敏感性不够，企业管理无法及时对风险进行规避。中小企业财务人员高度集中于财务共享服务中心后，企业业务活动和财务活动相互脱离、无法融合，财务人员无法掌握相关业务活动全貌，也无法验证业务活动的真实性，为财务舞弊留下可操作的空间。中小企业一般采用自上而下的传统垂直组织结构，所以中小企业信息也是以逐级传递的方式汇总于财务共享服务中心，随着信息传递层级增加，信息失真的风险也会增大。因此，强化中小企业内部控制，建立完善的财务核算制度和财务共享服务中心运营制度，是财务共享服务中心有效运行的重要保证。

中小企业要保证财务共享服务中心高效运行，需要在建立、健全企业内部控制制度的基础上采用一系列的方式和方法，加强员工培训并转化思维，积极创新内部控制制度及内部控制方式与方法，促使内部控制制度与中小企业财务共享服务中心相匹配，从制度上保证财务共享服务中心能有效运行，充分发挥财务信息化的积极作用。

（1）构建完善的企业内部控制制度。中小企业应按照全面性、重要性、成本效益等原则，以信息真实、完整、可靠为目标建立内部控制制度。根据财务共享服务中心组织结构，完善相配套的各项财务管理制度，建立起应收、应付、报销、借还款、库存管理、成本、薪酬、总账、税务核算管理等财务核算制度和财务共享服务有关的目录管理、定价管理、客户管理、服务质量管理、流程管理等财务共享服务中心运营制度。根据有关财务内部控制制度，细化各项岗位责任，落实归口管理制度，实行责任追究制。

（2）建立财务共享风险识别信息技术平台。财务共享服务中心主要依托信息化技术进行数据分析和处理，具备强大的数据处理能力。中小企业通过将企业各项风险予以细化后量化风险评估指标，将其录入财务共享服务中心，利用财务共享服务中心数据强大数据分析与处理功能，确定财务风险的等级，生成风险检测报告，帮助企业管理者识别风险并进行决策。

（3）利用财务共享服务中心优化业务流程。设计流程框架时需要结合企业自身性质，重点优化业务层面的收入确认流程、费用报销流程、应收和应付账款处理流程。通过重点优化使基层业务流程简单化、标准化，易于操作。根据各项业务流程制定操作手册，使操作人员操作规范化。对于已确定流程不断进行“设计—测试—优化—再测试—再优化”，不断对现有业务流程进行创新，提高业务与财务共享服务中心契合度，满足中小企业对内部控制的需求。

（4）强化信息传递流程。财务共享服务中心依托于“大数据”“云计算”、移动互联网等高新技术，才能实现企业信息跨区域、跨部门无障碍传递。中小企业需要不断投入资金用于维护财务共享服务中心运行，及时更新软硬件，缩短财务共享服务中心维护周期，保证不会因系统问题造成信息在传递过程中丢失。中小企业要充分利用建设财务共享服务中心的机会，打破传统垂直式组织结构，使组织结构扁平化，减小信息传递层级，打破组织之间信息传递隔阂，实现企业与企业之间、企业部门之间财务数据共享。

（5）加强内部监督人员培训。财务共享服务中心促进中小企业内部监督方式转变，要求内部监督人员全面掌握信息技术、财务、管理、法律的等多方面知识，具备较强的专业技能。中小企业应当加强内部监督人员职业技能和理论培训，通过各种方式培养内部监督人员科学管理思维、创新思维、互联网思维，从而促使内部监督人员转变内部监督思维，创新内部监督方式，实现线下监督与线上监督相融合，提升内部监督质量。

（二）新型开放式财务共享服务中心的主要特点

1. 服务机构社会化

新型开放式财务共享服务机构面向社会，为有需要的企业或其他机构提供财务服务。不同于现有的企业集团设立的、服务于内部机构的财务共享服务中心，新型开放式财务共享服务机构由社会资本出资设立，可以由原来的提供会计服务外包的社会中介机构转变而来，面向社会各行各业提供服务。

新型开放式财务共享服务中心是一个独立的专门提供财务共享服务的社会中

介机构，是一个不依附于任何单位的独立的经济实体。新型开放式财务共享服务中心属于服务型企业，靠提供专业服务获取收入，拥有支撑其提供专业服务的软硬件条件，包括财务共享服务平台和具有相应专业知识技能的专业人员，这些人员不专门为某一单位提供财务服务，而是借助财务共享服务平台同时为若干个经济组织特别是中小企业提供服务。

2. 业务来源市场化

新型开放式财务共享服务中心在经营管理上具有独立性，其服务对象并不固定，需要通过市场竞争来获得业务，既要服务于社会又要通过营利来持续经营，自负盈亏。市场化的本质是专业化，新型开放式财务共享服务中心要有专业的人员借助专业平台提供专业服务。

财务共享服务中心需要用优质的专业化服务来赢得市场，要靠创新的服务来抢占先机，所提供的服务定价也由市场决定。刚开始会存在不被太多企业接受的困境，随着社会认可度的增加，这种服务机构越来越多，市场竞争会越来越激烈。虽然目前财务共享服务中心运营还没有成熟的商业模式和业务模式，未来也不会有统一的一种模式包打天下的情况出现，但我们相信随着市场化程度越来越深，新型开放式财务共享服务中心服务的覆盖面也会越来越大，提供服务的专业水平会越来越高，财务共享服务将逐步成为社会经济不可或缺的服务领域。

3. 业务流程通用化

新型开放式财务共享服务中心要为不同类型的中小企业提供财务服务，其业务处理流程必须是标准化、规范化并且是通用的，在提供财务会计服务时各环节应按标准操作，在实现业务处理规范化的同时促进中小企业实现业财一体化。

新型开放式财务共享服务中心提供的所有服务都建立在基础的会计核算服务上，所以必须遵循统一的会计准则和财经法纪。随着信息技术和管理方法的不断进步，企业经营中的财务流程、管理流程和业务流程逐渐融合为以业务活动为驱动的信息一体化处理流程。信息化要求标准化，市场化同时要求通用化。这就决定了新型开放式财务共享服务中心所提供服务的业务流程必须标准化和通用化，并且能促进所服务的企业财务管理更加规范化。

4. 服务方式差异化

由于面向全社会的中小企业提供财务共享服务，服务对象可能来自不同行业，业务内容和管理需求各不相同，新型开放式财务共享服务中心就要在提供标准化服务的同时为不同的客户提供个性化的服务。

差异化服务是普遍服务的升华。随着财务共享服务的推广应用，人们需求和市场环境的不断变化，企业对财务服务的需要越来越多，要求越来越高。新型开放式财务共享服务中心要根据用户需求的差异性，确定各个目标客户群体的特点，针对需求分别提供不同的服务，体现在服务方式、优惠待遇、渠道、信息和手段等方面，通过差异化服务来赢得财务共享服务市场。

（三）新型开放式财务共享服务中心的运营模式

1. 现有四种运营模式的比较

前面提到，当前学者将财务共享服务模式划分为四种类型：基本模式、市场模式、高级模式以及独立经营模式。这种划分主要依据的是财务共享服务的发展过程，即从基本模式开始，逐步发展演变为市场模式、高级模式以及独立经营模式。

早些年，企业集团内部建立财务共享服务中心均为基本模式，在满足其基本管理需求的同时，强制性地要求集团内部其他部门使用该服务，不存在市场竞争，自然会产生服务质量不高等很多弊端。渐渐地，某些财务共享服务中心分离了其控制、服务的职能，采用收费模式，进而做到半自主管理，逐渐向市场模式发展。在市场模式下，财务共享服务中心向企业内部其他部门提供专业咨询建议服务并收取相应的费用，企业集团内部部门不再被强制性地要求接受该项服务，而可以根据自己的需求和意愿自主决定是否接受。在高级市场模式下，客户享有更大的选择权和决策权，甚至可以从外界选择适合的机构提供服务。而相应的，内部的共享服务中心经过一段时间的成长，也能对外部的客户提供服务，收取费用。此时的市场竞争已经比较充分了。

经过前三个阶段的发展，财务共享服务中心如果作为一个独立的经营实体来运营，并且要通过提升服务水平来与外部的服务机构进行竞争，此时就进入了独立经营模式。独立经营模式，顾名思义就是指财务共享服务独立经营，独立核算，对自己经营成果的好与坏均由自己一力承担。但如果财务共享服务中心是由企业集团投资建设的，那么与集团内部其他部门为关联单位，并且财务共享服务中心的业绩会影响到整个企业集团，所以很难做到完全独立经营。

2. 完全独立经营的运营模式

新型开放式财务共享服务中心应采用完全独立经营的运营模式。新型开放式财务共享服务中心主要面向中小企业，服务对象之间相互独立，财务共享服务中

心与服务对象之间也相互独立，因此实行的是完全独立经营的运营模式。

新型开放式财务共享服务中心作为一个完全独立的经营实体，通过科学、合理化的财务流程实现常规财务数据的整理与归纳工作，最大限度地满足中小企业提升管理质量的要求。通过外部市场竞争来获得客户，通过提供财务服务获取收益来持续经营。此时财务服务市场呈现出完全竞争状态，为了能在市场上存活下去，财务共享服务中心必须不断提升服务能力和水平，促进财务服务市场进入良性发展。

(四) 新型开放式财务共享服务中心的应用策略

1. 政府管理层面

新型开放式财务共享服务中心作为社会会计服务中介机构，要通过提供财务共享服务生存下来，需要得到相关行政管理部门的相关政策支持，获得营业执照和经营许可后才能面向全社会范围的中小企业提供服务。政府相关部门要重视中小企业对财务共享服务的需求，认真研究并采取有力措施支持新型开放式财务共享服务中心的建设应用。

创新型国家建设的过程中，各级地方政府都设立了科技园区，其中包含了大量的科技型中小企业甚至微型企业，政府为了鼓励支持帮扶企业的发展提供了各种服务，其中就包括会计服务，如苏州工业园区建设了会计服务外包示范基地，引入若干家中介机构，接受园区中小企业服务中心委托，为园区中小企业提供优质的会计专业服务，以及提供财务融资方案、项目评审、资金监督、支出评价、设立财务共享中心等创新型会计服务。如果能够得到政府支持，可以在科技园区内率先设立新型开放式财务共享服务中心，视同科技型企业给予税收优惠，由面向园区里的中小企业提供财务共享服务逐步面向社会。

在新型开放式财务共享服务中心为中小企业提供财务共享服务的实践过程中，政府相关职能部门还应予以监管，总结制定行业标准，以便有效控制风险，保证新兴社会化财务共享服务服务机构健康有序发展。

2. 服务机构层面

作为服务主体的新型开放式财务共享服务中心是完全独立经营的企业，一定要遵循市场化原则，靠优质的专业服务获得收益，在服务市场健康生存下去，为企业服务，为社会经济服务。

由于中小企业只有了解到实现财务共享的必要性，认识到财务共享能够给企业带来的好处，才能心甘情愿地接受新型开放式财务共享服务中心。所以财务共享服务中心就要积极宣传推广这种社会化市场化的服务，让财务共享成为社会风尚，成为企业依赖的新型服务企业。

新型开放式财务共享服务中心的设立可以借鉴现有企业集团内部财务共享中心所使用的信息管理平台的设计思路，由专业机构研制开发适用于为中小企业提供财务共享服务的系统平台。或以现有的为中小企业提供会计服务外包的社会中介机构为依托进行试点，以后逐步推广普及。还可以通过中小企业联盟、行业协会等将中小企业财务共享服务的市场资源集中，吸引更多的财务共享服务供应商提供更优质的服务。

3. 服务对象层面

作为服务对象的中小企业要有与时俱进的态度和共享的理念，在接受财务共享服务前，需要与财务共享服务中心配合，依据中小企业发展战略，积极构建优化完整的财务业务流程，实现标准化与统一化，精简组织结构，科学高效管理，健全中小企业原有绩效考核方式，促使绩效考核愈发公正与客观。在接受财务共享服务的过程中，对获得的系统且有价值的数据信息加以实时共享，充分利用每一项服务，进而达到业务财务服务管理一体化，提升中小企业财务管理效率与质量，减少管理成本，推动中小企业可持续发展。同时，中小企业构建完整的风险控制制度，降低各种内外部因素所造成的道德、政策与法律风险，防止数据信息丢失或泄露等风险。

结束语

“十四五”时期是我国“两个一百年”奋斗目标的历史交汇期，也是全面开启社会主义现代化强国建设新征程的重要时期。党的十九届五中全会通过的《中共中央关于制定国民经济和社会发展第十四个五年规划和二〇三五年远景目标的建议》强调，要以改革创新为根本动力，加快构建以国内大循环为主体、国内国际双循环相互促进的新发展格局。这是在深刻认识国际环境的新矛盾、新挑战、新风险，把握我国经济社会发展出现的新特征、新变化、新趋势基础上，化危为机、抢占先机、积极应变、主动求变的战略选择和内在要求，对于推动我国经济社会高质量发展具有重大现实意义。在这个大背景下研究中小企业财务共享服务问题与时代发展相适应，有助于中小企业改善经营管理水平，有利于会计服务机构创新服务、拓展业务，为会计服务行业发展提供新的思路，促进财务共享服务在更大范围应用。

财务共享是在共享经济大发展的时代背景下发展起来的，目前财务共享服务理论研究和实践应用局限于满足企业集团管理需要，未能将优势辐射到中小企业。中小企业应用财务共享服务符合新时代开放共享的新发展理念，符合国家战略，是解决中小企业发展瓶颈的迫切需要，也有利于对中小企业的税收征管。中小企业应用财务共享服务在理论逻辑上、技术支持上、市场需求上、服务主体上均具有可行性。

中小企业应用财务共享服务还没有完全适合的先例可循，也没有现成的行业标准可依据，开展实践探索难度较大，只能摸着石头过河。由于中小企业数量众多，服务面向的行业不同，业务更加分散，内容更加繁杂，真正推广应用财务共享服务需要解决的问题有很多，还需要社会的进一步认同、政府相关部门的认可和政策法规支持。可以考虑通过共建财务共享服务平台、由现有财务共享服务中心提供外包服务、借助云会计实现财务共享服务、购买财务众包服务，或由代理记账公司转型提供财务共享服务。还可以考虑构建一种新型开放式财务共享服务中心，面向整个社会所有经济组织提供财务共享服务，从而满足中小企业实现财务服务共享的需要。

我们相信，共享经济的新发展需要新的思路，随着互联网技术和财务理论的发展，财务共享中心不应再是大型企业集团的专有产物，建设满足中小企业发展需要的社会型财务共享服务中心是一种必然选择。

本研究成果尚存在较多的不足，主要是调研的范围比较小，缺乏中小企业实际案例支撑，使得一些分析结论仅停留在理论层面，影响到对策建议的可操作性。笔者希望在此研究的基础上，今后能够有机会对相关问题进行深入研究。

参考文献

[1] 张庆龙. 财务共享服务数字化转型路径探析 [J]. 财会月刊，2020(17)：12-18.
[2] 张庆龙. 财务共享服务数字化转型的动因与技术影响 [J]. 财会月刊，2020(15)：12-16.
[3] 潘上永. 论现代财务的发展和基本特征 [J]. 财会月刊，2020(13)：22-27.
[4] 郭虹莲. 财务共享服务中心对中小企业发展的影响 [J]. 财会学习，2021 (4)：22-23.
[5] 蒲彦池. 关于中小企业财务共享服务的可行性分析 [J]. 商讯，2020(36)：15-17.
[6] 李景肖. 大数据时代中小企业财务共享服务中心构建途径研究 [J]. 中国中小企业，2020(12)：155-156.
[7] 何凯霞. 中小企业“财务云”应用研究 [J]. 财经界，2020(23)：88-89.
[8] 杨滨. 中小企业财务外包现状及对策研究 [J]. 会计师，2020(11)：34-35.
[9] 周春河. 中小企业财务共享建设探索 [J]. 现代商业，2019(16)：122-123.
[10] 邹志文. 大数据时代中小企业财务共享服务中心构建途径研究 [J]. 邢台学院学报，2020，35(3)：121-126.
[11] 周腾. 云计算模式下中小企业财务共享服务的应用研究 [J]. 广西质量监督导报，2019(2)：147-148.
[12] 种莳泠. 中小企业财务共享服务的可行性 [J]. 中外企业家，2017(23)：110-111.
[13] 薛青梅，张文科，张原. 小微企业财务共享服务建立的动力机制及其构建模式研究 [J]. 财会月刊，2020(19)：59-64.
[14] 杨寅，刘勤，黄虎，等. 智能财务共享服务中心运营管理研究 [J]. 会计之友，2020(19)：143-147.
[15] 马江，李晓曼，续笑嘉. 中小企业构建财务共享服务中心因素分析 [J]. 营销界，2020(12)：139-140.

[16] 杨春景."互联网 +"对中小企业会计创新发展研究 [J]. 财会通讯，2019(13)：98-102.
[17] 李刚. 中小企业财务共享中心实施路径分析 [J]. 中外企业家，2018(17)：48-49.
[18] 闫柏良. 企业集团财务共享服务中心发展状况探究 [J]. 广西质量监督导报，2019(11)：226.
[19] 毛钰玮. YT公司财务共享服务模式的特征及效应研究 [D]. 西安. 西安科技大学，2019.
[20] 隋芯蕊. M集团财务共享服务的优化研究 [D]. 哈尔滨. 哈尔滨商业大学，2019.
[21] 刘开义. 大数据背景下财务共享服务中心建设研究 [D]. 成都. 西南财经大学，2019.
[22] 陈肯. 企业集团财务共享服务中心问题研究 [D]. 天津. 天津财经大学，2018.
[23] 钟雪韵. 财务共享服务中心发展状况研究 [J]. 财会学习，2018(11)：83.
[24] 高庆寅. 浅析财务共享服务中心在我国企业的应用 [J]. 东方企业文化，2015(1)：153，156.
[25] 郑佳雪. 大数据时代财务共享发展创新思考 [J]. 合作经济与科技，2020(21)：142-144.
[26] 郑慧珍. 财务共享服务在我国企业的应用及优化研究 [J]. 铜业工程，2020(5)：1-6.
[27] 胡小荣. 我国政府财务共享服务中心的构建研究 [J]. 会计之友，2020(21)：137-142.
[28] 杜聪，储志强，孙文倩，等. 大数据时代背景下共享服务中心建设探讨 [J]. 计算机时代，2020(10)：116-119.
[29] 纪冰清. 财务共享时代对财会人员能力的要求及提升路径 [J]. 产业创新研究，2020(19)：39-40.
[30] 黄德金. 财务共享视阈下财会人才的转型及绩效考核 [J]. 人才资源开发，2020(19)：71-73.
[31] 生态共享. 智慧财务——智能管理会计平台全过程助力中小企业集团数字化创造价值 [J]. 中国总会计师，2019(3)：31.
[32] 许亚明. 对推进财务共享服务的几点思考 [N]. 东方烟草报，2020-10-14(3).
[33] 黄知兰. 大数据背景下企业财务共享存在的问题及对策 [J]. 商业经济，2020(10)：158-159.